如何做职业教育研究

庄西真 主编

苏州大学出版社

图书在版编目(CIP)数据

如何做职业教育研究/庄西真主编. —苏州:苏州大学出版社,2013.12(2023.1 重印)
ISBN 978-7-5672-0759-2

Ⅰ.①如… Ⅱ.①庄… Ⅲ.①职业教育—研究 Ⅳ.①G71

中国版本图书馆 CIP 数据核字(2013)第 320155 号

书　　名:	如何做职业教育研究
主　　编:	庄西真
责任编辑:	刘诗能
出版发行:	苏州大学出版社
社　　址:	苏州市十梓街1号　邮编:215006
网　　址:	http://www.sudapress.com
印　　刷:	广东虎彩云印刷有限公司
开　　本:	700 mm × 1 000 mm　1/16
印　　张:	16.5
字　　数:	301 千
版　　次:	2013 年 12 月第 1 版
印　　次:	2023 年 1 月第 5 次印刷
书　　号:	ISBN 978-7-5672-0759-2
定　　价:	49.80 元

苏州大学版图书若有印装错误,本社负责调换
苏州大学出版社营销部　电话:0512-67481020

《如何做职业教育研究》编辑委员会

主　任　周稽裘
副主任　王秀文
编　委（以姓氏笔画为序）
　　　　马　松　　王东生　　王秀文　　孙伟宏
　　　　刘兴春　　刘金平　　刘　猛　　庄西真
　　　　李国龙　　李德方　　吴巧荣　　狄东涛
　　　　陈志平　　张荣胜　　张　铎　　周稽裘
　　　　袁丽英　　章　宏　　臧志军

目录

序言   周稽裘 001

第一章 职业教育研究的概述   001
第一节 什么是职业教育研究   002
一、概念：内涵与外延   002
二、特点：与普通教育研究的比较   004
三、沿革：缘起与变革   015
第二节 职业教育研究的意义   021
一、有利于促进职业学校教师专业成长   021
二、有利于推进职业学校改革发展   022
三、有利于提升国家或地区职业教育水平   023
第三节 职业教育研究的现状及问题   025
一、职业教育研究的现状   026
二、职业教育研究的问题   030

第二章 职业教育研究问题的选择   032
第一节 什么是真正的研究问题   032
一、真问题是研究能力范围内的问题   032
二、真问题是日常问题之上建构的问题   033
第二节 确定研究问题的三个策略   035
一、PIN 策略   036
二、就近策略   037
三、金发姑娘策略   038
第三节 从他人的研究成果中发现"问题"   039
一、从文献查阅中寻找问题   039

二、向他人请教　　041
　　三、留心有争议的问题　　041
　第四节　在自己的工作实践中提炼"问题"　　043
　　一、职教教师能研究什么　　043
　　二、自下而上地"提出问题"　　044
　　三、想方设法地"设计课题"　　045

第三章　职业教育研究课题的确立　　050
　第一节　研究课题的来源　　050
　　一、政府主管部门发布的课题　　050
　　二、非政府主管部门发布的课题　　064
　　三、个人自选的课题　　067
　第二节　怎样填写课题申报书　　068
　　一、课题申报书的格式　　068
　　二、课题申报书的填写　　069
　第三节　怎样撰写开题报告　　089
　　一、开题报告的结构　　090
　　二、开题报告的撰写　　091

第四章　职业教育研究方法的运用　　103
　第一节　文献研究　　103
　　一、什么是文献研究　　104
　　二、文献收集与整理　　106
　　三、批判性阅读　　111
　　四、撰写"文献述评"　　111
　第二节　行动研究　　117
　　一、什么是行动研究　　117
　　二、行动研究的操作　　122
　　三、实施行动研究应注意的问题　　127
　第三节　调查研究　　128
　　一、什么是调查研究　　128
　　二、收集资料：访谈、观察与问卷　　130
　　三、调查结果的分析　　151
　第四节　案例研究　　163
　　一、什么是案例研究　　164
　　二、案例研究的优缺点及适用范围　　168
　　三、案例研究的过程　　170

第五章　职业教育研究成果的呈现　　178
　第一节　职业教育研究成果的形式　　178

第二节 职业教育研究报告的格式及撰写　179
　一、研究报告的总体要求　180
　二、研究报告的基本结构　181
　三、研究报告的写作要求　182
第三节 职业教育研究报告的类型　187
　一、职业教育调查报告　187
　二、职业教育考察报告　188
　三、职业教育经验总结报告　188
　四、职业教育实验报告　189
第四节 职业教育研究论文的撰写　203
　一、职业教育研究论文的格式　203
　二、职业教育研究论文的撰写　204
第五节 职业教育叙事的撰写　209
　一、职业教育叙事的特点　209
　二、职业教育叙事的类别　210
　三、职业教育叙事的结构　211
　四、职业教育叙事的撰写　211

第六章 职业教育研究的管理　220
第一节 职业教育研究过程的管理　221
　一、课题的申报　221
　二、课题的立项　223
　三、课题的开题论证　227
　四、课题的中期检查　231
　五、课题的结题鉴定　236
第二节 职业教育研究成果的推广　242
　一、职业教育研究成果推广的意义　242
　二、职业教育研究成果推广的界定与分类　243
　三、职业教育研究成果推广的主要内容　245
　四、职业教育研究成果推广的影响因素　245
　五、职业教育研究成果推广的基本程序　247

参考文献　249
后　记　253

序言

江苏省职业技术教育学会是一个学术性、群众性的社会组织，其办会宗旨是繁荣学术、服务社会。与其他社会组织一样，它也具有引领群众有序地参与专业领域中的社会公共事务的作用。有序性参与是发挥社会组织正能量的重要环节，其基础是组织者和参与者的负责任和理性的公民素养。这就呼唤着职业教育工作者的法制意识和科学精神。

为了提升全省职教学会系统整体性学术水平和服务能力，省学会多年来特别关注基层非专职型研究人员的教育科研规范性通识的普及和科研能力的提高。为此委托本会学术工作委员会秘书处单位的江苏理工学院（原江苏技术师范学院）庄西真博士主持编写本书，今天终于付印要与读者见面了。

本书有以下特点而使其自立于同类学术著作之林。

1. 既紧贴基层职业教育工作者科研教研活动的实践，体现服务宗旨；又面向当代教育教学改革的大局，发挥引领作用，较好地展现了社会组织学术活动的行事原则。

2. 从基层职业教育工作者开展科研教研工作的实际需求出发，对这类研究工作进行了细致的"元研究"梳理。既关注了研究活动的本体性问题，又关注了研究活动的方法论问题，更关注了研究活动的过程性问题，真可谓在面对面、手把手的服务中彰显学术引领作用。

3. 本书简练的理论概括、适切的叙事方式并辅之以为数不少的生动的案例分析，这种文风便于基层教育工作者阅读、理解、掌握和应用本书所提供的知识、技能、方法和价值，表现出一种以群众为本的大众型学术活动转型发展的特点，这在学会组织中就"不负众望"了。

庄西真博士是我省职教学会学术工作委员会负责人之一，长期在高校从事专职的职业教育研究和教学工作,有深厚的学术功底,同时又热心参与学会的群众性学术活动,对基层的科研教研活动有真切的了解。王秀文同志长期担任职业学校的领导工作,作为省学会秘书长,直接参与了学会学术活动的组织工作,有深厚的基层工作阅历和管理经验。因此,他们两人是很适合的组合,本书的出版也已证实了这一点。谨向他们及团队表示祝贺和敬意!

国家教育咨询委员会委员
中国职业技术教育学会副会长
江苏省职业技术教育学会会长

周稽裘

癸巳年冬至日

第一章 职业教育研究的概述

名不正,则言不顺。多年来,人们对职业教育的概念和内涵一直持有争议。传统的提法是"职业教育"(Vocational Education,VE)或"职业技术教育"(Vocational and Technical Education,VTE),联合国教科文组织 20 世纪 70 年代以来一直用"技术与职业教育"(Technical and Vocational Education,TVE),国际劳工组织的提法是"职业教育与培训"(Vocational Education and Training,VET),世界银行和亚洲开发银行 20 世纪 80 年代中期以来开始使用"技术和职业教育与培训"(Technical and Vocational Education and Training,TVET)的概念。1999 年联合国教科文组织在汉城召开了"第二届国际技术与职业教育大会",其正式文件中首次使用了"技术和职业教育与培训"(TVET)的提法。上述情况表明,国际上已经用"技术和职业教育与培训"替代了传统的"职业技术教育"或"职业教育"。在我国,大家习惯于"职业教育"这个提法,在联合国教科文组织编制的《技术与职业教育术语》中,培养技能人才的教育称为职业教育,培养技术人才的教育称为技术教育,我国的职业教育实际上包含了职业教育和技术教育。我们认同上述说法,但考虑到中国的惯常用法,在本书中,如果没有特别说明,我们将沿用"职业教育"作为"技术和职业教育与培训"的简称。职业教育研究是一项前瞻性的工作,是职业教育发展到一定水平或高度的产物,是职业教育事业健康发展的重要组成部分。职业教育紧密联系着社会经济与产业的各项发展,因而与普通中小学教育研究不同,职业教育研究的对象往往在于校企之间跨界,研究的核心问题常常要集中到解决知行之间的复杂关系,研究的旨趣也经常关涉到相关社会政策出台的导向性。职业学校积极开展职业教育研究,既有利于学校各项改革发展的顺利进行,也有利于促进教师自身的专业成长。

第一节 什么是职业教育研究

一、概念：内涵与外延

（一）职业教育研究是什么：一般性的理论说明

职业教育研究是一项科学研究的活动。科学研究是人类认识世界的理性探索行为，即用逻辑性的概念和判断对自然、社会或人的精神现象（或问题）作出严密的理论说明，目的是通过运用其所揭示出的规律性知识服务于人类自身的更好发展。一般说来，科学研究须要系统收集与分析各种信息资源（如数字、文字、图像等），才能对世界的相关方面进行有效的、概括性的描述、预测、干预和解释。描述是对现象进行彻底的极为细致的观察，收集和分析数据；预测是指利用确定某一时间点收集的信息推知以后某一时刻的行为或事件；干预是指通过某种干预措施来控制或改善某种现象；解释是指对个体或群体的行为作出因果关系的说明。当然，一切有价值的研究成果的取得都必须依赖于一定的、合乎科学性的研究方法。研究方法是人们从未知领域向已知领域迈进的中介和桥梁，有时可能是某种单一的方法，但更多的是要综合使用各种方法。而且，只有方法科学，才能得出科学的结论。例如，科学的统计方法要求用百分比必须有足够的样本量，用平均数要计算方差（随机变量的离散程度），用相关系数要作显著性测定；科学的归纳方法要求资料的采集、筛选、梳理、分析，论据的归纳、提炼，观点和结论的提出，都要科学、严密，经得起逻辑推敲；科学的演绎方法要求提出作为逻辑分析起点的概念和逐步推导出结论的认证，都务必严谨，做到内容和形式的统一、演绎和归纳的统一、理论体系和客观存在的统一。

职业教育研究是教育科学研究的重要组成部分。教育是着力培养人的社会实践活动。教育科学研究是反映教育领域内客观事物的关系和规律的知识体系，是人类长期教育实践经验的概括和总结，并将随着教育实践的发展而不断发展。教育在本质上是实践的，因而它与人类的其他实践活动一样，总是处于发生状态，具有人的社会生活的全部的丰富性和生动性。依据一般分类，教育可分为学术性取向的普通教育和技术技能性取向的职业教育两个部分。职业教育研究是一种以科学理论为指导，运用科学研究方法，揭示职业教育规律，解决职业教育发展中存在问题的认识活动。如职业教育与经济和社会发展的关系，职业教育与普通教育的沟通和衔接等都需要人们通过理论的、实践的研究来揭示其规律，并指导职业教育的实践活动。

职业教育研究是一种有目的性的、创造性的认识活动。职业教育研究是职业教育事业有机的构成要素之一，它与其他要素（如职业教育行政决策、具体的职业教育教学实践活动等）之间存在着密不可分的联系。其目的性在于：通过对职业教育复杂现象的研究，揭示职业教育内部运行规律，以及与外部的互动规律；通过研究不断解决职业教育发展过程中所出现的各类问题，使职业教育健康运行，办学质量、办学水平不断提高，从而有助于受教育者的成长、经济的发展、社会的进步。同时，它又是在借鉴前人研究成果的基础上，经过深入钻研，解决职业教育发展过程中出现的没有现成答案的问题，从而发现和揭示职业教育规律的过程，因此，它亦具有创造性的特点。

（二）职业教育研究不是什么：一个案例的批判性反思

上面是关于职业教育研究的内涵与外延的一般说明。当前我国的职业教育研究，早已不再是专业研究机构（如分布于全国各地的"职业教育研究所"或"职业教育研究中心"等）垄断性的职能，而是有了越来越广泛的职业院校教师（包括领导者）及其他社会相关人士（如相关企业及行业的研究人员）的积极关注和主动参与。这里我们再以某职业学校为例，具体说明什么是职业教育研究。

案例 1-1

职业院校的科研成果是否都是职业教育研究？

2011年首批国家改革发展示范学校建设项目学校评选中，××省××职业技术学校入选。在相关较为详尽的介绍性材料中，有这样一部分内容："该校还高度重视教师的综合职业素养和教科研能力的培养。近年来，完成了多项课题研究，教师在正式刊物发表论文几百篇，出版著作和编写教材一百多本。该校还被定为中国教育学会'十一五'重点课题'职业教育管理创新与评价研究'的实验基地，并被评为'2010年度十一五科研规划课题研究先进科研单位'。"①

针对上述案例的这些介绍，特别是其中的"多项"课题、"几百篇"论文、"一百多本"著作和教材，我们能否说这一切都属于职业教育研究？难说。之所以如此，有三方面原因：

一是信息表达相当模糊。"多项"，具体多少项或接近多少项？"几百篇"，到底是二百多篇，还是九百多篇？"一百多本"，究竟多少本是著作（又是否是学术著作），又有多少本是教材（又是否是自编教材）？

二是几乎看不到关于创造（新）性的研究发现或研究结论的内容。在研究数量"模糊"，并且研究"发现"空缺的情形下，却有相关部门（其评价主体是否为

---

① 本案例资料来源于报纸和网络，具有一定的典型性。但为避免不必要的纷争，隐去了具体的省份和学校名称。

"中国教育学会"？存疑)的研究评价（最初被定为"实验基地"，到最后被评为"课题研究先进科研单位"），这样是很难有说服力的。

三是学校参与相关专业研究机构的课题，如何"参与"，参与到什么程度，方能体现或实现职业教育研究的价值？这也是大有疑问的。"被定为中国教育学会'十一五'重点课题'职业教育管理创新与评价研究'的实验基地"的提法，值得我们用科学求实的研究态度来审视一番：首先，不管是出于主动或被动，职业学校显示出有"参与"专门研究机构职业教育研究的需求。其次，通过网络这种便捷的途径，我们可以查明，这一提法中似有不应有的"删减"和"篡改"。在中国学术期刊网上，可以找到"中国教育学会教育机制研究分会'十一五'重点课题'中等职业学校管理创新与评价研究'"①。如果这两个所指是同一课题，那么不难发现其中的"删减"（省去"教育机制研究分会"）和"篡改"（"中等职业学校管理创新与评价研究"被改为"职业教育管理创新与评价研究"，即前者的"中等职业学校"模糊化为后者的"职业教育"）。这种宣传报道背后的用意是否与"就高"（不提具体的"研究分会"）以显示其"参与"的"规格"之高有关？是否与其办学层次的实际定位比较"模糊"有关（该校可能"中职"与"高职"兼有，用"职业教育"即可涵盖两者，这样可以避免引起招生宣传过程中公开信息"亮点"不够等方面的麻烦）？是否可以显现当前我国职业教育研究成果的评价与管理的公信力不够？……对于这些存疑，人们其实完全可以抱着科学研究的态度来对待。再次，"被定为……实验基地"的提法，使我们感到有必要审视社会上职业教育研究机构或团体与职业学校之间的关系，如果能排除一时性的"名利交换"（常常是居于"下方"的职业学校用"利"来交换居于"上方"的研究人员的"名"），那么其真正平等互利的合作关系应当如何体现？

如果我们对这些疑问进行一番思索和追问，寻找其背后的真相或缘由，那么这样的思索、追问及揭示的过程，倒完全可以说是一项"职业教育研究"。因为它从职业学校办学实践中发现存在的实际问题，在寻求问题的解决之道过程中，一直持有科学而全面的怀疑精神，并且运用适当的科学方法（如文献法、调查法等），研究的结果或新颖性的发现具有一种真实而客观的力量，这将有助于职业学校乃至整个职业教育事业的更好发展。

二、特点：与普通教育研究的比较

一切研究的质量都会受制于研究主体、研究对象及研究过程与方法。研究主体、研究对象及研究过程三者之间存在着辩证的联系。研究主体除了能力或

---

① http://www.cnki.com.cn/Article/CJFDTotal-JYCH200813040.htm

水平之外，会有自身的偏好或兴趣，这会影响其对研究对象的选择，也会影响研究进程。同一个研究对象，研究主体不同，所采用的方法不同，研究的结论和质量往往会有很大的差异。而不同的研究对象，往往需要研究主体特别的能力及采用特别的过程与方法。为了进一步凸显职业教育研究的特点，我们首先为大家提供了下面三张简明的表格。其中，表1-1和表1-2是可供比较的对照性表格。前者是我国职业教育与普通教育两个研究领域里近年出版的，并且都有较高学术影响力的两本基础理论教材的章节目录。后者是我国上述两个研究领域里的两本有一定知名度的学术期刊2013年第2期的全部文章目录。表1-3提供的是《教育大百科全书》之"职业技术教育"分册的目录及选择目录词条的相关说明。它是公认的"目前世界上关于教育科学领域最权威也最具实用价值的一部具有理论性、学术性和工具性的全书"（见中文版前言），其中"选择主题词条的说明"的一段文字也相当具有启发性，因而有助于我们在更大的视野下，中外参照进行比较，从而避免在"地球村"时代一味地"自说自话"，而无视研究方面"与国际接轨"的重要性及迫切性。

表1-1　职业教育研究与普通教育研究的基础理论代表性教材目录对比

《职业教育原理》 （徐国庆著，上海教育出版社，2007年版）	《普通教育学纲要》 （陈桂生著，华东师范大学出版社，2009年版）
一、职业教育原理的元研究 　1. 是否存在职业教育原理 　2. 职业教育原理的学科定位 　3. 职业教育原理建构的范式寻求 二、职业教育的本质 　1. 职业教育的传统语境 　2. 职业教育的本质回归 　3. 职业、工作、技术与职业教育的本质 三、STW视野中的世界职业教育体系 　1. 西方STW研究概况 　2. STW比较分析框架 　3. STW视野中的我国职业教育体系 四、职业教育与社会 　1. 社会分层与职业教育发展 　2. 技术文化与职业教育发展 　3. 职业教育发展的设计模式与内生模式 五、职业教育与经济 　1. 职业教育的经济发展功能 　2. 新福特主义和后福特主义与职业教育模式	一、关于作为教育学研究对象的"教育" 　1. "教育"概念 　2. "教育"内涵的分化与统合 　3. 教育目的（上） 　4. 教育目的（下） 二、关于学校演变的轨迹 　1. 学校 　2. 学校系统 　3. "大教育"观念 　4. 教育管理体制 三、关于课程演变的轨迹 　1. 变化中的"课程"概念 　2. 课程编制 　3. 研究性课程的指导 　4. 课程运作的机制 　5. 校定课程的建构 　6. 教学组织 　7. 教材—教科书 　8. 教学法

续表

《职业教育原理》 (徐国庆著,上海教育出版社,2007年版)	《普通教育学纲要》 (陈桂生著,华东师范大学出版社,2009年版)
3. 市场经济与我国职业教育的改革与发展 六、我国职业教育体系的发展 　1. 综合中学与我国中等职业教育发展 　2. 我国高等职业教育发展的问题与思路 　3. 我国技术本科教育的发展 　4. 我国职业培训的发展 七、职业教育中的产学合作 　1. 产学合作的内涵及意义 　2. 企业参与职业教育的动机分体 　3. 企业参与职业教育的方式 　4. 产学合作的保障条件 八、职业教育课程论 　1. 课程含义与课程思维 　2. 职业教育课程研究的技术学范式 　3. 职业教育课程的学科话语与实践话语 　4. 职业知识论与职业教育课程内容设计 九、职业教育教学论 　1. 什么是职业能力 　2. 职业教育教学的学习论基础 　3. 职业教育的教学理论 十、职业资格证书的模式研究 　1. 职业资格证书标准模式的国际比较 　2. 职业资格证书管理体系的国际比较 　3. 我国现代职业资格证书制度的建构	9. 备课 10. 我国教研组演变的轨迹 四、关于狭义"教育"实施的思路 　1. 德育目标 　2. 课程的教育价值 　3. 思想道德课程 　4. 学生角色 　5. 学生行为管理 　6. 学生行为指导 　7. 学生管理与指导责任制度 　8. 现代师生关系 　9. 学生组织的教育价值 五、关于教师职业与教师职业修养 　1. 教师职业的形成 　2. 教师职业的特点 　3. 教师职业的声望 　4. "教师专业化"问题 　5. "师道"、"师德"与教师的职业精神 六、关于学校管理演变的轨迹 　1. 学校管理体制 　2. 学校管理模式的演变 　3. 校长负责制

说明:本表为了简明起见,去掉了前一著作目录中的"章"与"节"等字眼,并将后一著作目录中一级标题序号所用的罗马计数改成了汉语计数。

表1-2　职业教育研究与普通教育研究的代表性期刊目录对比

《职教论坛》目录(2013年第2期) 主办单位:江西科技师范大学	《当代教育科学》目录(2013年第2期) 主办单位:山东教育科学研究所
卷首 ＊办教育也须勤俭 综合研究 ＊基于职业教育能力本位的教育观 ＊社会需求视角下高职专业设置的相关问题 ＊产学研合作视阈下高职的科研定位 ＊成人高校马克思主义理论教育面临的挑战及对策 ＊对特殊体制下职业教育集团组建模式的思考——以新疆生产建设兵团为例	专题研究 ＊我们需要怎样的教育实践 ＊基于实践理性的行动研究 课程探索 ＊课程监控视域下教研室系统的运行程式研究 ＊儿童与课程疏离现象透视 教育管理 ＊向学校领导和管理进行挑战——北航附小中英项目启示

续表

《职教论坛》目录(2013年第2期) 主办单位:江西科技师范大学	《当代教育科学》目录(2013年第2期) 主办单位:山东教育科学研究所
＊北京区域经济与职业教育协同发展研究 ＊论书院德育对江西高职生态道德教育的启示——以鄱阳湖生态经济区建设为背景 ＊对河南高职教育内涵建设的思考 <u>春华秋实</u> ＊关于高职产学研结合教学模式的实例 ＊高职体育教学特色初探 <u>教海拾贝</u> ＊基于高职数学分层教学的实验研究 ＊基于多媒体的高职化学教育改革研究 <u>专业课程</u> ＊关于高职"思想道德修养与法律基础"教学情境的设计 ＊高职图形设计课程教学中创意思维能力的培养 ＊基于经营性实训的"酒吧经营与酒水服务"课程教学 <u>技能开发</u> ＊高职课程评价体系的构建与实施 ＊关于高职隐性课程的构成与施教方式 ＊对生物类专业群共享教学资源库可持续发展的思考 <u>育人惠风</u> ＊高职学生管理工作探究 ＊素质育化体系下的高职生心理健康教育模式——以苏州工艺美术职业技术学院"心理健康"课程为例 ＊高职创业教育人才培养的意义 ＊五年制高职应用电子技术专业人才的培养模式 ＊高职生职业道德素养提升研究 ＊关于提高大学生社会实践活动成效的探讨 ＊正确对待高职新生的困惑与迷茫 <u>师资建设</u> ＊完善"双师"结构 提高"双师"素质 <u>就业指导</u> ＊从高职生学习心理视角看职业生涯规划的重要性 <u>调查研究</u> ＊特殊教育学校教育信息化建设典型案例研究——以南昌市启音学校为例 ＊高职马克思主义理论教学现状的调查报告 ＊关于高师院校师范生顶岗实习的调查	＊基础教育领域"三好学生"评选制度研究 <u>教改前沿</u> ＊"师生成长共同体"的研究与探索 ＊科学把握课堂教学中的节奏 ＊示范教学生成性策略的选择 ＊学校音乐文化的探究与实践 <u>课堂教学</u> ＊论课堂教学中学生的悟性培养与教学改革 ＊论学生教育的"去奖励化" <u>教师成长</u> ＊论自组织理论视野下教师学习共同体的构建 ＊教师视角中的教师专业发展 ＊农村中小学班主任最需要什么样的培训——基于文献综述的研究 ＊中小学校本自主式专业发展培训模式构建 <u>学科教学</u> ＊新课程改革背景下的数学评课要点与分析 ＊理性思考——语文课堂的应然追求 ＊语文教育求真方法探微 ＊中学英语课程中的文化知识和跨文化意识

说明:本表选择了两本分别在职教界和普教界有一定影响的核心类期刊,为了简明起见,专栏名称下面加了"＿＿＿",每篇论文前加了"＊"。

表1-3 《教育大百科全书：职业技术教育》目录①及相关说明

目　　录	选择主题词条的说明
·工业化国家与发展中国家的视角 非洲：传统的学徒制（Africa：Traditional Apprenticeship） 中华人民共和国：职业化教育（The People's Republic of China：Vocationalizing Education） 拉美：国家培训机构（Latin America：National Training Agencies） 苏联：职业教育和培训（Soviet Union：Vocational Education and Training） 技术教育和职业培训：东非和南非（Technical and Vocational Education and Training：Eastern and Southern Africa） 美国：联邦职业教育政策（The United States：Federal Vocational Eduction Policy） 职业教育和培训：东欧和中欧（Vocational Education and Training：Eastern and Central Europe） 德国的职业教育和培训：国家和国际维度（Vocational Education and Training in Germany：National and International Dimensions） 职业教育和培训：西欧（Vocational Education and Training：Western Europe） 职业培训的创新：英国（Vocational Training Initiatives：The United Kingdom） ·供给、组织和财政 欧洲共同体：职业培训资格（European Community：Vocational Training Qualifications） 国际劳工组织（ILO）：职业培训［International Labour Organization（ILO）：Vocational Training］ 职业教育和培训的规划（Planning for Vocational Education and Training） 职业教育和培训的质量保证（Quality Assurance in Vocational Education and Training） 职业技术学科的教师培训（Teacher Training for Vocational Technical Subjects） 职业教育与培训和宏观经济环境（Vocational Education and Training and the Macroeconomic Environment） 职业教育和培训：发展中国家成本效益的提高（Vocational Education and Training：Improving Cost-effectiveness in Developing Countries） 职业教育和培训的国际援助（International Assistance for Vocational Education and Training）	这部分的词条覆盖了技术和职业技能培训的三个场所：正式的学校教育；独立的培训机构（往往由劳动部而不是教育部负责管理）；工业界和商业界内部进行的培训，这包括发展中国家的小型企业、农场和工厂的生产小组以及德国或其他国家著名的"二元体系"。 　　"理论"知识和"职业"知识之间的关系是极端复杂的，而关涉它们之间关系的国家政策，则是与诸如是否能够获得进一步的教育、工作前培训以及（对许多国家来说）受教育者的失业情况所造成的威胁等问题紧密联系在一起的。此外，技术和职业教育往往比理论教育更加昂贵。因此，除了讨论技术和职业教育的覆盖范围、时间安排及其制度定位之外，许多词条讨论了技术和职业教育的筹资机制问题。

---

① K．金主编：《教育大百科全书：职业技术教育》，张斌贤、和震译审，重庆：西南师范大学出版社，2011年版，第14页。

续表

目　录	选择主题词条的说明
教育与生产劳动(Education and Productive Work) 企业教育：小型企业的培训(Enterprise Education: Training to Small Business) 非正规部门的职业教育和培训(Informal Sector: Vocational Education and Training of) 职业教育和培训中的模块化(Modularization in Vocational Education and Training) 非政府组织(拉美)：对弱势群体的培训〔Nongovernmental Organizations(Latin America): Training for Disadvantaged Groups〕 非洲撒哈拉沙漠以南地区的小学农业(Primary School Agriculture in Sub-Saharan Africa) ·理论与概念问题 教育和培训的融合(Convergence of Training and Education) 职业教育论：理论假设(Vocationalism; Theoretical Assumptions) ·培训的历史传统 学徒制的历史及其发展(History and Development of Apprenticeship) 技术人员培训(Technician Training) 职业教育和培训：盎格鲁—德国的比较(Vocational Education and Training; Anglo-German Comparisons) 职业培训模式：瑞典、德国和日本(Vocational Training Modes; Sweden, Germany and Japan)	

　　虽然上述三张表格呈现的仅仅是职业教育学术研究性的图书章节目录及期刊文章标题，但是其所含有的信息量无疑是相当丰富的。也因为这样，不同的人根据不同的需要，就可能对比和分析出大不相同的结论。职业教育研究特点何在，我们通过对比其与普通教育研究的不同之处，发现至少有三点较为站得住脚的结论：首先，从研究对象所涉及的社会活动范围来说，前者比后者具有更大的时空跨界性；其次，从研究集中的核心主题来说，前者更多涉及行与知的关系，而后者更多涉及未知与已知的关系；再次，从研究的主要旨趣来说，前者更多呼吁国家或地方相关政策的催生，后者更多期盼教师个体行为的改变等。下面我们再结合当今我国职业教育研究领域一些较为知名学者的相关研究，对职业教育研究的这些特点作进一步说明。

　　(一)职业教育研究的对象具有鲜明的跨时空特性

　　从教育的空间来说，职业学校并非如普通中小学那样，往往仅限于"一个场所"(课堂)，而是覆盖"三个场所"(传统教室、实训车间、工作岗位)。从教育的时间来说,既要探讨受教育者从学校到工作的过渡问题,又要探讨从业者工作前后(职前与职后)培养和培训的衔接问题。

教育与就业之间的关系以及从学校到工作世界的过渡是职业教育最本质的问题。深入理解学校教育、培训和工作间的关系,个人对职业生涯和工作岗位的选择,通过职业教育进行人力资源开发和能力构建,对职业教育过程的设计、实施和评估等都是职业教育研究的核心内容[①]。

如由江苏理工学院职业教育研究院庄西真博士主持的国家社科基金"十一五"规划(教育科学)2006年度国家青年基金课题"学做技术工人——从职业学校到工厂过渡的实证研究",通过对职业学校毕业生的职业生涯、优秀毕业生的生命历程进行分析讨论,探索了技术工人的成长规律,提出各培养环节不可或缺的命题,"学校的归学校,工厂的归工厂",同时强调职业学校应突出教育功能,重视学生综合能力的培养,而非单纯的职业培训。课题采取从个案研究到整体过程研究的方式,其研究结论有助于指导职业教育改进技能课教学方式和内容,完善对学生的生涯规划教育和创新人才培养模式[②]。

又如华东师范大学职业教育与成人教育研究所的徐国庆教授在其所著《职业教育原理》中认为,从"学校到工作过渡"(School to Work,简称STW)的角度进行分析,不仅有助于深入理解西方国家的职业教育体系,而且有助于深刻认识我国职业教育体系中的问题,并设计未来发展的策略。20世纪90年代以来,"学校到工作过渡"一直是西方经济学、社会学、职业教育学研究的热点,这是应对西方青年高失业率、经济全球化所导致的竞争加剧及信息社会发展的需要而产生的主要研究动向,并积累了过渡模式等不少理论成果。以STW的视角看我国的职业教育体系,可以发现诸如教育内部差异程度低(不仅表现在技术教育与学术教育之间,也表现在职业教育内部各专业、工种之间)、职业教育的标准化程度低、职业教育与工作之间的联系程度低等明显问题。要使这些问题得到更好解决,就必须改革职业教育课程,提高职业教育专门化程度;大力加强职业资格证书制度建设,提高职业教育的标准化程度;加强职业学校与企业的合作,提高职业教育与工作联系的紧密程度[③]。

(二)职业教育研究的问题具有显著的知行复杂性

知行关系始终是人类哲学争议较多的话题。争议之处主要在于四个方面:孰重孰轻(知重于行,还是行重于知)?孰难孰易(知易行难,还是知难行易)?孰先孰后(知先行后,还是行先知后)?可否分离(知行分离,还是知行合一)?

---

① 吴言:《职业教育研究:独特性与多学科融合》,《职业技术教育》,2009年19期。
② 周凤华:《"十一五"职教学科规划课题研究的突破、特点及存在的问题》,《职教论坛》,2010年25期。
③ 徐国庆:《职业教育原理》,上海:上海教育出版社,2007年版,第47-70页。

人们历来对这些问题莫衷一是。在职业教育方面也有理论建树的教育家陶行知先生一生多次改名,可以用来对此作一生动的注解。陶行知先生原名文濬。1912年,他另取"知行"为名,次年将之用作笔名。1917年留美归国后,他正式改名为"知行"。1927年,他又想改名为"行知"。1934年7月16日,他发表《行知行》,终于公开宣布将名字由"知行"改为"行知"[1]。将陶文濬改为"陶知行",主要受古代哲学家王阳明观点的影响。王阳明认为,"知是行之始,行是知之成"。后来又改名"行知",则主要受其在美国求学时的导师、著名教育家杜威实用主义哲学思想的影响。实用主义哲学属于"行动的哲学",重视"行",落实到教育上的最著名口号就是"从做中学"。这种提法对从事职业教育的人来说,几乎是无人不知无人不晓的。

但在当代哲学上对知行关系有重大理论突破的,当数英国著名物理化学家和哲学家波兰尼"默会知识"概念的提出。人们所运用的大量知识都具有默会的性质,所以人们知道的要比能够表达的多。波兰尼认为:"人类的知识有两种:被描述为知识的,即以书面文字、地图和数学公式加以表述的,只是一种类型的知识;而未被表述的知识,如我做某事的行动中所拥有的知识,是另一种形式的知识。前一种为明确知识,后一种为默会知识。"[2]由于技能(职业教育着力解决的)与技术(技术教育着力解决的)是人类知识体系中的隐性、默会知识,对比显性知识,它具有难言性(或可意会,却难言传)的特点,它是"以行动为导向的知识"(斯腾伯格),"我们所知晓的比我们所能够说出的多"(波兰尼)。由于普通教育往往着力于显性知识(其显著特征是"便于言述")的传播与接受,因此普通教育研究在处理知行关系问题上远不如职业教育研究复杂。

的确,在人的职业生涯和人生历程中,实践性和日常生活中对特定情境的领会,以及生活工作环境中无意识的习得领会,往往胜过在学校教育阶段对书本知识的理论性领会。人生和职场的阅历,成为比学校的教室更大的课堂。有研究者认为,对默会知识的占有和传播程度,是职业院校能否具有比较优势的关键。职业院校默会知识主要表现为三种形式:基于个体技能表现的默会知识,基于组织惯例的默会知识,基于学校文化的默会知识。具体来说,基于个体技能表现的默会知识主要是针对各项具体的专业技术技能和课程教学策略;基于组织惯例的默会知识主要是针对各个组织面临新知识、新问题时所采取的特定学习模式和处理方式;基于学校文化的默会知识主要是针对职业院校文化而言的。要促进职业院校默会知识的传播,必须建立有利于默会知识传播的组织结构,形成组织中各个相关成员之间交流默会知识的机制;重新审视学徒制的地位和作用,提

---

[1] 范金豹:《陶行知先生的多次易名》,《中国教育报》,2004年10月14日第8版。
[2] Michael Polanyi. (1966). *The Tacit Dimension*. London: Routledge & Kegan Paul, p. 4.

倡和重视学徒制,同时引导个体反复自主训练;致力于营造一种有利于默会知识传播并体现企业文化精神的学校文化①。从默会知识论视角探讨职教课程变革具有重要的理论价值和实践意义。要实现职教课程开发知识观基础的转型;促进职教课程实施中默会知识的转化和共享;加大有特色的职教潜在课程开发的力度;充分发挥技术专家作用,推进职教师资队伍建设的改革②。

可以说,在历史悠久的普通教育大环境中发展起来的职业教育研究,还是一个相对新生的事物。职业教育的职业属性,使得职业教育涉及教育学、技术学、工程学、劳动学、经济学、管理学和社会学等各领域,具有明显的交叉学科和跨学科的性质。因此,从职业教育教学论的视角提出,无论是教育内容所传授的知识类型,还是教育对象所具有的智力类型,比较"复杂"的就业导向的职业教育教学论的研究,在理念、模式、方法等诸领域,与经典的重在"育人"而本身无具体明确的"职业目标"的教育(比较"单纯"的普通教育)学说之间,就存在着很大的差异。如果说传统的普通教育教学论侧重于显性知识的管理,那么职业教育教学论则侧重于隐性知识的管理。在这种注重隐性知识传递(隐性—隐性—显性—隐性)的教学过程中,"对以形象思维为主的职业教育的对象来说,不仅对符号化的显性知识———一般是陈述性知识,应通过非符号化的处理来获取;而且即使对非符号化的隐性知识———一般是过程性的知识,也应通过情境化的处理来习得"。教育部职业技术教育中心研究所姜大源研究员认为,隐性知识管理学说为职业教育教学论研究提供了一个新视角,是"一个亟待开垦的处女地"③。

(三) 职业教育研究的旨趣具有强烈的政策关涉性

因为职业教育与人基本的经济或物质性生存联系十分紧密,并且得以正常开展的条件常常需要昂贵的物质支撑,所以它在研究的主要取向上自然会关涉(包括影响和受影响两个方面)到国家(或地区或组织)的政策(尤其经济政策)。而普通中小学教育研究一般无此取向。

从世界范围看,政策导向性一直是国际职业教育研究的主流。这主要表现在国际职业教育研究的范围和领域已经超出了单纯职业教育与培训部门,而把重点放在了探讨怎样加强职业教育与经济、社会、工作场所及其他教育部门间的联系,如增加低收入群体对职业教育的参与,增强工人、雇主和职业教育与培训间的相互依赖性,对职业教育未来发展的预期研究等,已经成为世界各国共同关注的研究主题。

---

① 董仁忠:《关于职业院校默会知识若干问题的探讨》,《高教探索》,2006 年第 4 期。
② 董仁忠:《默会知识论视野中的职业教育课程变革》,《河北师范大学学报(教育科学版)》,2007 年第 1 期。
③ 姜大源:《职业教育学研究新论》,北京:教育科学出版社,2007 年版,第 210 - 221 页。

如世界银行以促进发展和减轻贫困为宗旨,从最初以资助基础结构方面的项目为主,转向对农业、农村、教育、环保等更广泛的目标的推动,重视对教育包括职业教育的资助。世界银行认为人力资源的充分开发,既是消除贫困的目的,又是其实现的重要途径。世界银行从1963年起开始提供教育方面贷款,1968年其比例仅占贷款总额的1%,到1970年提高到5%,此后教育贷款比例保持在总额的4%-6%,其中职业教育(由职业学校教育和在职培训两个部分组成)贷款占教育贷款总额的30%-40%。在近半个世纪的历程中,世界银行的职业教育贷款政策经历了三个明显的不同阶段:第一阶段是以促进经济发展为导向,确立职业教育优先的教育政策阶段(1963年—20世纪70年代末)。20世纪60年代初期,与其他国际机构比较注重资助普通中等教育和高等教育领域中去殖民化的政策不同,职业教育与培训作为与经济发展联系最紧密的教育部分,受到世界银行的优先资助。由于劳动能力是所有健康人赖以生存的唯一资本,因此通过职业教育提高劳动力的生产率就是反贫困的最有效途径,职业教育与培训因被世界银行视为增强人力资本的重要手段而受到重视。世界银行以关注提高劳动者的生产率为出发点,非常乐意资助职业技术学校或技术导向的课程,坚持其贷款的条件必须是中等教育的课程朝向技术的、农业的和商业的多样化发展。第二阶段是重视效益评估,进入政策调整阶段(20世纪70年代末—90年代初)。这个时期世界银行依然保持了对职业教育与培训的重视,但是对待职业教育与培训内部不同种类职教的态度有所调整。1963年—1976年,对中等职业学校的援助在所有职业教育和培训计划的投资中所占比例是34%,到1986年则下降到20%。然而对职业培训领域的援助比例在1963年—1986年间从35%上升到50%。第三阶段是职业教育失去优先权,职业教育政策转为鼓励与扶持私人培训部门和企业培训等非正规在职培训(20世纪90年代至今)。世界银行职业教育政策的转变,终于在1991年的《职业技术教育与培训:世界银行的政策文件》中完整地表达出来,这个文件是世界银行第一个亦是唯一一个对职业教育这样一个次级部门的全面分析。文件认为:"对专门技能的培训,只有建立在坚实的普通教育基础之上才会更有效,基础教育和中等教育为很多传统的手工业和行业提供了这种基础……在很多国家,过去用来以职业课程取代部分学术课程的额外资源,如用来提高学术成绩或增加学术教育途径将是更好的投资。在使毕业生进入工作领域或自谋职业方面,多样化课程并不比中等学术教育更有效益。"这标志着职业教育失去了在世界银行教育贷款政策中的优先地位。基础教育成为世行主要的支持领域,流向职业教育和培训的资源减少了但仍很充足①。世界银行上述政策的每一次改变，都是有理由或依据的，而这些理由或依据皆为当时学界或研究界有充分说服力的主流观点。换言之，正是这些研究界提供的观点直接影响了世界银行职业教育政策的走向。

让我们再以巴洛夫与福斯特间的论战为例来说明职业教育研究旨趣影响政策导向的问题。巴洛夫与福斯特是当今国际职业教育界极具影响力的两位学者，他们的观点，代表了战后职业教育发展的不同战略思考。英国经济学家巴洛夫的职业教育思想主要体现在其于20世纪60年代初期发表的一系列评论文章当中，其中最具代表性的是《非洲的大灾难》《非洲需要什么样的学校》等文。他以"发展经济学"和"人力资源说"为基础，提出了一套非洲国家教育促进经济发展战略，主张发展中国家重点投资学校形态的职业教育，并进行中等学校的课程"职业化"改造，以此来促进经济发展。巴洛夫的观点在当时得到了联合国教科文组织、世界银行等国际组织的支持，成为20世纪60年代发展中国家教育与经济发展的指导理论。

针对巴洛夫的职教理论思想，作为非洲教育问题专家的福斯特，以他多年来在加纳的研究成果为依据，写下了著名的《发展规划中的职业学校谬误》一文。在文中，福斯特系统地阐述了他的职业教育思想，对以巴洛夫为代表的主流派进行了"全面批判"。他认为，职业教育的发展必须以劳动力市场需求为出发点，注意克服"技术浪费"（学了用不上）现象。由于简单预测的"人才规划"不能作为职业教育发展的依据，职业学校存在谬误，职业教育的发展应走多元化的道路，其重点是非正规的在职培训和企业本位教育。由此，一场延续25年之久的论战展开了。可以说，福斯特的职教思想是巴洛夫职教理论的悖论，在批判的基础上建构了一个新的理论体系，其中许多观点成了当今世界银行指导各国职教发展的政策性文件的核心②。

经过多年的发展，职业教育已经成为我国社会和教育发展的重要政策领域，其社会公共属性越来越突出，相关利益群体日益复杂，与经济社会发展和公共需求的关系越来越密切。但是，受经济变化、人口结构、社会发展、科学技术、环境危机等多种外部因素的影响，职业教育改革与发展所处的国内外环境越来越复杂，这对职业教育决策的科学性提出了更高要求。因此，充分发挥职业教育研究的政策导向功能，强化研究的服务意识，加强研究的政策针对性和实效性是职业教育研究面临的一项紧迫任务。改革开放三十多年来，我国职业教育政策经历了恢复（1978年—1984年）、发展（1985年—1996年）、滑坡（1997年—2001年）、重振（2002年至今）四个阶段。从总体上看，我国的职业教育政策符合社会

---

① 和震：《世界银行职业教育政策的演变》，《清华大学教育研究》，2010年第1期。
② 傅志明：《福斯特与巴洛夫论战对当前中国职业教育改革的意义》，《职业技术教育》，2003年第22期。

的要求,推动了职业教育的发展。研究发现,我国职业教育政策取向在不同的历史阶段曾发生过数次重大的转变,同时由于政策工具不充足、价值冲突、政策目标与手段不对应等问题的存在,政策实施的质量受到影响①。之所以存在这些问题,与我国社会变迁加快,许多问题的发生难以预料有关,当然也与政策或决策产生前的研究基础不够坚实有关。

总之,与普通教育不同,由于职业教育的发展与社会生产进步和国民就业紧密相关,其研究必然呈现"别样的风景"。姜大源研究员曾从学科建设的角度,系统地研究了职业教育学基本问题,努力将职业教育学建设成与普通教育学"平起平坐"的一级学科。他认为,职业教育作为不同于普通教育的另一种类型的教育,自有其不可替代的类型特征。其类型特征至少包括:基于多元智能的人才观、基于能力本位的教育观、基于全面发展的能力观、基于职业属性的专业观、基于工作过程的课程观、基于行动导向的教学观、基于学习情境的建设观、基于整体思考的评价观、基于生命发展的基础观、基于技术应用的层次观、基于弹性管理的学制观②。职业教育学是职业教育研究的重要组成部分,它突出其专业独特性和理论系统性。长期以来,我国已出版的多本职业教育学教材一直难以走出普通教育学的"阴影"。姜大源研究员的《职业教育学研究新论》,确实令人"耳目一新"。可以毫不夸张地说,此研究著作标志着中国职业教育学已经走出了普通教育学的"阴影",开始有了自己独立的地盘(有相对独立的研究范式、研究领域、研究方法等)。职业教育学研究偏向于系统化构建学科的基础理论,它虽然非常重要,但我们不能说职业教育学研究就等于职业教育研究。相比职业教育学研究,职业教育研究涵盖的领域更加广泛,除了学科基础理论问题,还要试图解决职业教育实践活动中发生的多样而具体的各类问题。

三、沿革:缘起与变革

我国近代职业教育产生和发展的过程中,职业教育研究始终相伴。黄炎培、蔡元培、陶行知等著名教育家在其中也都曾作出过不俗的贡献。新中国成立后,尤其是改革开放以来,我国职业教育发展的势头日趋迅猛,发展职业教育就需要对其进行研究。

就职业教育研究来说,1980年,我国成立职业教育学科规划组,开始将职业教育作为一个独立的研究领域。经过30年的发展,我国职业教育的研究视野和领域不断拓宽,研究方法日益多元,研究队伍更加专业,研究基础日趋稳固,并借鉴普通教育学的学科分化,开展了多学科视野下的职业教育研究,包括从经济

---

① 和震:《我国职业教育政策三十年回顾》,《教育发展研究》,2009年第3期。
② 姜大源:《职业教育学研究新论》,北京:教育科学出版社,2007年版,第1页。

学、社会学、技术哲学、文化学、心理学等多个角度进行职业教育研究,这些研究在一定程度上消除了职业教育实践、政策和理论之间的差距,为职业教育改革与发展提供了科学的决策依据。

但在30年的发展中,职业教育所依存的社会背景发生了很大变化,职业教育发展面临更复杂社会环境的挑战,这表现在:全球经济的迅速变化使技能供给和需求都面临很多不确定因素;职业结构、人口、文化模式、价值体系等社会背景因素变得日趋复杂和多元;工作组织、劳动力市场、知识和经济、科技与社会、就业、社会福利等多种因素的互相作用使个体的培训和生涯选择也面临很多不确定性。这些都不断向职业教育的人才培养体系和模式提出更多要求和挑战,也不断为职业教育研究提出新课题。在这种背景下,根据普通教育学衍变而来的学科式研究框架已经不能适应新的需求。我们必须从思维方式、思想方法及研究者行为习性等方面作出重大的调整或反思,才能在"人类知识增量"的意义上推进职业教育研究。思维方式是指人们的思维方法与形式,思想方法是思维活动的门路、程序、切入点、进入角度等,而研究者行为习性则指研究人员内在的情意系统与外在的社会环境(其中特别重要的是权力关系状况)之间的动态特征。

(一)改变单线思维,用复杂性思想审视职业教育问题

法国社会学家莫兰在《复杂性思想导论》一书中提出:复杂的东西不能被概括为一个主导词,不能被归结为一条定律,不能被化归为一个简单的观念;复杂性是不能用简单的方式来加以定义并取代简单性的东西。复杂性是一个提出问题的词语,而不是一个提供现成答案的词语,它表明了世界向我们提出的挑战。复杂性思想不能使我们避免和消除这个挑战,但是它可以帮助我们迎接它,甚至驾驭它[①]。

职业教育是一种复杂性社会实践活动,职业教育的未来发展存在多种可能性,这种发展的多种可能性便构成教育可选择的客观前提。然而,机械决定论统摄下的教育完全成为一种可操作的技术性行为,即教育目的事先被预设,教育过程中多种可能性为一种可严格预期的运作模式所替代,教育行为被严格控制,教育结果相应地成为教育计划的附属品,主体的能动性与选择权被无情扼杀。因此,必须走出简单教育的樊篱,树立复杂性教育思维,归还教育主体以选择权,步入本真意义的教育殿堂。具体到职业教育来说,不管从职业教育的存在形式、职业教育的组成要素、实践活动等方面来看,它无疑是一个复杂的巨系统。职业教育在系统意义下表现出复杂性,主要是由于不能完全了解直接影响教育对象行为的所有因素与信息而产生的各种不确定性;由于职业教育系统的层次结构以

---

① 莫兰:《复杂性思想导论》,陈一壮译,上海:华东师范大学出版社,2008年版,第4页。

及各子系统所具有的不同的性质;由于职业教育系统各组成部分之间具有的不可忽略的非线性相互作用①。

一般来说,职业教育研究的复杂性至少受下列因素影响:职业教育研究主体与对象之间具有互动性和交往性,职业教育研究对象存在情感性和差异性,研究逻辑包含职业教育事实及其价值,等等。必须承认,我们的职业教育研究还习惯于单线性思维方式,往往局限于从复杂的现实世界中抽象出简单的事实或运用简单的方法与简单的思维来处理问题,从而使得遵从这种研究成果的教育实践经常从良好的愿望出发,达到的效果却常常事与愿违,多显低效或无效。作为一个复杂系统,职业教育活动中任何局部的、孤立的和单线性的决策、方法与行为,都可能会引起负面的协同效应。这实际上就需要我们建立在各种不同见解的基础之上,以复杂性的探究方式重新审视我们的职业教育研究。如一些研究有盲目追赶潮流的趋势,研究者对职业教育学研究问题尚缺乏科学的定位,不能很好立足于本国、本学科有价值的问题。比如很多比较类、借鉴类的研究仅满足于职业教育理论的简单推演模式,大多是先阐述其他国家的成功经验,然后指出我国职业教育理论或实践的不足,再提出所谓的启示,基本遵循着"阐述经验—指出不足—得出启示"的研究思路。也不是说这种思路不行,关键是研究者没能立足本国实际或者对本国职业教育实践缺乏深入、有见地的理解,对国外的成功经验只能采用简单的"拿来主义",无法得出有价值的结论。

(二)立足自身本位,以跨学科心态寻求思想方法共融

无可否认,就研究的问题、方法和结果来说,教育学、社会学、经济学和工程科学等学科都有很多共同之处,职业教育研究要建立在多种不同研究传统和学科贡献的基础上。但是,职业教育不能仅仅附属于其他的研究传统,还必须从自己的本质属性出发,发展成为一个独创和独立的研究领域,建立一种基于职业教育学立场的跨学科的研究范式。

从严格意义上说,职业教育研究是一门交叉学科,因此它与生俱来就具有明显的跨学科、跨部门、跨行业的特征,很容易吸引其他学科的研究者来进行研究。这些原来从事其他领域研究的人在探讨、研究职业教育时往往带有原来学科的痕迹,跨学科研究的现象十分突出。关于如何以问题为中心运用相关学科的研究成果来进行职业教育研究这一问题,大体上有两种观点:第一种观点主张站在其他学科的立场来建设职业教育学科。持这一观点的学者把职业教育学当成一个研究领域,一个其他任何学科都可以涉足的领域。他们以职业教育学的分支学科作为依据来说明问题,如职业教育心理学即为心理学在职业教育学上的应

---

① 文雪、扈中平:《复杂性视域里的教育研究》,《教育研究》,2003年第11期。

用,同理,职业教育管理学也是管理学在职业教育领域的应用。随着越来越多的学科应用于职业教育领域,职业教育学的学科群会越来越庞大,研究成果也必将越来越丰富,至此,职业教育学的学科建设就会水到渠成。另一种观点主张要站在职业教育学的立场去吸收其他相关学科的成果。持这一观点的学者把职业教育学的独立地位作为学科发展的本源。他们认为,必须把职业教育学当成主体脉络,作为根基和树干,在其学科发展过程中慢慢吸收其他相关学科的研究成果,把这些成果融合在职业教育学的理论体系中,这样职业教育学之树才能常青。其实,不同学科专家从他们自己所属学科的角度用其学科理论和话语体系来分析职业教育问题,充其量也只是探讨这些学科与职业教育学科所共有的问题,其最终的研究成果仍然是他所属学科的研究成果,但仍不失为职业教育研究提供重要的视角资源。正如库恩所说:"收敛性思维和发散性思维都是科学研究所必须具备的,不能简单地说哪一种思维模式更优越,必须在二者之间保持必要的张力。"[①]

要充分利用其他学科的研究成果,以问题为中心进行跨学科研究,要求职业教育研究者必须具备两种品质:一是要有明确的问题研究视角。随着学科的不断交叉、融合,不同研究领域的人可以对同一研究对象进行研究,从而形成问题研究的专业性视角,即学科研究视角。只有更多地从职业教育学的学科视角出发,才能有利于明确自己的研究视域,避免研究的盲目和泛化。我们不能抹杀开放的多学科研究对发现职业教育学问题所产生的效果,有时甚至是意想不到的效果。但由于学科研究对象的复杂性和学科内部规律的独特性,作为职业教育学的专门研究者要懂得从众多的视角中选择最适合的视角,即职业教育学学科视角。只有站在专业的学科视角来选择问题,才能使职业教育研究具有一定的深度。二是要有职业教育学的学科立场。职业教育学要发展必须进行跨学科的研究,我们可以通过教育学、哲学、伦理学、心理学、社会学、政治学、法学、经济学等相关学科来探索职业教育学。职业教育学的跨学科研究就是要整合各门学科的研究成果,从中获取新的概念、原理、视角和方法,使职业教育学能够更加清晰、真实地反映职业教育规律,解释职业教育现象,进而形成自己独立的理论体系。但在借鉴和转换其他学科知识的时候,必须要懂得其他学科的知识和研究成果对于职业教育学来说并非一定是可借鉴的,它们能否为职业教育学做贡献,还必须接受职业教育实践的验证。

学科发展的规律要求职业教育学必须打破固有的学科结构和体系,不断开拓新的研究领域。正因为现有理论框架还很不成熟,还存在很多疑问,所以对职

[①] 转引自常健、李国山:《欧美哲学通史(现代哲学卷)》,天津:南开大学出版社,2003年版,第212页。

业教育研究者来说，提出问题比解决问题更为重要且更为可行，职业教育学有可能在这些问题域上建立起新的学科生长点。以问题为中心来寻求研究的突破口，从研究问题入手再上升到理论层面，吸引更多的人来关注、研究职业教育学，从某种意义上说，这也是一种研究的范式。以问题为中心的跨学科研究必将给职业教育研究带来很多意想不到的收获，但同时也要提防职业教育学被其他学科"异化"、"同化"，甚至"边缘化"，在多元理论格局并存的基础上，保持职业教育学的学科意识是很有必要的。

从职业教育的核心与本质问题出发，职业教育研究就应当以一种更加开放的视野，从跨学科的宏阔理论视域出发，应对不确定的外界环境对职业教育的需求。目前来看，职业教育研究急需把如下视角纳入进来：一是面对日益严峻的经济和环境危机，必须研究职业教育在实现社会及环境可持续发展方面的作用；二是为应对劳动力市场、企业、就业模式、职业种类、社会组织、个体选择模式等外部环境因素的不断变化，职业教育也必须从多学科的视角开展研究，如：不断变化的工作组织和个人选择模式对职业教育产生的影响，为适应新的劳动力市场环境，须要制定什么样的政策，怎样满足职业种类、就业模式和个人选择需求的变化，等等。

（三）拓展生存空间，以对话者角色响应现实矛盾呼唤

当今社会是一个对话的社会，"对话"是人以及各种关系的存在方式。人的"对话"式生存，必须具有两个紧密联系的条件：独立与平等。教育界也有越来越多的有识之士认为，教育即对话，课程即对话，教学即对话。这种对话无疑主要发生在师生之间。其实，职业教育研究又何尝不是对话呢！但当下的现实状况却每每令人失望。诸多职业教育研究工作者在与其特别相关的实践工作者及行政工作者之间，很少能扮演对话者的角色。对一线埋头苦干的实践工作者来说，不少职业教育研究人员常常会用"闭门造车"或"从国外贩运"得来的所谓"成果"，去"指手画脚"一番，还自以为扮演了"实践指导者"角色；而对握有一定权力的行政工作者来说，不少职业教育研究人员不时会"揣摩圣意"或"强作解人"，行"曲学阿世"之风，还自以为扮演了"政策阐释者"角色。这两种情形在我们的现实生活中恐怕并不鲜见，甚至于还常常发生。不用说，这类研究者的行为习性其实皆少有真正的独立与平等精神，因此都不会有利于职业教育研究学术空间的拓展。而要实现我国职业教育研究学术空间的有效拓展，研究人员就必须以对话者的角色响应现实矛盾的呼唤，坚持与实践工作者对话、与行政（甚至企事业相关的）工作者对话、与研究同行对话。

首先，坚持与实践工作者对话。职业教育研究人员应当特别关注一线从事职业教育实践的广大教师实际状态，在理论与实践的结合中，努力凸显其研究成

果的实践性品质,进而增强其研究对一线教师实践工作的指导与服务功能。哪怕与职业学校进行合作性研究,也应当努力达到"双赢"的效果。正如著名职业教育专家杨金土所说的那样,"教育科学是实验科学,从事教育科研工作,务须深入实际,多做调查,多做实验,真诚地尊重实际工作者,在他们面前始终保持学习的心态、服务的心态、合作的心态,要高度重视他们的经验和创造。同时凭借科研工作所需要的特有视角和眼光,争取比实际工作者发现更深、更新的问题,掌握更深、更新的资料,在研究的基础上,对实际问题作出深入浅出的解释,对如何解决这些问题提出更深、更新的建议。但是,对他们的业务指导既要到位又不可越位,防止指导过度"①。

其次,坚持与行政(甚至企事业相关的)工作者对话。由于职业教育发展的政策或制度的关涉性较强,因而职业教育政策导向性研究一直为职业教育研究的重点。有人认为,与基础理论研究相比,政策导向性研究在确定研究主题、研究成果的传播与影响等各方面都表现出一些鲜明的特点。政策导向性研究在研究主题的确定上特别强调:必须有潜力满足特定的政策目标或有利于改善实践;需要对各种改革形式的成本和效益进行高水平的评估;必须具有较高的预期,应该能产生较大的影响;应能获得来自各部门的支持。而在重视研究成果的传播与影响方面,研究结果被合适的人群获得,并对相关的政策和实践发生影响是政策导向性研究非常重要的一环。这其中,有两个因素是非常重要的:使用户终端——政府参与进来,共同确定研究目的;使相关利益群体参与整个研究过程②。从中,我们不难发现:要"获得来自各部门的支持",要使"政府参与进来",要"使相关利益群体参与整个研究过程",光靠行政命令肯定是不行的,只有更多地运用对话的手段才会使研究的成果(政策)出台后人们执行起来持久而有效。

再次,坚持与研究同行对话。前面提及的巴洛夫与福斯特间的论战,说到底就是学术同行之间的对话。一般来说,"商榷文章"应当说是最能体现学术对话特点的,可是置身于当今职业教育研究的学术场域,我们不难感受到一个令人不安的现实:研究者之间缺少公开的、批评性的学术交流在中国是一个普遍的问题。在我国,教育学术方面的批判性交流(或争论)在沙龙和会议的"面对面"场合中比较容易发生,而在刊物阵地上进行"文字之争"则相对较难。教育学术期刊上刊发批评性文章为什么难呢?这恐怕与作者的名气不够"大"、文章的质量不够"高",与期刊选题的要求不够"吻合"等多方面因素相关。但毋庸否认,我们许多教育学术期刊喜欢或习惯的文风是"说自己,不说(批评)别人",这导致

---

① 杨金土:《加强职教科研队伍建设 推动职教科研水平提高》,《江苏教育》,2010 年第 7-8 期。
② 吴言:《职业教育研究:服务政策发展》,《职业技术教育》,2009 年第 25 期。

总体上争鸣性的氛围较弱。而我们知道,学术观点的冲突与分歧往往正是学术发展与进步的重要条件。不同学术观点之间可以同等条件地相互批判,这才能真正体现学术为公器的精神。

第二节 职业教育研究的意义

从个体的人来讲,职业教育研究有利于促进个体(教师和学生)的专业成长;从职业学校组织来讲,职业教育研究有利于学校各项改革发展事业的顺利进行;从一个国家或地区来讲,职业教育研究有利于推进这个国家或地区职业教育的发展。

一、有利于促进职业学校教师专业成长

作为一名合格的职业学校教师,究竟应该具备哪些素质呢?一般认为职业学校教师应当具有高尚的职业道德、完整的知识结构与专业技能以及实际的教育能力等素质。那么具备了这些素质是否就足够了呢?或者说,他们的素质结构就臻于合理和完善了呢?对照当今对教师专业发展的要求,答案明显是否定的。在塑造职业学校教师的整体素质时,还应有一个很重要的因素必须充分加以考虑,那就是教育科研素质。联合国教科文组织曾指出:"在当前,从教师在教育体系中的作用来看,教师与研究人员的职责趋向一致。"即具有一定的教育科研能力已成为当代教师专业发展的必备素质。

科研,使教师获得一种智慧的生存方式。没有研究,教师就不能将自己的教学专业化;没有反思,教师的实践智慧就不能自我生长和增值。当今教师作为专业人员的观念早已深入人心。也就是说,要成为教师(或教育工作者)必须受到应有的专业训练,达到专业标准并具备专业品质是胜任职业的前提。专业的一个主要特征在于它拥有研究知识作为其工作思考与行动的基础。例如,医学专业的知识基础源自于生物学、化学和其他自然科学的研究。在工商管理专业中,其知识基础来自诸如经济学、心理学和数学等学科的研究。同样,教师也拥有研究知识基础。这种知识基础主要来自于人文与社会科学领域,包括教育学、心理学、社会学和历史学等。因此,一个人希望自己成为一名真正有见识的教师,就不仅须要了解研究者们创造的专门知识,还须要了解他们的研究方法以及他们目前正在研究的问题。事实上,教师做科研,主要是为了强化教师的专业角色及认同感,提高课堂教学的质量;为了改变职业生活方式,提高职业幸福指数。教师做科研,源于教学生活。在教学生活中,教师的科研是变革性的教学实践,是

在改善教学品质的过程中,积累智慧、形成研究成果的过程。

具有研究能力是所有专业人员的共同特征。就职业教育而言,人们对其规律的每一点认识,职业教育实践的每一次提高都来自研究,所有优秀的教育教学过程总是和教育研究交织在一起的。因此,心理学家斯滕豪斯在1975年就提出教师必须作为研究者才能实现专业化。实践表明,培养职业学校教师的教育科研素质不仅是可行的,而且也是十分必要的。首先,职业学校教师具备教育科研素质,是促进教育科学理论发展的需要。职业教育科学理论体系的创建和发展与教育实践有着密切的联系。其一,职业教育科学理论发展的直接动力和源泉来自职业教育实践。其二,职业教育理论的科学性和可行性又必须依赖职业教育实践的检验。职业教育这一广阔领域是研究和构建教育科学理论体系的重要组成部分。因此,只有深入从事职业教育实践的人,才是教育实践的真正主体,最有条件发现职业教育中存在的问题。通过职业教育科研,促进广大职业院校教师进行教育经验的积累、总结和提升,促进教师更加自觉地按教育科学规律办事。其次,职业学校教师的教育科研素质,直接影响着教育教学质量。市场经济的发展对各行各业的技术革新有了更高的要求,职业学校培养目标也随着各行业对技术人才需求标准的提升而不断调整变化,全面提高教育教学质量是所有职业学校面临的共性问题。而提高教师教育科研素质则是解决这一问题的重要保障。因为通过教育科研,可促使教师自觉地进行理论的学习与提高,通过对研究问题的理性思考,使教师在教育教学活动中更具创造性,自觉地进行教育教学改革,提高教育教学水平。另外,科学研究的过程既是教师不断自我学习和提高认识的过程,也是教师反思实践并提高实践水平的过程,对更新教师的知识结构和能力素质都有着深刻的影响。

二、有利于推进职业学校改革发展

没有思想与理论指导的实践注定是盲目的行为,脱离实践经验的思想与理论创新也注定是空洞的泡沫。职业学校的改革发展离不开职业教育研究。当然,这种研究既应当包括社会上专门研究机构以职业教育存在的较为普遍问题为对象进行的研究,也应当包括职业学校的教学与管理人员针对自身组织与个人的较为具体(实际)问题而开展的研究(一般以行动研究为主)。我们可以从如下两个方面进一步探讨这两者之间的关系。

一方面,大力开展职业教育研究有助于推进职业学校各项事业的改革与发展。首先,理念是行动的先导,只有重视研究才能使广大师生拥有较先进的改革和发展理念。在现实生活中,我们不难发现职业学校其实也是千差万别的,客观上存在三六九等。但办学水平良好的职业学校都会有一个共同的特征,就是拥有先进而正确的教育教学理念。而正确的思想和先进的理念从何处来？答案显而易见，一是来自职教人自身的实践探索与经验总结，二是来源于专业研究人员的学术探讨与理论概括。无论是前者还是后者，都说明理念的获得并不是一蹴而就的，须要不断地学习，须要不断地探索，须要付出艰辛的脑力劳动。其次，研究是决策的前提，只有重视调查研究与分析才能使职业学校的决策具有前瞻性与科学性。职业学校的改革与发展牵涉的问题和范畴往往十分广泛，有了先进的指导思想和理念后，科学决策并有效实施就成为十分关键的现实问题。决策是综合各种条件进行目标选择以及为实现目标而制定和优选方案的过程。要保证决策科学有效，除了领导者的个人素质和执政经验之外，关键的就是要善于调查研究、勤于"解剖麻雀"、精于系统思考。作为与经济发展和社会实践联系最为紧密的一种教育类型，其改革发展不仅受到自身内部系统各要素的牵扯与影响，而且与外部系统的变化息息相关。因而可以肯定没有适用于任何时期、不同环境的永恒不变的政策和措施，不仅作为职业教育相关者的学生、教师、家长与雇佣者等是主动的变化的个体，而且经济环境、社会环境和文化环境等要素也是时时处于变化中的，这些因素决定了领导决策的难度与风险，也天然地提出了领导必须经常进行调查、不断地开展研究的要求，只有这样，才能最大限度地保证领导决策的科学性和前瞻性。

另一方面，伴随着职业学校改革与发展，必然会出现一些新情况和新问题，这将有助于刷新职业教育研究的问题起点，并为提升研究质量注入新的动力。有人说，没有与教师日常生活紧密结合在一起的问题，就不会有教师研究的冲动；而没有研究的冲动，也常常难以产生持续性的研究行动。不难设想，无论是专职科研人员从事的专业研究，还是广大职业学校教师开展的群众性科研，其共同的主要目的都是为了解决职业教育改革和发展中的问题。尤其是教师（含管理人员）进行的科研，更多的是以解决学校自身问题为旨归的。当前我国的职业教育在解决了量的发展后，迫在眉睫地须要关注并重视质的提高，这既是职业学校发展的"机遇期"，同时也是其发展的"高原期"，因为内涵发展牵涉的范围广泛，从人才培养目标、培养过程、培养效果到其评价标准等不一而足，这些与往昔以追求规模为主要目标的职业教育有着本质的差异，原有的经验往往不再适用，已有的做法也难以奏效，在这样的情况下，唯有基于实际的调查研究、借助于有效的职业教育理论、潜心于客观的理性分析，才能有效破解职业学校改革和发展中的问题。

三、有利于提升国家或地区职业教育水平

职业教育研究是职业教育事业的重要组成部分。职教事业的蓬勃发展，既

为职教学术繁荣提供了丰赡的资源和条件,又对学术工作为职教事业发展服务的水平提出更高要求。我国著名职业教育专家杨金土认为,职教事业发展须要建设好三支队伍,即实际工作队伍、科学研究队伍和行政管理队伍。他们的工作必然有交叉,却不可相互替代;他们具有共同的事业目标和素质要求,却各有不同的工作职责和能力结构。如果说,实际工作者具有更强的分析、处理实际问题的能力,行政管理者具有更宽宏的视野和更强的决策能力,那么,科研工作者应该具有更犀利、更透彻的眼光和更强的探究能力[1]。这一观点可谓高屋建瓴,它不仅有助于我们深刻认识职业教育研究所存在的独特价值,更有助于我们从宏观上把握一个国家或地区职业教育研究与该国家或地区职业教育发展之间的关系。

纵观世界发达国家的职业教育发展,不难发现它们有一个共同的特征:每一个发达国家职业教育发展的背后都有相关的理论研究与创新作为支撑。也就是说,职业教育研究与职业教育发展彼此之间密不可分,具有共生共荣的关系。德国、美国、加拿大和日本等都是大家常以为例的,这里不妨再举澳大利亚为例。有学者指出,澳大利亚非常重视职业教育与培训的研究并把其作为发展高质量的职业教育培训体系的基础和前提条件,这是澳大利亚职业教育获得当今之繁荣和促进经济迅速增长的关键要素,对国家发展起了重要作用[2]。澳大利亚幅员辽阔,地广人稀,20世纪70年代后坚持推行发展以高等职业教育为主的职业教育,使人口不足2 000万的国家经济迅速发展,达到发达国家第13位的发展水平。在20世纪90年代,澳大利亚大力开展职业教育,年均经济增长率接近4%,远远超过经合组织成员国2%的年均增长率,澳大利亚企业的"效能水平"在1997年—2002年的5年间增长14%,成为世界重要的发达国家,教育也成为澳大利亚经济的支柱产业和三大创汇产业之一。这一经济成就应归功于澳大利亚职业教育培训的迅速发展,它极大地提高了工人的技能水平,改进和提高了他们的生产和革新能力。而澳大利亚积极开展职业教育研究,为发展职业教育起了重要的作用。其中,国家重视、确立研究的战略地位和实施研究的必要措施,都是澳大利亚能顺利创建起现代科学高效的职教研究体系的关键。

中国职业教育发展历史相对较短,对比发达国家,我国目前职业教育研究的总体水平仍显落后,与当今快速发展的职教形势还很不匹配。这需要我们加强对其重要性的认识,提高研究科学化和规范化的程度,努力为教育实践与教育政策提供学理基础,创建一种有中国特色的职业教育新体系。

---

[1] 杨金土:《加强职教科研队伍建设 推动职教科研水平提高》,《江苏教育》,2010年第7-8期。
[2] 杨婷匀:《澳大利亚职业教育研究:经验及启示》,《教育发展研究》,2006年第6(B)期。

第三节 职业教育研究的现状及问题

纵观世界职业教育发展历史,大凡职业教育较为发达的国家和地区,其背后必有一支较强的职业教育科研力量作为支撑。这支科研力量不仅包括职业院校教师、科研院所研究人员,也包括经济、社会等其他行业的研究者。以"双元制"职教模式著称的德国,其职业教育科研机构发挥着重要的支撑作用。隶属于联邦政府的职业教育研究机构——联邦职业教育研究所是全世界最大的职业教育研究所,有四百多人的规模,其每年颁布的教育职业(专业)目录以及包括企业课程的职业教育条例,是德国职业教育高质量的保证。它与隶属于德国联邦劳动总署的劳动市场与职业研究所、隶属于各州教育部的教育研究所职教研究部以及众多高校里设立的职业教育研究机构,组成了一个在全世界享有盛誉的职教研究网络,它们既担负着培养职业教育师资的任务,又扮演着推动职业教育科学研究的重任。德国职业教育特别注重开展创新性研究,包括能力本位的职教思想、建构导向的职教理念、行动导向的教学方法等,这些研究工作为德国职业教育的发展提供了坚强的后盾,使德国职业教育工作能够一直处于全世界的领先水平,成为众多国家和地区学习效仿的典范。同样,以企业本位职业教育闻名的日本也十分重视科研工作,其在国家层面建立有国立教育研究中心,各都道府县和高等院校的教育研究机构遍及全国,此外还有众多的研究会等群众性团体,许多学校的教师成为这些研究团体的骨干,为日本教育,包括职业教育的发展提供了有力的智力支撑[1]。

研究要走向成熟,需要在一定的研究积累的基础之上,对研究本身进行比较系统而深入的反思,这种反思一般称之为"元"研究。中国的职业教育历经改革开放30年的发展,已进入了历史上最好的时期:经济社会发展环境对职业教育的需求达到了历史之最;教育进展为职业教育发展提供的基础达到了历史最好水平;中央政府对职业教育发展的重视程度达到了历史之最;职业院校招收全日制学生的数量达到了历史之最;中央财政经费投入职业教育的强度达到了历史之最。然而,在职业教育一片繁荣的背后,我们不能不看到还存在着许多隐忧:职业教育的社会认可度依然不高;在教育系统内部边缘化的地位依然未能得到根本改善;职业教育发展的不稳定性危险依然存在等。而要解决上述问题,除了需要外部环境进一步改善外,还必须提高职业教育自身的质量,所谓"打铁还需

---

[1] 李德方:《试论职教科研与职业教育发展》,《教育与职业》,2009年第20期。

自身硬",而加强职业教育科学研究工作是促进职业教育发展和质量提升的内在需求,也是职业教育实现科学发展不可或缺的重要举措。

一、职业教育研究的现状

(一)职业教育科研受到进一步重视,科研体系已经初步形成

随着职业教育的不断发展以及社会各界对职业教育重要性认识的不断深入,职业教育研究工作也受到重视,相关法律、法规和文件中都有明确的规定,比如1996年颁布的《中华人民共和国职业教育法》第八条就规定:"国家鼓励并组织职业教育的科学研究。"1998年,原国家教委下发的《面向21世纪深化职业技术教育教学改革的原则意见》中也要求"加强教学研究和教改实验。省地两级要加强职业教育科学研究和教学研究,教育行政部门要支持职业教育研究机构的工作,充分发挥他们的作用"。2005年出台的《国务院关于大力发展职业教育的决定》中明确提出"加强职业教育科学研究工作","为职业教育宏观管理和职业院校改革与发展服务"。这些政策、法规的贯彻落实和职业教育事业发展的迫切需要,促进了职业教育研究事业的繁荣,也推动了职业教育研究组织的壮大。

1978年以前,我国几乎没有专门的职业教育科研机构,许多研究内容列入普通教育研究范围。1978年7月4日,教育部向国务院呈报了《关于重建中央教育科学研究所的请示报告》。中央教育科学研究所经国务院批准重建后,所内设立了"教育制度研究室",进行中等教育结构改革及职业教育的研究。该室于1986年改为职业技术教育研究室及成人教育研究室。以后,部分省市及高校也先后建立起一些职教研究机构,至1986年,中央及省(自治区)、直辖市已建有职教科研机构12个,高校建立的职教科研机构也有12个。

20世纪80年代末以来,自国家级职教科研机构教育部职业技术教育中心研究所,及江苏省职业技术教育科学研究中心、上海市职业技术教育研究所、辽宁省职业技术教育研究所等省级研究机构成立至现阶段,我国省级地区、计划单列市和建设兵团共有职教科研机构60个,职业教育学专业的博士点10个、硕士点48个。有关职业教育团体、相关本科院校以及高职院校也大都成立了"职业教育研究所"等职教科研机构,并配备了专、兼职研究人员。此外,还有一大批中、高等职业学校的广大教师也加入到职教研究队伍中来,成为一支新兴的研究队伍,职教研究力量得到了加强。预期到2020年,我国可以建立起国家、省、市、县四级职业教育科研机构,形成不同层级、不同类型职业教育研究机构合理分工、相互协作的职业教育科研机构网络。

(二)职业教育科研服务于职教事业,研究领域得到有效拓展[①]

改革开放初期,我国职业教育系统的科研力量十分薄弱,"六五"时期,全国教育科学规划课题中,职业教育课题只有1个,"七五"期间开始组建了职业教育学科组,职业教育立项课题的数量逐年增加。进入21世纪以来,各级教育行政部门和相关院校都进一步重视职业教育科研工作,加强领导,出台政策,拨付经费,设置机构,增加人员,使我国职业教育科研工作的指向更加明确,职业教育科研总体水平有了很大提高,研究领域得到有效拓展。从研究领域来看,主要集中在以下几个方面。

一是职业教育基本理论研究。其中包括职业教育学科建设研究和"有中国特色"的职业教育研究。对于当前的职业教育学科建设,就研究对象而言,有"现象论"、"关系论"、"问题论"、"规律论";就学科体系而言,有"逻辑起点论"、"问题系统论"、"范畴水平论";就研究范式而言,有"问题研究范式"、"基本研究范式"、"工作过程研究范式"和"技术学研究范式"。这些理论各有优长,各自也存在局限。也有学者基于上述观念的理性批判,认为职业教育学的研究对象是"职业教育存在",应当建立基于"范畴"的学科体系,构建"要素研究范式"。对职业教育本质研究,有"生产性说"、"生利性说"、"职业性说"、"大众性说"、"社会性说"、"产业性说"、"技术技能说"、"中介说"、"适应性说"、"多样性说"、"应用实践性说"等。总之,在职业教育基本理论研究方面,欧阳河的《职业教育基本问题研究》、姜大源的《职业教育学研究新论》、徐国庆的《职业教育原理》、黄尧的《职业教育学:原理与应用》等专著和教材都是可圈可点的力作。

二是职业教育的课程与教学研究。课程体系改革可以有效解决职业院校长久以来存在的矛盾,促进教育教学观念转变,优化教师队伍,改变办学的低水平状况。有研究者通过对高职教育人才目标、人才培养模式的内涵及特征等问题的研究,提出了一种适合高职人才培养目标实现途径的"基于'平台+模块'课程结构体系的高职双证制人才培养模式",并对其课程结构体系、教学内容体系、实践教学体系、产学研合作以及其保障机制等方面进行了研究和探索。"十一五"全国教育科学规划公布的职业教育研究课题中,与课程与教学研究相关的就包括邓泽民主持的"以就业为导向的职业教育教学理论与实践研究"、刘显泽主持的"基于工作任务的中等职业教育模块式课程研究"、朱德全主持的"职业教育'项目主题式'课程与教学理论及实践探索"、胡克祖主持的"技能学习心理及教学模式研究——以数控加工技能学习为例"等课题。

[①] 主要参见周明星、唐林伟:《职业教育学科论初探》,《教育研究》,2006年第9期;乐传永、孙立新:《回顾与展望:2007年我国职业技术教育理论研究述评》,《江苏技术师范学院学报(职教通讯)》,2008年第2期;等等。

三是示范性职业院校建设的理论思考。贯彻党中央、国务院关于高等教育发展要切实把重点放在提高质量上的战略部署和《国务院关于大力发展职业教育的决定》精神,在教育领域落实科学发展观的重要举措之一就是实施"国家示范性高等职业院校建设计划",随着建设与评估实践如火如荼地开展,相关理论研究开始增加。经过层层筛选和专家严格评审,第一批有28所高职院校进入了国家示范性高职院校建设行列。国家示范性高职院校的特点是:其院长具有先进的办学理念和领导能力,形成了独特的办学特色和良好的办学模式,具有良好的发展基础并在区域合作与社会服务等方面形成了特色,认真编制"示范院校建设方案",将重点落实在人才培养上。

四是有关职业教育的管理研究。包括职业教育的经济管理、质量管理及评估等研究。通过对生均教育成本测算和经费来源的分析研究,提出了政府财政政策在高等职业教育财政政策中的优化选择,即政府财政政策应体现教育公平、效率、质量的政策导向,应体现和高职院校自主融资相结合,要有利于完善社会对教育资源集聚力度等。以高等职业教育评估的理论和实践为依据,对我国高等职业教育的现状进行了分析,提出了水平评估的重要性和必要性,并就高等职业教育的办学特色、人才培养目标、机制、价值观、预测、开放性办学、多元化发展、学生能力、面向社会服务等问题提出了建设性意见。

五是国际职业教育比较研究。研究者们通过国际职教比较研究,对国外职业教育的经验进行借鉴,其借鉴的层次、关注点呈现了丰富性与多样性的特点。如有研究者通过中西职业教育的文化比较,指出了职业教育发展的深层障碍,即传统文化导致中国职业教育步履艰难,因此通过与德国在国民素质、思维方法、商业伦理、法制文化及行政体制等方面进行比较,总结出中国的职业教育事业发展还有一个艰难的过程。

(三)职业教育科研强化共同体建构,科研社团组织相当活跃

20世纪80年代,我国各地各行业的研究会都十分活跃,但职业教育研究界一直缺少一个统领,1990年11月,中国职业技术教育学会应运而生。作为国家一级职业教育学术性社会团体,在中华人民共和国教育部领导下,它始终配合中心任务开展工作。一是结合政府相关部门(主要是教育行政管理部门)有关发展职业教育的主要工作、贯彻发展职业教育的政策精神,每年重点开好一次学会范围的大型学术年会,年会规模和影响逐年扩大,受到职教工作者及相关人士好评。这些年的年会分别涉及了职业教育体系建设、职教为"三农"服务、科学发展和深化教学改革、提高教育质量等主题。二是抓住时机,组织有影响的研讨和交流活动。2005年为落实大力发展中等职业教育、扩招100万学生的任务,结合纪念《中共中央关于教育体制改革的决定》发表20周年,学会邀请部分院士

举行了座谈会。2006年在《职业教育法》颁布10周年之际,学会与中华职业教育社、全国人大教科文卫委员会教育室,在北京人民大会堂联合举办了高规格的座谈会。三是通过分支机构开展更加灵活多样的教研与科研活动。学会教学工作委员会每年开展活动都在50次以上,参加活动的教师达七千多人次。学会学术委员会为培养年轻科研人才,加强职业教育科研队伍建设,自2004年开始每年举办一次"中青年职业教育论坛"。2006年,还召开了有影响的"2020年中国职业教育前景学术研讨会"。四是围绕热点和难点问题开展专题调研和课题研究。根据职业教育战线中心工作,学会每年还组织一部分专题调研。2008年学会积极参与《国家中长期教育改革和发展规划纲要》的调研工作,这也是中国职业技术教育学会首次参与国家这样重大课题的调研。五是开展评选表彰工作[①]。

中国历史最悠久的职教社团当属中华职业教育社。它是主要由教育界、经济界、科技界人士组成的群众团体,是党和政府团结、联系国内外职业教育界人士的桥梁和纽带。它于1917年5月6日,由著名爱国民主人士黄炎培先生联合蔡元培、梁启超、张謇、宋汉章等48位教育界、实业界知名人士在上海创立。中华职业教育社成立伊始既有蔡元培等学界泰斗参与,也有邹韬奋等实业界才子加盟,还有陈嘉庚等华侨领袖的赞助和聂云台等新兴商界巨子的支持。在这样一批社会贤达的支持下,中华职业教育社创立的符合中国社会实际的职业教育理论体系,以及由此开展的职业教育实践,开创了我国近现代职业教育的先河。中华职业教育社以倡导、研究和推行职业教育,改革脱离生产劳动、脱离社会生活的传统教育为职志,以"谋个性之发展,为个人谋生之准备,为个人服务社会之准备,为国家及世界增进生产力之准备"为目的,追求"使无业者有业,使有业者乐业"的理想,倡导"双手万能,手脑并用"、"敬业乐群"的教育理念,有力地推动了中国近现代职业教育事业的发展。中华职业教育社立社之初创办的《教育与职业》杂志已成为我国职业教育界迄今历史最长、影响较大的期刊。1918年创办的中华职业学校,相继培养了华罗庚、徐伯昕、顾准、秦怡等一大批杰出人才,成为当时国内外颇有影响的"最富有实验性的学校"。……中共十一届三中全会以来,中华职业教育社紧紧围绕党和国家中心工作,着眼提高劳动者思想道德水平、科学文化素质和生产劳动技能,深入探索我国职业教育的发展规律,倡导和推动教育改革,开展对外联谊和交流活动,努力培养大批高素质的专业技能人才,为发展我国的教育事业,特别是职业教育事业,为巩固和发展爱国统一战线继续发挥着独特的作用。2009年中华职业教育社召开的第十次全国代表大

---

① 谢幼琅:《30年中国职业教育社团的创生与发展》,《职业技术教育》,2008年第10期。

会确定了现阶段的主要任务是充分发挥统战性、教育性、民间性的特色和优势，以社会化、市场化为导向，以开展服务为纽带，团结联系有关社会力量开展职业教育的调研与实践，积极建言献策，开展职业教育研究和黄炎培教育思想研究，强化服务职能，体现建社宗旨，动员海内外热心人士参与温暖工程等公益活动，关心支持民办职业教育事业的发展，加强与港、澳、台同胞，海外侨胞及国外有关教育团体和人士的联系，促进友好交流与合作[①]。

二、职业教育研究的问题

这里所谓职业教育研究的问题，是指在对我国当前已有职业教育研究进行总结和反思的基础上，对其所存在不足的概括性说明。

（一）经验层次的实践问题研究丰富多样，而升华层次的理论建构水平低下

职业教育研究既包括解决实践中的问题而展开的问题研究，也包括职业教育学自身的理论构建的研究。职业教育的问题研究与理论研究既有区别又有联系。职业教育问题研究繁荣的前提是职业教育领域出现大量问题，运转不良。而职业教育学科理论的成熟与否同职业教育的发展形势并无直接的对应关系。但是不论职业教育学科体系进展到何种程度，最初的研究也必定是从问题开始的经验水平的论述，经过问题研究的材料积累，才有可能从经验水平的概括总结上升到范畴水平的学科体系。一系列范畴的形成往往需要长久而广泛的准备，倘若这个基础没有打好，个别理论研究者学科体系探索终归难成气候。即使我们的职业教育研究完成了从经验水平的升华，它的学科建设也不能完全脱离问题研究的需要。理论研究与实践的发展始终是双向建构的过程。

现在职业教育研究的一个重要问题不是理论与实践不能结合，而恰恰是研究整体上都停留在经验水平，充斥着大量的介绍性的内容，在"理论联系实践"或者"理论指导实践"等说法的掩盖下，理论构建与问题研究的分野模糊，展示在我们面前的职业教育理论研究缺乏理论应有的前瞻性、概括性及解释力。

（二）大量嫁接普通教育的研究，导致"职业教育"特征不甚明显

在我国，虽然从20世纪80年代以来，许多学者在这一领域中进行了大量的探索，比如出版了不少以"职业（技术）教育原理"或"职业（技术）教育学"命名的著作，在国内几本主要的职教类刊物中，都专门设有"基本理论研究"这一栏目，每年刊登不少论文，但这些研究多数是普通教育理论研究的翻版，缺乏职业教育理论所特有的逻辑。基于这种"殖民"演绎式的研究，职业教育理论在本质上似乎与普通教育理论没有什么区别。这种现象产生的认识根源在于对职业教

---

① 中华职业教育社网，http://www.zhzjs.org.cn/ZhzjsIntroduce.aspx

育的特殊性缺乏深刻理解。事实上,职业教育与普通教育虽然同属教育活动,之间存有密切的联系,它们往往是"有机共生"的,即同为一个国家或地区教育制度(体系)的有机的必要组成部分,但它们在逻辑构造上存在本质的区别。仅从功能来说,职业教育的功能主要是将学生导向工作体系,而普通教育的功能则主要是将学生导向知识体系。明显不同的出发点和落脚点足以导致两种教育研究在理论逻辑上的巨大差异。

(三)借鉴甚至照搬西方或外来的研究多,有"中国特色"的原创成果少

世界职业教育的发展与改革所积累和沉淀下来的丰富的成果与经验,值得学习和借鉴;而改革开放三十多年来,我们与世界职业教育发达国家又有着长期合作的切身经历,可以总结与升华。但总的来说,目前的比较研究存在着"9多9少"现象:信息概念引用得多,背景条件界定得少;国别案例罗列得多,综合比较概括得少;形式外延涉及得多,本质内涵推演得少;个性特点总结得多,共性规律归纳得少;历史现状描述得多,未来趋势分析得少;宏观政策论及得多,微观教学挖掘得少;法律政策介绍得多,科研成果展现得少;客观事实表述得多,理论策略梳理得少;启示议论表述得多,本土转换建议得少[1]。近年来,无论是政策制定,还是理论研究,对职业教育的"中国特色"问题都日益关注。职业教育研究固然要认真学习、借鉴世界各国先进经验,但还要善于筛选和扬弃,要更多地了解和研究自己的情况和经验,要逐步形成自己的特色,产生高水平的职业教育原创性成果,为全人类的教育事业作出自己的贡献。很显然,独特的中国国情是职业教育"中国特色"得以彰显的现实土壤和先决条件。当前我国职业教育所面临的现实是,经济二元结构特征十分明显,人均资源并不十分丰富,劳动力素质整体偏低。源于对这种独特国情分析基础上建构的职业教育理论,是职业教育"中国特色"在思想上的独特体现,也应该是中国特色职业教育发展的理论先导。这种理论当为中国所独有,其他国家可以借鉴但不能照搬。中国的职业教育有着悠久的传统,其间在理论与实践上,都有骄人的贡献。黄炎培、陶行知等先生的思想,对中国特色的职业教育的发展起到了不可估量的作用。20世纪80年代以来,尤其是近年来,不少学者在理论上进行了大量艰苦的探索。但与西方发达国家和地区相比,就中国特色而言,我们到目前为止的探索还余留很大的空白。职业教育寻求中国特色的关键是理论与实际的结合、全球化与本土化的统一。

---

[1] 姜大源:《当代世界职业教育发展趋势研究》,北京:电子工业出版社,2012年版,第3页。

第二章

职业教育研究问题的选择

"职业学校教师碰到的问题太多了:学生上课不听讲,要么玩手机,要么睡觉,很多学生连实践课都不感兴趣;企业只想要学校提供廉价劳动力,根本不关心校企合作,我们与企业沟通起来非常困难;职业教育根本得不到政府和社会的重视,职业学校教师的社会地位不高……"

当被问到职业教育存在哪些问题的时候,每个老师都会提出上述一大堆他们认为的职业教育发展中存在的不足。我们相信老师们所表达的是他们的真切感受,也相信这些问题或多或少存在于我国的职业教育之中,更相信这些问题都应该得到很好的解决。但毫无疑问的是,一名教师或一个教师团队难以解决所有这些问题,因此有志于成为研究者的教师应该掌握职业教育研究问题的选择技巧,了解哪些问题应该研究、能够研究,并为后续实际开展研究工作奠定基础。

第一节 什么是真正的研究问题

一、真问题是研究能力范围内的问题

爱因斯坦在《物理学的进化》一书中写道:"提出一个问题往往比解决一个问题更重要,因为解决一个问题也许仅是一个数学上或实验上的技能而已,而提出新问题,新的可能性,从新的角度去看旧问题,却需要创造性的想象力,而且标志着科学的真正进步。"[1]爱因斯坦对新问题的期许也许远超我们所能理解的范围,但提问题确实是我们日常生活中不可缺少的组成部分。每位教师的从教生涯中总会出现无数的问题,毫不夸张地说,教师们总是生活在教育教学问题与对

---

[1] 转引自袁玥:《教师微型课题研究指南》,上海:华东师范大学出版社,2012年版,第45页。

这些问题解决的循环中。那么，是不是这些日常教育教学过程中的问题都值得我们花时间去进行研究，或者我们的研究问题都出自这些日常教育教学问题？

阿伦·怀尔达威斯克认为，分析创造力存在于发现问题并且知道应该和能够做什么①。他讲述这样一个故事：在新西兰，一位士兵在没有足够人力和物力的情况下想要建一座跨河大桥，他在河岸边发愁。这时一位妇女走过来，问他为何如此忧郁，士兵解释了他的问题，说自己是因为想不到办法而苦恼，妇女说："振作起来吧！没有解决办法就等于根本不存在难题。"

沃特劳威克等人讲过另一个故事：一位指挥官率领他的部队保护一座城堡，敌人已经围城几个月了，城内的粮食与给养即将耗光，眼看就要弹尽粮绝，城堡就要保不住了。士兵们看着仅剩的一头公牛和两袋大麦粉一筹莫展，他们正面临一个看似毫无解决办法的难题。然而，指挥官重新构建了问题，用了一个对于他的军队来说看似绝对不合理的解决方法。他杀死了那头牛，并在牛的腹腔里填满了剩下的大麦粉，命令士兵将牛的尸体从陡峭的崖壁上扔到敌人营地前的牧场上。看到城堡的指挥官对被围的困境表现出如此轻蔑，敌人感觉继续围困的意义不大，只好撤走了②。

类似的故事在人类历史上数不胜数，这些故事告诉我们一个道理：不是所有的问题都值得我们去忧虑、担心，不是所有问题都要由我们来研究，只有那些在我们的解决能力范围之内的问题才是我们的问题。如果有一位职业学校的数控专业教师，他想研究国家如何把教育经费合理分配到每个职业学校，这个问题有意义吗？问题当然有意义，但对这位老师可能意义不大，因为这个问题的解决可能已经超越了他目前的研究能力，对他而言可能就是一个无法解决的难题。

二、真问题是日常问题之上建构的问题

这些故事还告诉我们，问题不是事实，并不总是躲在某个角落等我们靠近时会突然跳出来。就像那位指挥官每天面临食品的短缺、士兵的疾病、外逃的叛徒，但这些其实都不是这位指挥官面临的真正问题，如果他把这些作为他要解决的主要问题，失败是不可避免的。他的真正问题并不在城堡内部的任何地方，而在于敌人。我们每天和学生打交道，经常会发现有的学生有心理问题，会无缘无故地发脾气、犯错误，如果我们仅满足于处理这些学生发生的各种事件，至多只能解决这些学生的个别问题。如果从心理学角度研究某个学生或某个学生群体

---

① Aaron Wildavsky. (1978). *Speaking Truth to Power: The Art and Craft of Policy Analysis*. Boston: Little Brown, p. 103.
② Paul Watzlawick, John Weakland, & Richard Fisch. (1974). *Change: Principles of Problem Formation and Problem Resolution*. New York: W. W. North, p. 29.

的心理变化以及解决方法,倒有可能对一类学生有深入了解,有可能找到解决类似问题的共同方法。

因此,我们有必要区分职业教育研究的两种问题,一种是日常问题,一种是研究问题。日常问题是指那些日常生活中碰到的须要马上解决的问题,这类问题一般有程序性的解决方案,如处理学生打架的问题,职业学校有一套规范的流程,教师只需要在规范流程的指导下开展工作就行了。教师的工作与行政人员的差别在于教育是一种创造性工作,并不是完全按照规范流程就能解决教育过程中的日常问题,所以即使是日常问题对于教师而言也须要进行研究。但对日常问题的研究一般仅限于就事论事。教师工作的创造性主要体现在在日常问题之外还会主动构建一些研究问题。

阿克奥夫曾说过:"要想成功地解决问题,就必须对真正的问题找到正确的方案。我们经历的失败常常更多的是因为解决了错误的问题,而不是因为我们为真正的问题找到了错误的解决方案。"[1]所以所谓的构建研究问题就是寻找真正问题的过程。如有人提出要研究职业学校学生中穿系鞋带的鞋和松紧口的鞋的比例,并想进一步探讨穿什么鞋是否与学业成绩存在关联。这个问题可能是教师在日常生活中发现的实实在在存在的问题,从程序上讲也是可以研究的,但不论其结果如何,这个问题没有理论框架,也无法解决教育中的实践问题,所以不能被看作是真问题。

威廉·N.邓恩在其《公共政策分析导论》一书中提出要找到真正的研究问题至少须要遵循以下几个步骤:感知问题→确认问题情势→架构问题→形成研究问题。他认为研究过程并非一开始就明确地提出问题,而是源于一种扩散的忧虑和初始的紧张迹象。这些忧虑和紧张并不是问题,而是由教师以及问题相关方感受到的问题情势。问题应该是"思想作用于环境的产物,它们是通过分析从问题情势中抽取出来的要素。因此,我们体验到的是问题情势而非问题本身,问题就像原子核细胞一样是概念的产物"[2]。邓恩举了一个例子,在美国,每年会进行2 000万人次的标准化考试,考试结果显示少数族裔学生与白人学生在考试分数上存在巨大差异,多数美国人看到这一结论马上联想到种族及性别歧视问题。如果仅停留在种族歧视这一问题上显然益处不大,因为这只是向人们指出了一个问题的背景与情势,并不是可以解决的问题本身。有人根据这一问题情势提出了以下思路:通过废止标准化考试来达到少数族裔学生与白人学生之间的平等。这时问题就演变成通过废止标准化考试能否实现少数族裔学生与白人学生之间的平等这一具有可研究性的议题。但与这个问题关联的因素非

---

[1] Russell L. Ackoff. (1990). Redesigning the future. *Systems Practice*, Vol 3. p.6.
[2] 威廉·N.邓恩:《公共政策分析导论》,谢明等译,北京:中国人民大学出版社,2002年版,第48页。

常多，回答这个问题须要综合考虑政治、经济、教育等多方面内容，所以有教师把他的研究问题确定为少数族裔学生与白人学生之间分数差异是否构成考试偏见。这样一来，一个关乎全国宏观教育的无处下口的大馒头被最终确定为一个可以执行的研究问题，这个问题对于教师来讲可以把握、可以研究，从而使该问题成为这位教师的真问题。

在中国的实践中，职业教育的吸引力一直是许多老师关心的话题，他们认为初中毕业生一般被迫选择职业学校，所以许多学生放弃读书，即使来到职业学校许多学生也提不起学习兴趣。对于这样一个问题，是否可以按照邓恩的"四步法"来建构一个研究问题呢？

让我们试一下。

首先，研究者所感知的问题是职业教育缺乏吸引力，在此研究者关心的重点不在于这个问题是如何形成的——这类社会问题总有非常复杂的形成背景，许多背景原因就研究者而言是无解的——而主要关心如何解决这个问题，所以研究者所形成的基本问题是如何解决职业教育缺乏吸引力的问题。

其次，研究者应该认识到一个普通的职业学校教师无法从根本上解决这个问题，他所要做的只是为解决这个问题提供某一方面的解决方案，所以他须要确认对他有意义的问题情势。通过与学生的接触可以发现增加职业学校学生升入高一级学校的可能性可以提升职业教育的吸引力，这样对这位研究者而言有意义的问题情势就是：中等职业教育向升学教育的转变将提升职业教育的吸引力。

再次，要把刚才形成的问题情势具体成一个研究问题。中等职业教育一直以来都是以就业为导向的教育，如何转变为就业与升学功能共存的教育？这又是一个复杂的问题。就一线教师而言，他当然无法解决宏观的问题，他所擅长的仍然是教学层面或学校管理层面的问题。我们假设研究者选定了课程作为问题方向，那么他所想研究的问题就变成了如何促进中高职之间的课程衔接了。

最后，把刚才设定的"如何促进中高职之间的课程衔接"这个问题具体化、可操作化，形成最后的研究问题。根据研究者的专业背景，可以研究某个专业的教学中如何促进中高职之间的课程衔接，或者研究学分制对于促进中高职课程衔接的作用，或者研究中高职课程衔接过程中企业参与所发挥的作用等。

第二节　确定研究问题的三个策略

爱德华和特尔博特曾语重心长地说："很少有成年人会承认自己是自私的。但是，对处于强大压力之下的研究者，自私是他的健全心智的关键，在你开始研究项目时,你会相当投入,这可能持续地要求你自己更多的时间……所以,要自私一点,只集中于那些你感兴趣的内容,考虑你的履历和你将来的职业发展,考虑你的研究可能对职场产生的影响,然后是自信地向前迈进。"[1]

这段话告诉我们在确定研究问题时不能仅凭一时冲动,或跟在别人后面照猫画虎,至少可以考虑以下几个策略:PIN 策略(Preference, Importance & Novelty)、就近策略(Proximal Strategy)和金发姑娘策略(Goldilocks Stragety)。

一、PIN 策略

PIN 是 Preference(偏好)、Importance(重要性)、Novelty(新颖性)三个英文单词的首字母缩写。

研究问题必须是研究者感兴趣的,或至少研究问题的大多数方面是研究者感兴趣的。偏好对研究工作的重要性毋庸多言,这里要说的是一个研究问题从被提出到最终得到圆满解答是一个漫长的过程,如果选择的研究问题是自己不感兴趣的,那么研究者将在长时间内痛苦摸索而不能自拔。

关于偏好,可能很多人会有一个疑问:每个人都会有很多个兴趣点,怎么才能知道哪一些能成为我们个人的研究偏好?也许以下的提问是有益的:它会让你在下着雪的寒假的某个早晨起个大早吗?或者,如果你喜欢早起,那么,它会让你放弃在周末与久未见面的老朋友小酌的机会吗?如果你的答案是否定的,那么你在后面就会有一些麻烦。我们建议你最好修改你的研究问题,如果可以,不妨改成某种能更强烈地调动你的激情和冲动的内容。也就是说,最终能够成为真正研究者的人都有一些特质:坚持与毅力。所以研究偏好不仅与兴趣有关,更与个人的价值取向、坚韧程度相关。

你所选择的研究问题应该具有一定的重要性,并且能在职业教育的某些方面产生影响。如果做不到这一点,你就应该放弃这一问题,尽管你个人对它很感兴趣。如前面提到的职业学校学生中穿系鞋带的鞋和松紧口的鞋的比例问题可能就不是一个重要的问题。研究问题的重要程度一般表现为研究成果对理论的贡献程度。克林格和李将理论定义为"一套相互关联的概念、定义和命题,它通过确定变量之间的关系,解释和预测现象,从而展现对现象的系统看法"[2]。从根本上讲,理论能提供一个框架,研究者以此为起点来追寻问题。教育研究中,理论有综合的功能,它能将观点和个别经验性信息整合为一整套思维框架,使认

---

[1] A. Edwards & R. Talbot. (1994). *The Hard Pressed Researcher: A Research Handbook for the Caring Profession*. Harlow: Longman, p.221.

[2] F. Kerlinger & H. Lee. (2000). *Foundations of Behavioral Research*. Fort Worth: Harcourt College Publishers, p.82.

识更深刻,意蕴更博大,应用范围也更加广阔。如果你的研究能为某种理论的思维框架提供新的素材、新的方法或新的视角,那么你的研究当然就具有一定的重要性。研究问题的重要程度还表现为对现实中重要问题的解决。对一所职业学校而言,课堂管理、宿舍管理、师生关系等都是一些非常重要的问题,校长和老师们显然不可能等待理论研究取得重大突破后再来解决这些问题,这就需要研究者对某类学校、特定的师生进行研究,提出切实可行的解决方案。

研究问题的新颖性可以影响你的热情和满意度。尽管重复以前的研究也有价值——证实以前的研究方法,考察以前的研究结果是否经受住了时间的考验——但是一般而言,探索能够得出新结论的研究问题会给你带来更大的刺激和愉悦。

对许多研究项目,通常须要具有某种或某层次上的新颖性或独创性,在研究问题、研究方法和表述上都有可能显示出研究的新颖性。许多教师都对学术研究中的新颖性要求表示出忧虑,认为自己无法承担起如此重大的任务。其实在现实中,研究中的新颖性因素可能相当少,高度独创性的研究很不寻常,你如果试图以此为目标,那很可能是好高骛远。所以所谓的新颖性并非研究中的全面新颖性,而只需在某些方面表现出新颖性即可。在选题阶段,可以尝试在以下这些方面做出一些努力:

1. 在本国尝试做出一些只在别的国家做过的研究。
2. 进行学科交叉,找到两个学科共同关心的问题。
3. 对大家都熟悉的材料给出新的解释,从而形成新的研究问题。
4. 对一种流行的观点进行批判性思考,提出新的研究问题。

二、就近策略

这里所说的就近是指研究问题要贴近项目资助人的要求和职业学校教师自己的研究基础。

你对自己需要做什么也许没有多大选择余地,你研究的总体范围大概已经由你正在从事的工作或由研究的资助方决定好了。然而,即使在这种情况下,你或许还会有一些余地,使你的研究变得更加有趣,或更加密切地与你关心的内容相关联。

教师所进行的研究,即使是一些微研究,也须要耗费一定的时间、精力和金钱,所以一般须要获得部分资助才能保证研究工作的顺利开展,所以教师所研究的问题的选择至少部分由其"老板"所决定,这是相当普遍的情况。资助者们通常会期望收到一份关于研究项目的报告,并会提出一些具体的关于研究成果的要求。在这些情况下,对于教师而言,重要的是结合自己的专业基础、研究能力和兴趣爱好对资助者或教育机构的不同期望有清楚的认识,并据此事先对自己能在多大程度上对研究的问题进行进一步选择与深化加以考量,并做出有深刻认识的具体规划。

如果你并不试图改变你的工作场所或范围,那么研究问题最好能与你的专业或你比较擅长的研究领域相关。许多一线教师发现一些宏大的理论问题能够吸引人的眼球,所以也学着那些理论家的样子开始做一些关于体系、框架等方面的研究。我们当然不反对教师们思考相关的问题,但一旦把它们作为自己研究的问题,你将付出大量的研究成本,由于这并不是你擅长的研究领域,你从一开始就会处于研究上的劣势,其结果往往是得不偿失。

杜威有一句名言"学校即社会",多数人把这句话理解为一种呼吁,即希望学校能对学生的社会化进程有所帮助。但实际上学校何尝不是社会的一个不完整的缩影? 从某种意义上来说,相对于普通学校,职业学校也许更像社会的一种摹本,社会万象都可以在职业学校里找到某些影子。这使得每位教师的原有专业在这个小型社会里都有用武之地,因此我们建议教师结合自己的专业开展研究。这里有必要提出两个相关但又不同的概念:职业教育研究与有关职业教育的研究。前者是对职业教育本身的历史、体系、方法的直接研究,这类研究基本属于职业教育学研究的范畴,如关于现代职业教育体系、职业教育课程体系、职业教育专业体系的研究;后者则以职业教育为背景环境,开展与本专业相关的研究,基本属于跨学科的研究,如经济学背景的教师可以研究职业学校师生行为的经济学含义,社会学背景的教师可以研究学生中的小团体,工科背景的教师可以研究职业学校中如何实现 STS(科学、技术与社会)的教学。目前的职业教育研究中的相关研究还比较缺乏,这也是我们建议职业院校教师结合本专业开展研究的原因之一。

三、金发姑娘策略

欧洲有一则名为"金发姑娘与三只熊"的童话故事流传了几百年,故事里金发姑娘来到三只熊家里,在三只熊常用的碗、椅子、床等生活用具之间挑选出适合自己使用的东西。这则故事被后人总结为"金发姑娘原则",那些对于人类生存来说不大又不小的星球被称为"金发姑娘星球",那种既保持一定成长率又保持低通胀的经济体被称为"金发姑娘经济"。

在 1958 年,摩尔等人创办英特尔公司的时候就运用了一次金发姑娘策略。当时摩尔、葛罗夫和诺宜斯三人离开仙童半导体公司,与洛杉矶的风险投资公司合作创办了英特尔公司。三位公司创始人发现英特尔在三项技术上有机会进一步发展,一个是简单的,投资少、见效快,很容易被德克萨斯仪器和仙童所仿制;一个是复杂的,在技术上将处于绝对领先地位,但在能销售出可以让人接受的一个产品前,也许就会使公司破产;还有一个是中等复杂程度的。他们决定采用第三种技术,摩尔解释说,公司生存的关键是适当的难易程度,太简单了,很快就会有竞争,太困难了,在做完之前,钱已经用尽了。

类似的问题对于职业教育研究者而言同样存在。在选择研究问题时,一个关键的技巧就是能够选择大小合适的问题,不要太大,也不太小,而是在你可利用的时间、空间和资源的范围内能够做成的课题。你如果刚开始从事研究,那可能还没有培养出这种能力。实际上,新研究人员选择一个很大的、远远超出他们能力范围的问题,是研究失败的一个很普遍的原因,但并不一定是很严重的失败,因此你须要明确你的研究范围。

要想选定一个既不大又不小的研究问题,以下三个问题是你不得不问自己的。

你要回答的第一个问题是:期待或允许你用多少字或多少页的篇幅来完整呈现你的研究成果?如果你还不知道,那你要了解一下关于篇幅的限制,然后遵守这些要求。你也许认为,你所写的内容的质量要远比其数量重要,但是你要考虑到你的读者。与做研究紧密联系的另外一个关键技能是在允许的时间和空间里,能够做出一个"还不错"的结果。你应当能够在任何合理的字数范围内写出你的研究报告。写得过长实际上仅仅是自我放纵的结果,删减你的草稿要比扩充它困难得多,不是有一位传统的英国绅士在信中向他的朋友如此致歉嘛:我实在没有时间写一封比这更短的信了。

你要回答的第二个问题是:你有多少时间(年、月或周)可以用来呈现你对所设定的研究问题的研究?对于小规模的研究项目来说,大约总会需要几百小时的研究时间,你能从各种琐碎的日常事务中抽出这些时间来吗?不仅要对整个研究项目的时间有一个整体概念,你还需要对一些研究活动进行时间管理。比如,在给定的时间范围内,你只能完成一定数量的访谈或问卷调查。

你要回答的第三个问题是:在经济上你支付得起你所设定的研究问题吗?即使一个很小的研究项目,差旅费、调研费、资料费等加起来至少也需要几千元人民币,你的资助人能向你提供多少资金?你的研究问题是不是已经大到超出了资助金额所能保证的范围?

第三节 从他人的研究成果中发现"问题"

一、从文献查阅中寻找问题

许多职业学校老师苦恼于研究问题在哪里,总觉得自己缺少"问题"的眷

顾,甚至有教师认为自己缺少想法。下面可以看一位美国职业教育研究者的心路历程:

> 我急切地需要一个想法,任何想法都行,所以,我开始四处询问。实践中肯定会有人感到有个很有趣的问题须要回答,但不是我要找的知识或资源……当我逐渐明白,没有人会乐意为我提出一个研究方面的问题时,我自己就认真开始进行搜寻。我阅读了大量的文献,翻阅了多种过往期刊。我特别翻阅了《职业与生涯教育》等期刊,因为它们的内容很广泛,是职业教育研究的学术刊物,研究人员在论文结尾处常常会提到"进一步研究的提示"。在翻阅了一些杂志之后,我看到了一篇创造力和课堂教学的文章。①

其实所有研究者都在抱怨自己的创造性不够,缺少令自己满意的想法,这不单是新研究者的问题,只不过这个问题在不同的研究者身上以不同的方式呈现罢了。解决这个问题的一个很好的策略是阅读。在数字化时代的今天,你几乎总是可以以极低的成本查阅到很多类似的研究项目,不论这些项目的研究成果是发表了的文章,还是研究报告或学位论文。通过大量阅读,你会发现你的同行们在关心什么问题、在解决什么问题、在困惑于什么问题,他们正在做的工作对你总会有所帮助的。

阅读他人的研究成果的过程一般被称为查阅文献。在选择研究问题阶段的文献查阅无须对文献进行全面仔细地阅读,只须要了解同行们在相关领域的研究已经进展到什么程度,所以一些研究综述、研究报告等文献的价值比较大,因为它们经常能向我们提供最新的研究进展。硕士和博士论文也是很好的阅读材料,因为这些论文中都会按严格的学术规范撰写专门的文献综述的章节,会对某一领域的研究进行深入细致的分析与评价,对这些材料的阅读会节省我们的文献查阅时间,并帮助我们在较高的水平上理解当下的相关研究。

需要指出的是我国职业教育研究的整体水平还相对较低,如果只阅读期刊论文或研究综述可能会阻碍教师研究水平的进一步提升。教师应该学会去阅读教育经典名著。就职业教育而言,我们建议教师多阅读一些杜威的论著,如《民主主义与教育》《学校与生活》等;如果对劳动及相关话题感兴趣,建议老师们阅读马克思的《1844年经济学哲学手稿》、哈里·布雷弗曼的《劳动与垄断资本:二十世纪工作的退化》等书籍,也可以看看《工业社会学》《职业社会学》等书籍。

---

① 洛兰·布拉克斯特、克里斯蒂娜·休斯、马尔克姆·泰特:《怎样做研究》(第二版),戴建平、蒋海燕译,中国人民大学出版社,2005年版,第34页。

二、向他人请教

除了考虑他人的研究成果外,还可以向有经验的研究者寻求建议。

最经济的方式可能就是参加专业讲座了。现在,每个地方的职业教育教研部门每年都会不定期举办一些讲座,每所职业院校每年也都会不定期邀请一些专家到校开讲座,很多讲座的视频被放在网上,只要做有心人,不难找到这些资料来学习。在参加或听取这些讲座时要形成"倾听"和"提问"的习惯。倾听意味着听讲者欣赏、领会讲座的主题和意义;提问意味着听讲者从讲座中提出自己感兴趣的问题,而这些问题很可能会形成自己的研究问题。

还有一个办法是寻找一位"导师"。"三人行,必有我师焉……"孔子的这句话已被很多中国人抛弃了,我们已经不习惯向别人学习什么了。其实在我们的同事和同行中有许多在某些方面超越我们的人,他们至少可以在其擅长的领域成为我们的"导师"。还有一种"导师"是许多人所忽略的,就是我们的领导,由于他们所处的位置与我们不同,许多时候他们的看法与立场同我们并不完全相同,在不同观点的碰撞中产生有价值的研究问题的可能性要大得多。如果你也同意同事和领导可以成为你的导师,那么应该采用什么方式向这些导师请教?在这里,重温一下大学里的导师是做什么的也许是有益的。

> 理想地说,这些导师应该有其学生研究领域的专业知识。而且,还要对研究过程和可能的多种研究策略有所认识。他们应该对影响你的研究项目的成文和不成文的规定和规则有清楚的认识,他们应该有一定的技巧,来处理成功的指导所要求的那种深入但又是局部的、不连续的关系。他们还应当有助于你集中精力于自己的研究。[①]

布拉克斯特所介绍的导师的许多特质显然无法通过正式授课传授给学生,所以全世界的学术研究界才一直没有放弃师徒式的教学方式,让学生通过与导师的日常接触来承袭导师的研究境界与能力。同样,我们在与同事及领导的日常相处中也可以带着一双发现的眼睛,注意他们对同一问题的不同的观点与看法,许多时候正式的请教与非正式的"闲聊"相结合也许是不错的策略。

三、留心有争议的问题

整个教育史,基本上就是一个意见纷争、众说纷纭的展览馆。真实的教育道理总是隐含在教育冲突之中,教育实践不过是教育冲突的某种妥协或变形。凡

---

① 洛兰·布拉克斯特、克里斯蒂娜·休斯、马尔克姆·泰特:《怎样做研究》(第二版),戴建平、蒋海燕译,中国人民大学出版社,2005年版,第32页。

是有教育争议的地方,就隐含了相关的教育道理和值得研究的问题。这需要研究者能够从大量的教育事件中发现、领会其中看得见和看不见的纷争和诉讼。在这些不同的意见中,某个意见很可能成为研究的问题。

职业教育学是一个年轻的学科,缺少成熟学科所拥有的所谓定见,许多观点到目前为止仅仅是观点而已,未经充分论证,这使得这个学科充满了各种不同的争议。在专业建设方面,有人认为要强化专业在学生培养中的作用,有人认为专业是一个可有可无的概念,建议用教学与就业项目取代专业。在课程方面,有人认为课程的项目化是职业教育课程的本质所在,有人认为传统的课堂教学必须坚持。在师资方面,有人认为教师质量是最大问题,所以提出要建设"双师型"教师队伍,有人认为教师数量是最紧迫问题,所以提出要扩大教师队伍。在教育管理方面,有人认为要对职业教育资源进行优化,所以要建设巨型学校或职教园,有人认为职业学校应成为社会教育资源的组成部分,所以建议把职业学校留在社区……

争议的存在本来可以使职业教育研究充满激情与惊喜,与那些成熟学科相比,职业教育研究本来可以成为出产丰富的金山,研究者随意挖下一锹都可能会取得巨大成就。但实际上,目前的职业教育研究却没有能够像我们想象的那样丰富多彩,所以这里须要指出"政治正确"的问题。我们党处理思想理论领域问题的一项重要原则是"研究无禁区,宣传有纪律"。这一本仅适用于思想理论领域的原则的适用范围后来不断扩大,在一些与思想理论无关的领域也被广泛采用。更有甚者,在许多领域研究本身也有了禁区。在职业教育领域,许多研究者习惯于把对教育管理部门的观点的阐释作为研究的主要内容,认为这样才是"在政治上正确"。既然我们试图开展的是学术研究,那些所谓的"在政治上正确"的观点在我们的研究中还是少一些为好。我们并不是说教育管理部门陈述每个观点、出台的每项措施都有问题,而是说作为一个研究者我们无权放弃对这些观点和措施的质疑。

由于"政治正确"思维的影响,许多老师也放弃了对一些流行观点的深入思考,所以在许多论文里,职业教育必然是就业教育、职教师资必然是双师型、农村职教必然会促进农村发展……大量的论文读来让人总觉得是这些天然正确观点的注脚,从而只能成为这些观点的附庸,而不具备平等对话的地位。这些写作者出于思维上的惰性或惯性,主动放弃了对别人观点的甄别。但在多数情况下他们往往自己都没有认识到对别人的依附,所以经常会认为自己的研究很成功,就像哈斯金斯对经院哲学家的评论一样,"篱笆对于那些不会想出来的人而言并不是障碍",因为他们自认为是"自由"的。当然,我们并不鼓励老师们怀疑一切,事实上即使像第欧根尼那样的怀疑者也不会怀疑自己的存在和自身的生理需求。我们只是希望老师们记住：多留心那些有争议的问题，会让我们逐渐养成批判性思维的习惯，不仅会提升个人的研究境界，也将最终提升职业教育研究的总体水平。

第四节　在自己的工作实践中提炼"问题"

一、职教教师能研究什么

纯理论研究者可能较少考虑职业教育现实问题，但对职业学校老师来说，在选择研究问题时应首先考虑自己教学实践中的那些急待解决的问题。如果这些问题能够通过研究得到解决或缓解，那么，这些问题就可以成为进一步研究的问题。

职教教师所能从事的研究大概可以分为四个领域。

一是专业与课程开发。全国的职业学校正在开展课程改革，课程改革的权力被下放到教师身上。在改革的过程中，许多教师发现原有的课程理念已经跟不上时代的发展，但课程专家们灌输的那些新的课程理念似乎难以实施。因此尽管职业教育领域的课程改革已经进行了很长时间，但理论与实践、教师与学生、教学与学习之间的紧张状态并未得到根本缓解。各种矛盾之间的张力给一线教师留下了广阔的研究空间：课程的学习目标到底来自企业还是来自学校？在从"先学"课程到"先做"课程的转换过程中知识应处于什么地位？理实一体的课程评价如何设计？职业道德的要求如何体现在专业课程设计中？哪些教学内容可以项目化？专业与课程之间的关系如何？

二是教学过程管理。不管课程专家发明了什么先进的课程理念和课程体系，这些东西始终要和学生见面，教学效果是评价课程改革的最重要的标准，而教学效果在很大程度上由教师来决定。教师在课程实施过程中的许多技术、技巧非那些不进行一线教学的专家所了解。这应该是教师最有发言权的研究领域，这当中产生的研究问题应该是教师最能取得显著成果的部分。在做学研一体的背景下教师如何开展课堂管理？在小组化学习中教师如何控制分组的大小及组内角色的分配？专业课教学中的安全问题如何解决？教师应该如何处理实训资源不足与学生人数过多的矛盾？教师应如何对实训资源建设提出专业化的建议？

三是学生教育与管理。职业学校的学生在传统上被认为是一群学业失败者，他们中的许多人也就自然成了传统理解上的行为失范者，职业学校面临着繁重的学生教育与管理的任务。教师尤其是班主任,每天花费大量时间和精力处理学生中出现的各种问题,这给他们提供了绝佳的近距离观察、了解学生的机会。如果教师成为研究上的有心人,将会从中发现大量的研究问题:职业学校的学生对男女生恋爱问题有怎样的理解?学生中存在哪些小群体,他们是因为什么走到一起?职业学校学生如何处理他们与父母及老师的关系?学生中存在哪些反社会行为?

四是教师自身的专业成长。尽管全国的每所师范院校都有研究教师专业化的研究人员,但他们多数情况下只是掌握了一些二手的研究素材,很多时候并不能得到有价值的研究成果。相反,一线教师不仅了解自己的专业化之路,同时每天都有机会观察同事们的专业成长,掌握有丰富而且宝贵的一手资料。教师应该把这些发掘出来,形成有意义有价值的研究成果。教师在到企业锻炼的过程中遇到了哪些困难?什么样的"双师"是真正有价值的?职业学校教师对自己的工作价值的认同如何?在日常教育教学中职业学校教师的专业性体现在何处?

二、自下而上地"提出问题"

对什么是自下而上,人们有不同的理解。一般认为自下而上是一种归纳性质的研究方法,即无数个研究者从不同角度对同一问题进行各自不同的研究后,最终汇聚成一个有关这个问题的解集,在这些解集的基础之上有可能产生一种关于这个问题的理论。在这个过程中,单个的研究者不必过分关心他的研究的理论价值,因为他的研究主要有两个功能,一是为自己解决一些实际中碰到的问题,二是为其他的理论研究者提供研究素材。所以自下而上提出的问题会有以下几个特征:

首先,以小问题为主。教师应该抑制自己追逐"宏大问题"的冲动,不要去追寻什么热点,也不要赶时髦,真正具有学术精神的研究恰恰不是追逐新奇,而是在日常教育生活中选择一个人们熟悉的领域提出一个人们陌生的问题。比如司空见惯的关于校企合作的研究,多数研究都把注意力放在校企关系上,用各种事例证明企业对校企合作不关心,无动力,由此提出一些诸如免税之类的政策建议。有多少研究从企业角度研究过企业在接受学生实习的过程中的成本支出、管理难度?前者的研究基本属于演绎方法,即事先假设校企之间应该合作,当发现校企之间无法合作的时候,就认为是市场机制失灵所致,一个必然的结论就是政府介入。后者的研究则放弃了校企之间应该合作的假设,完全有可能根据教师在日常教育教学管理中掌握的事实和数据说话,最终向人们还原或至少在一定程度上还原职业院校校企合作的真实面貌。

其次，以个性化问题为主。当教师关注身边的小问题时，个人体验伴随这些小问题而生。所以许多问题都可以非常个性化的方式表达出来。这样一来经验变得比理论更有支配地位，研究者摆脱了那些空洞理论的束缚，却又重新掉进了个人感情化的大坑。这就出现了一个如何把个性化的问题普遍化的任务。

对此一般有两种做法。一种是为个性化的问题寻找非个性化的图式。职业教育中的任何问题都不是孤立地存在，在其他的教室、其他的学校、其他的教育过程中这个问题总会以其他某种形式出现，教师的任务是把这个图式找出来，俗称对日常问题的"拔高"。如有的老师发现班上学生注意力不集中，便会用特别的语言或发出特别的声响或转换讨论的话题等方式吸引学生的注意。但常常发现这些方法的作用有限，学生在短暂的集中注意力后又会"不注意听讲"。对于这样一个草根问题，多数教师会设计一个"如何让学生集中注意力"的研究问题。这样的研究容易落入一个怪圈：如果太多关注让学生集中注意力的具体策略会使整个研究失去足够的推广价值和普遍意义，因为许多行之有效的策略往往只适用于某一个班级或某一个学生群体；如果把研究的焦点转换到心理学、教育学的理论，则会使研究失于空泛，所谓的"自下而上"反而无从谈起了。有教师认识到了这种困境，在"如何让职业院校学生集中注意力"的问题之外，又设计了"如何有效引导职业院校学生自主学习"的研究问题，把注意力放到了更大的背景下加以研究。这个过程倒是真的实现了"自下而上"的目的，使一项研究既贴合教学实际，又不失普遍价值。

另一种做法是以质的方法开展研究，如对职业学校的某个学生或某个教师或某节课的深入剖析。与量的研究方法相比，质的研究不十分重视研究对象的典型性，也不过分强调研究过程的科学性，所以质的研究从本质上讲就是一种面向个体的研究。要想让这种个体化的研究具有普遍意义，需要一大群有志于此的研究者和一批有深厚功力的大师，所以这种方法在职业教育研究中还不多见，此处就不多讨论了。

三、想方设法地"设计课题"

在确认了日常的教学"问题"只有经过"设计"才能转化为研究"课题"这个观点之后，接下来需要澄清的是"设计究竟意味着什么"。

事实上任何研究都须要经过某种"设计"。比如学术课题研究中的"课题申请表"就提出了"设计"的相关内容："本课题国内外研究现状"、"选题的意义"、"本课题的创新程度、理论意义、应用价值"、"已有的相关成果"、"主要参考文献"、"预期研究成果"、"经费预算"，等等。但要求教师在设计日常教育教学中的研究问题时完全没有必要那样规范地填写"课题申请表"，这样做既没必要，还容易"逼迫"教师在"课题申请表"中"说大话"或"说空话"。教师的课题研究虽然也需要教师有某种"设计意识",但在申报某个"研究课题"时,没有必要去填写繁琐的、形式化的"表格"。

如果说勉强让职业学校教师填写繁琐的"课题申请表"属于"设计意识太强"的现象,那么,更常见的现象却是人们将"教师的课题研究"等同于"随意性问题解决",显示出"设计意识太弱"。"设计意识太弱"的后果是:容易导致所谓的"研究",既无解决问题的相关理念,也无合理、可行的研究思路与方法,显示为某种意义上的"简单的尝试错误"与"低水平重复劳动"。

但这并不代表我们反对职业学校教师"设计课题"。尽管对于解决日常教育教学问题的研究而言,确实没有必要填写像模像样、中规中矩的"课题申请表",但在研究问题大致确定后的进一步细化过程中,我们对研究的大致走向应该有一个较为深入的思考。这些思考可以不以形式化的方式出现,但不代表这个环节可以省略。选题阶段的"课题设计"可以参照本章后的"资料链接 2-2"。

资料链接 2-1

确定研究问题的几个小技巧

一、发展你以前的研究

也许你已经做过一个小规模的研究项目,或者为了写作一篇文章或短文而研究过一个具体的领域,考虑一下进一步发展这一思路是否可能和有趣。或者,你还可以选择工作中会吸引你的、需要你投入时间的研究题目。你自己的好奇心和学习的欲望就是一个很好的起点。

二、把研究与你的其他兴趣联系起来

在工作和研究范围之外,你也许有不少爱好,其中也许包括家庭、社会、志愿、社区和体育活动,很可能的是,你可以把你的研究与这些爱好联系起来,不过这依赖于你的研究课题所属学科的范围。因此,你如果是从事管理方面的研究,那就可以把研究工作建立在,至少部分地建立在你为之工作的志愿者团体或社区团体的基础上。

三、构思一个好标题

你也许会发现,为研究构思一个可能的标题,可以揭示出你感兴趣的研究内容。毕竟,一本书、一个电视节目和一部电影对你产生的最初吸引力就在于它的标题。它可能语带双关、押韵而简练,可能以简明扼要的方式提出关键的研究问题,或者提示了一个新的研究领域。例如:

● 职业教育中的女性认知方式
● 企业组织的形象与职业教育

标题要尽可能短。试着想一些能激发你兴趣的标题,一个好的标题应当有助于你倾心于随后的工作。然而,不要觉得你必须局限于你最初设想的标题,当需要时你可以改变它。

四、从吸引你的一段引言开始

另外一个方式,是从你读过的文献中抽取真正吸引了你的注意力的一段或几段引文。我们在此说的是那些让你做出强烈的肯定或否定反应的陈述。这些话使你觉得,作者确实了解自己的研究对象,或者压根就不知道他们在说些什么。这些引文可能是些评论,或是对研究资料的诠释、质疑等,它们甚至直接指明须要进一步研究的领域。

五、设计一幅图或表格

把问题、兴趣、疑问以及它们之间可能的联系画成一幅蛛网图,这是头脑风暴法通常采用的技巧。无论是个人还是群体,都可以采用这项技术。它可以帮助你确认或选出特殊的研究领域,并揭示出这些领域与你的一般学科范围有什么关系。接下来,你还可以把这幅网状图拿出来与他人一起观赏,看看他们有什么想法,提出什么建议。

六、时刻准备着改变方向

如果你不能接触到一些重要人物或文献,如果缺乏足够的人来回答你的问题,如果你找不到原以为可以找到的资料,如果你改变了工作或搬了家,如果你觉得厌倦了,或者其他什么原因,那么,改变方向是必然的。让你的研究计划内在地具有某种灵活性——对于同一个问题有不同的研究方法,或者与起点不同的发展方向——这是一个很好的主意。

(改写自洛兰·布拉克斯特、克里斯蒂娜·休斯、马尔克姆·泰特:《怎样做研究》[第二版],戴建平、蒋海燕译,中国人民大学出版社,2005年版,第35-38页)

资料链接 2-2

确定研究问题的一个案例

(由于未能找到更有典型性的职业教育领域研究个案,只能列出一个幼教领域的案例,但李老师不断提炼问题的过程,对职教老师们也是有所启示的)

许多新入门的研究者所选择问题最初总是太宽泛、太模糊或太狭窄,在这些问题付诸研究之前,必须对它们进行进一步的提炼。下面以正在攻读硕士学位的幼教老师李老师的研究为例来说明提炼问题并将其发展成为研究问题的过程。

李老师想研究儿童从什么年龄开始接受教育比较合适,她一直认为,5岁时开始接受早期教育的儿童在他们以后的学校生活中会比4岁开始接受早期教育的儿童做得更好。因此,她认为让儿童5岁前入幼儿园是一个不明智的做法。

这就是她的研究想要说明的问题。她所提出的主题是"儿童过早入园的不良影响"。李老师的导师告诉她,以这种形式表述的主题是不能进行研究的。为了帮助李老师,她的导师敦促她将"不良影响"一词的含义做进一步的精确。李老师回答说,不良影响指的是儿童会在以后的学习中遇到的困难。

是什么样的困难呢?导师接着问。

是情感问题,李老师回答。她说,过早开始接受早期教育的儿童在以后的学习生活中爱哭,容易焦躁不安,责任感不强,而且往往表现得像个婴儿。

导师问李老师,她是如何知道过早入园的学生会有上述表现的,李老师回答说,她们学校的教师都知道这一点。而且她也听说过很多教师对这问题的评论。导师想知道,是否所有过早开始接受早期教育的学生都会表现出这样的特点。不是全部,李老师回答。导师接着问,是否这些学生仅仅在最初的几年里表现出这样的特点。不是的,在他们整个的学校生活中都是这样,李老师说,大多数的六年级问题学生都是4岁时开始接受早期教育的。

导师问李老师,她是否有能力随机选取三所学校,然后将这三所学校的六年级学生分成两组,4岁入园组和5岁入园组。李老师说,她能做到这一点,她能得到这些学校的档案资料,而且她也有把握:每所学校的负责人都会对此感兴趣。

导师还想知道,李老师比较这两组学生的基准是什么?李老师说,她的基准就是这两组学生在六年级时的表现如何。当导师要求她说得更具体一点的时候,李老师提到了学习、行为、人际关系和情感。

导师指出,李老师的主题太大,太难以处理,须要进一步提炼。导师问李老师,如果她只能选择两个变量来测量学生,她的问题的核心是什么?李老师明确地说,是阅读能力和整体的成熟度。

那么她将如何来评价学生的阅读能力呢?测验成绩,李老师决定。那她又如何评价学生的成熟度呢?经过周密的思考和讨论,李老师认为她可以准备一份分类评价量表,将诸如责任感、人际关系、情感和自信等分类。她可以请教师们用这一量表来评价她所选出的学生。

导师要求李老师重新表述她的主题。又经过了两次讨论,李老师将她的主题表述为"儿童入园年龄对儿童后继学习及情感成熟度的影响"。导师同意了这一主题,但前提是李老师的研究要获得当地教育领导的许可,并且李老师能够得到相关学校的档案资料。

在获得相应的许可和拿到档案资料之前,导师让李老师再针对她的研究主题设定相应的研究问题和子问题。李老师提交的内容……并且已经获得导师的同意。导师让她在此基础上再定义某些特定的术语。

待答问题

1. 如何比较 4 岁开始接受早期教育的六年级学生和 5 岁开始接受早期教育的六年级学生在阅读能力和社会成熟度方面的差异?

2. 子问题(从属于研究要解决的主问题)。

3. 在阅读能力和社会成熟度方面如果存在级间差异,那么这种差异与学生智力和社会性发展水平有什么关系?

4. 已有哪些研究倾向于承认或否认这种差异性的存在?

5. 5 岁开始接受早期教育的学生的平均阅读水平怎样?

6. 4 岁开始接受早期教育的学生的平均阅读水平怎样?

7. 根据 5 岁开始接受早期教育的学生现在所在班级教师的判断,5 岁开始接受早期教育组的平均成熟度如何?

8. 根据入园开始接受早期教育的学生现在所在班级教师的判断,4 岁开始接受早期教育组的平均成熟度如何?

9. 5 岁入园组的学生"问题行为"的平均发生率是多少?

10. 4 岁入园组的学生"问题行为"的平均发生率是多少?

11. 性别会影响两组学生的成绩和行为表现吗?

第三章

职业教育研究课题的确立

问题清晰并明确了之后,我们就要考虑如何把问题凝练成研究课题并通过课题研究的形式来解决它。研究课题如何形成?我们可以通过哪些途径申报课题?怎么样申报课题?课题被批准后应该如何设计和规划具体的研究方案和研究过程?这些都是教师在进行职业教育研究过程中必须要思考清楚的问题。本章将就以上问题进行详细探讨。

第一节 研究课题的来源

一、政府主管部门发布的课题

政府部门发布的课题,通常也被称为纵向课题,它主要是指由国家、省(自治区、直辖市)、市、区(县)等上级科研主管部门发布(或招标),个体或集体申报,有关部门及专家审查批准立项的科研课题,分为国家、省、市、区(县)级课题等。这些课题大多由一些基金组织资助,项目执行过程中,要由有关管理部门和基金组织实施监督检查,课题结题时也要由这些部门组织专家鉴定。这些课题项目在内容上大多与社会热点、难点问题有关,偏重于解决较为重大的实践问题和一些应用性较强的重大理论问题。与职业教育研究相关的纵向课题主要分为以下几类。

(一)哲学社会科学类课题

1. 国家社会科学基金项目

国家社会科学基金项目是我国社科研究领域最高等级的研究项目,对学术研究和学科建设具有导向和支撑作用,也是衡量研究者学术能力的重要指标。

据统计,国家社科基金立项率约为百分之八。

① 主管部门:该类课题申报范围涉及22个学科,除教育学、艺术学、军事学单列学科的申报分别由全国教育科学规划领导小组办公室、全国艺术科学规划领导小组办公室、全军军事教育科学规划办公室另行组织外,其他学科课题均由全国哲学社会科学规划办公室负责管理。各省(自治区、直辖市)哲学社会科学规划办公室受理当地的课题申报,新疆生产建设兵团哲学社会科学规划办公室受理兵团的课题申报,中国社会科学院科研局受理本院的课题申报,中央党校科研部受理中央国家机关及在京直属单位的课题申报,教育部社科司受理中央各部委所属在京普通高等院校的课题申报,全军军事教育科学规划办公室受理军队系统(含地方军队院校)的课题申报。全国哲学社会科学规划办公室不直接受理个人申报。

② 项目类型:重点项目、一般项目以及青年项目。

③ 资助额度:重点项目的资助额度为25-30万元,一般项目和青年项目为15-18万元。

④ 对项目申请人以及申请单位具有严格的条件限制:重点和一般项目申请人须具有副高级(或相当于副高级)以上职称;青年项目申请人(包括课题组成员)年龄不得超过39周岁,不具有副高级以上职称人员申请青年项目须由两名具有正高级职称的同行专家推荐。课题申请单位须在相关领域具有较雄厚的学术资源和研究实力,设有科研管理部门,能够提供开展研究的必要条件并承诺信誉保证。规定项目负责人只能申报一个课题,且不能作为课题组成员参加其他项目的申请。在研项目的负责人不能申报。严格要求课题申请人应该是课题真正的研究者、组织者和指导者,集中精力担负起实质性研究任务,不是单单挂名而已。

⑤ 国家社科基金项目每年一次制定《课题指南》,规定课题研究的范围、研究方向和研究重点。

⑥ 完成时限:基础理论研究一般为3-5年,应用对策研究一般为2-3年。

资料链接3-1

课题立项通知书

由教育部职业技术教育中心研究所×××主持的国家社会科学基金"十一五"规划(教育学科)课题"以就业为导向的职业教育教学理论与实践研究"。

全国教育科学规划领导小组办公室

关于下达国家社会科学基金"十一五"规划（教育学科）2006年度国家一般课题的通知

教科规办函〔2006〕009号

同志：

由全国教育科学规划领导小组学科规划组评审，经全国教育科学规划领导小组批准，您申报的课题已被列为国家社科基金"十一五"规划2006年度国家一般课题。现有关事项通知如下：

课题名称：以就业为导向的职业教育教学理论与实践研究

课题类别：国家一般课题
课题批准号：BJA060049
学科分类：职业技术教育

根据《全国教育科学规划课题管理办法》有关规定：

1. 请接此通知后，确定具体的实施方案，在三个月内组织开题，并将实施方案和开题情况及时报我办及相关管理部门；
2. "十一五"规划课题实行分级管理，课题重要活动、重要变更和重要成果均须及时报我办和相关管理部门，所有列入规划的课题均须严格执行《全国教育科学规划课题管理办法》，做好课题自我管理工作。
3. 课题总经费7.0万元，分期拨付。

全国教育科学规划领导小组办公室

二〇〇六年十二月二十六日

2. 各省市哲学社会科学规划课题

各省市都有自己的哲学社会科学规划办公室，具体负责省市级哲学社会科学规划课题的组织管理工作。下面仅以江苏省为例，介绍省市级哲学社会科学规划课题的具体情况①。

---

① 资料来源：江苏社科规划网，http://www.jspopss.jschina.com.cn/guanliwenjian/201311/t1333845.shtml

① 项目选题:江苏省社会科学基金项目,以深入研究重大理论和现实问题为主攻方向,体现优先支持现实研究课题、应用研究课题、开拓性急需研究课题以及具有江苏特色研究课题,同时重视基础理论研究的方针。本基金项目的选题工作主要以发布五年研究规划和年度课题指南的形式进行。五年研究规划每五年制定一次,一般在规划起始的第一年发布;年度课题指南通常在当年的第一季度发布。省委、省政府提出的急需研究的重大课题,由省哲学社会科学规划办公室直接组织;少数急需的和不宜公开招标的课题,经省哲学社会科学规划领导小组审定,可单独立项,委托研究。

② 项目类别:江苏省社会科学基金项目,依据资金资助情况分为三类:重点项目、一般项目、青年项目。有些年份还设重大项目,重大项目一般实行面向全省的公开招标,原则上研究周期为两年。预期研究成果原则上应为专著或调研报告,以及一定数量的学术论文。重大项目一般资助额度为 30 万元。

③ 项目申报者资格:申报人必须在政治上、思想上同党中央保持一致,能自觉运用马克思主义理论指导社科研究;具有进行哲学社会科学研究的素质和能力,并在申报项目的相关领域中已积累一定的研究成果;申请重大项目和重点项目的项目负责人,应具有副高级以上专业技术职务(或相当于副高级以上专业技术职务),原则上承担和完成过省部级以上社科研究项目。项目申报者必须是课题的真正执行者和组织者,并担负实质性研究任务。省社会科学基金项目的申请人,不得同时申请两个以上的(含两个)课题。承担省社会科学基金项目未按期结项的项目负责人,不得申报新的项目。申请人所在单位不能履行信誉担保的,不受理申报。申请人因在执行省基金项目过程中,不能按时按质完成任务、没有科研信誉的,均不得申报。

④ 项目管理:首先,申报省社会科学基金项目的课题,由省哲学社会科学规划办组织各学科专家组进行评审。其中,单立课题或特殊课题,由省规划办委托有关专家评审。为保证申报课题评审的公正性,课题评审实行课题设计活页通讯初评与课题申请书会议复评相结合的办法。其次,立项后,省规划办向项目负责人发出《江苏省社会科学基金项目立项通知书》,并拨付项目资助经费。再次,省哲学社会科学规划办对在研项目实行年度检查制度,每年 9 – 10 月省规划办下发《江苏省社会科学基金项目年度检查表》,对立项课题的研究进度、项目质量和经费使用情况组织检查,并委托申请人所在单位对课题的执行情况和经费的使用情况进行经常性的监督、检查。社会科学基金项目完成后,由省规划办负责组织专家鉴定小组(3 位专家组成)对其最终成果的质量、水平和意义进行匿名通讯鉴定。鉴定通过后,由省规划办验收,合格者,方能正式结项。重大项目、重点项目和其他项目中政治性、政策性强的最终成果,一般须经鉴定结项后,

方可出版。最后,省哲学社会科学规划领导小组每五年举行一次评奖活动,奖励全省社会科学基金项目的优秀成果。

⑤ 申报时限:一般每年在申报工作开始前,省哲学社会科学规划办都会通过江苏省社科门户网站(www.jspopss.jschina.com.cn)发布相关申报信息,明确申报时限及申报工作的具体要求。

如在 2013 年度江苏省获批的哲学社会科学基金项目中,职业院校有两个项目获得批准,其中南京工业职业技术学院申报的课题"高等职业教育与区域经济协同发展研究"获批为一般项目,南京旅游职业学院申报的"饭店行业发展及其关联效应研究"获批为青年项目。

(二) 教育科学规划课题

教育科学规划课题是以教育学为学科基础,由政府面向公共服务部门设立的公益性教育科研项目。政府教育行政部门在一定时期内,对本区域内教育改革与发展中带全局性、战略性、前瞻性、综合性的问题进行全面规划,并通过制定和发布课题指南,按照一定的程序进行申报评审立项,有专门的组织机构,并依照相应的管理办法进行管理,在规划的时间内完成的研究课题。目前教育科学规划课题分国家、省、市、区(县)四个级别,归口国家教育部和地方各级教育行政部门管理,业务上接受同级哲学社会科学主管部门的指导。

1. 全国教育科学规划课题

全国教育科学规划课题主要由教育部组建的全国教育科学规划领导小组负责组织管理,其常设机构全国教育科学规划领导小组办公室挂靠在中央教育科学研究所。全国教育科学规划每五年发布一次,通常在每个五年计划实施的第一年第一季度向全国公布;规划执行期间,每年发布年度课题指南、课题管理办法并组织课题的申报和评审工作。全国教育科学规划的选题,以我国教育改革发展和现代化建设的重大理论与实践问题为主攻方向,突出应用研究,注重基础理论研究,鼓励新兴、交叉、边缘学科研究和跨学科的综合研究,支持成果开发与推广研究。力求居于学科前沿,具有原创性或开拓性,避免低水平重复[①]。全国教育科学规划课题每年立项率约为百分之七。

① 课题申请人和课题承担单位的资格:教育科学规划课题申请人须具有副高级以上专业技术职务(或相当于副高级以上专业技术职务);申报青年课题者(包括课题组成员)年龄不得超过 39 岁。不具备副高级以上专业技术职务的,须由两名具有正高级专业技术职务的同行专家推荐。国家重大委托课题由全国教育科学规划领导小组办公室负责委托单位和个人开展研究,不接

---

① 资料来源:http://www.nies.net.cn/ky/qgjyghkt/tzgg/201207/t20120730_305981.html

受申请。教育科学规划课题承担单位必须在相关领域具有较雄厚的学术资源和研究实力;设有科研管理的职能部门;能够提供开展研究工作的必要条件并承诺信誉保证;在以往的课题过程管理中认真负责,信用良好。凡课题按时完成率高且优秀率高的单位可增额申报,按时完成率不高且合格率不高的单位将限额申报,按时完成率低于60%且不合格率偏高以及管理不到位的单位不得申报。

② 课题类别:全国教育科学规划课题设立国家社科基金教育学重点课题、一般课题和青年基金课题,设立教育部重点课题、教育部青年专项课题、教育部规划课题,以及国防军事教育学科和其他部委重点课题。国家教育决策部门急需研究的重要课题,以教育部特别委托的方式,经全国教育科学规划领导小组负责人审定后单独立项为教育部重点课题。

③ 课题指南:全国教育科学规划每5年发布一次,涉及14个学科。规划执行期间,每年发布一次《课题指南》,研究者根据其所列示的研究领域进行选题论证。其中,《课题指南》中列举的课题一般为研究基本内容和方向的提示,申请人可在此基础上自拟课题名称。鼓励开展反映国家需要和国际趋势的前瞻性、创新性课题研究,不支持以编译著作、编写教材、编写丛书、编写工具书为直接目的的课题研究。优先考虑西部地区的课题申请人。

④ 资助标准:以全国教育科学"十二五"规划2012年度为例,国家社科基金教育学重点课题资助标准为20万–25万元,一般课题资助标准为12万–15万元,青年基金课题资助标准为10万–12万元;教育部重点课题平均为3万元,青年专项课题平均为2万元。

⑤ 研究期限:全国教育科学规划课题研究期限自批准立项之日起计算,原则上要求在1–3年内完成,最迟在5年内完成。决策性研究应在1年内完成,其他类型研究课题可适当延长。

⑥ 申报办法:课题申报实行三级申报制度,申请人按照所在单位隶属关系,经所在单位审查盖章后,由所在单位科研管理部门统一分别报送省(自治区、直辖市)教育科学规划领导小组办公室(或相应的科研主管机构)、教育部各司局办公室、部直属高等学校科研处(社科处)和国家级教育科研机构科研管理部门,再由上述机构统一报送全国教育科学规划领导小组办公室。全国教育科学规划领导小组办公室不直接受理个人和基层单位申报。

⑦ 评审办法:从2012年起,全国教育科学规划课题申报全部实行同行专家初评和专家会议集中复评。初评采用活页匿名方式,活页论证字数不超过4 000字,复评重点考察前期相关研究基础和研究能力。

资料链接 3-2

"十一五"期间全国教育科学规划职业教育类课题立项情况[①]

"十一五"期间,全国教育科学规划职业教育类立项课题总数为 233 项,其中重点课题 136 项、专项课题 97 项。具体情况见表 3-1。

表 3-1 全国教育科学"十一五"规划职业教育类课题立项情况

	2006 年	2007 年	2008 年	2009 年	2010 年	小计
全国教育科学立项重点课题总数	228	278	342	459	453	1760
职业教育类立项重点课题数	14	18	24	37	43	136
所占比例	6.13%	6.47%	7.02%	8.06%	9.49%	7.73%
职业教育专项课题数	—	15	30	25	27	97
职业教育类立项课题总数	14	33	54	62	70	233

资料来源:全国教育科学规划领导小组办公室。

资料链接 3-3

全国教育科学规划职业教育特色办学研究专项课题简介[②]

1. 全国教育科学规划职业教育研究专项课题由全国教育科学规划领导小组办公室与教育部职业教育与成人教育司合作实施,该课题类别为教育部重点课题,课题研究方向均属于应用研究。"特色办学研究专项课题",重在加强职业学校的基础能力建设。

2. 专项课题面向所有中等职业学校和高等职业院校,围绕增强学校基础能力建设和提高学生职业素养与就业创业能力主题,增强职业教育吸引力,总结职业院校特色办学经验,侧重办学标准、办学模式和专业课程,强化调查研究、典型案例分析和实证研究方法。

3. 专项课题级别为教育部重点课题,视研究任务性质给予 1 万 – 3 万元的经费资助,立项单位应按照 5∶1 比例提供配套研究经费。

4. 申报选题要从学校实际出发,为学校发展服务,结合创建示范校工作,强化办学特色,填写《全国教育科学规划课题申请·评审书》。

[①] 唐振华、刘珊珊:《对全国教育科学"十一五"规划职业教育类立项课题数量与单位的量化分析》,《职教论坛》,2011 年第 6 期。
[②] 资料来源:教科规办函【2009】11 号。

5. 年度立项课题要求在1-3年内完成，研究期限自课题批准立项之日起，应用性研究应在1年内完成，课题延期或调整人员须经全国教育科学规划领导小组办公室批准。研究成果须反映实际情况，符合科研规范，体现创新，有所建树，为建设职业学校教育科研示范基地奠定基础，促进学校核心竞争力的提高。研究成果须经全国教育科学规划领导小组办公室向教育部职业教育与成人教育司提交。

资料链接3-4

全国教育科学"十二五"规划2012年度立项课题（职业教育部分）

表3-2 全国教育科学"十二五"规划2012年度职业教育立项课题

课题级别	课题名称
国家一般	职业教育国家专业教学标准开发基础理论与技术规范研究
国家一般	政府有效介入下的职业教育校企合作长效机制研究
国家一般	职业教育教师培养培训一体化的研究
国家一般	面向农村的职业教育定位与功能定向——基于陕西县域农村职业教育发展模式的反思
国家青年	行业特色院校产学研协同创新机制研究
国家青年	利益相关者参与职业教育办学的长效机制研究
国家青年	我国职业教育学术课程与职业课程的整合研究
国家青年	西方职业技能形成理论与实践体系研究——基于跨学科的视角
国家青年	失地农民创业培训机制及政策支持系统研究
教育部重点	基于云计算的区域职业教育资源公共服务模式研究
教育部重点	普通教育和职业教育投资决策评估比较研究——基于教育收益率的分析
教育部重点	基于行为事件访谈法的职业院校校长胜任力模型研究
教育部重点	中等职业学校专业课教师补充机制研究
教育部重点	基于"中部地区崛起战略"的高职本科教育发展研究
教育部重点	企业的职业教育责任及补偿机制构建研究
教育部重点	区域职业教育发展评价指标体系研究
教育部重点	地方政府发展职业教育绩效评价指标体系研究
教育部重点	中等职业学校教学质量内部保障体系研究与实践
教育部重点	城乡统筹进程中职业教育一体化机制研究
教育部重点	高职教育"典型工作岗位"标准研究

续表

课题级别	课题名称
教育部重点	以人格培养为核心的高职人文素质教育课程体系的构建与实践研究
教育部重点	地市高等职业教育面向农村现代化的功能定位与实现策略研究
教育部重点	地方政府履行发展职业教育职责的实证研究
教育部重点	产学研协同视野下高等职业教育集团化办学发展实证研究
教育部重点	行业型职教集团深度融合运行机制研究
教育部重点	当代我国职教教师工作生活质量评价研究
教育部重点	基于博弈论的高等职业教育校企合作长效机制研究
教育部重点	特色战略:高职院校校企合作长效机制研究
教育部重点	高等职业教育工学结合长效机制研究
教育部青年	中等职业学校"五模块四星级"阶梯式德育评价体系的实践与研究
教育部青年	职业教育集团化办学的产权改革问题研究
教育部青年	高职招生改革的政策分析研究
教育部青年	高等职业教育质量评估机制研究
教育部青年	职业教育政策执行监测与评估机制构建研究
教育部青年	基于新农村建设视角的西部农村职业教育体系构建研究
教育部青年	西藏中高等职业教育实训基地建设研究
教育部青年	高等职业教育专业设置管理与预警机制研究

2. 地方教育科学规划课题

地方教育科学规划课题是指:地方教育行政部门在一定的时段或时期内,有规划、有组织、有目的、有经费资助(或部分经费资助),以教育问题为对象,以科学方法为依托,以探索教育规律、指导教育实践、解决当前地方教育改革和发展的重大理论问题和实践问题为目的的创造性的认识活动。地方教育科学规划课题是社会科学的范畴,是地方教育行政部门的意志,它具有权威性、指令性、时效性,课题研究要求有"战略性、全局性、综合性和前瞻性"。

目前,我国的地方教育科学规划课题分为省、市、县(区)三级,三级地方教育科学规划领导小组具体负责组织管理区域内的教育科学规划课题。以江苏省为例,江苏省教育科学规划领导小组办公室制定了《江苏省"十二五"教育科学规划》,并根据规划编制了《江苏省教育科学"十二五"规划课题指南》,指明了"十二五"期间江苏教育科学的研究方向,规定了研究任务,确定了研究的基本范围和重点领域。为了让职业教育研究者进一步了解地方教育科学规划课题，以下将以江苏省"十二五"教育科学规划课题为例，详细介绍各级地方教育科学规划课题的管理办法[①]：

① 课题类别：设"重大课题"、"重点课题"、"专项课题"和"立项课题"四大类。"专项课题"包括"决策咨询专项"、"初中教育专项"、"青年教师专项"、"人民教育家培养工程专项"等。其中"人民教育家培养工程专项"专为"人民教育家培养对象"所设。"十二五"期间，全省教育科学规划"重点课题"立项数占总立项数的百分之三十左右。

② 课题经费：本着"重点资助、多方筹集、专款专用"的原则，"重大课题"全部有经费资助，采取招标和委托两种方式进行研究。"重点课题"和"专项课题"包括资助经费和自筹经费两类，"立项课题"需全部自筹经费。其中，有经费资助的项目占"重点课题"总数的40%，凡有经费资助的项目，课题所在单位应按不低于1∶1的比例给课题组划拨配套经费。无经费资助的课题立项后，课题组所在单位应按不低于8 000元的标准给课题组划拨研究经费。

③ 申报时间："十二五"期间，江苏省教育科学规划课题分三次申报，申报时间分别为2011年上半年、2013年上半年、2014年下半年。每次课题立项数占总立项数的比例为4∶3∶3。

④ 申报人资格：凡在江苏省内从事教育工作的个人，均可申报江苏省教育科学"十二五"规划课题，没有职称要求。根据研究的实际需要，同一课题也可同时署两个申报人姓名。其中，"青年教师专项"课题申报者年龄为40岁以下。

⑤ 申报程序：重大课题采用招标和委托形式单独组织申报，由省规划办直接受理。重大课题以外的其他各类课题，普职成教系统人员按"县（市、区）教科室—市教科所（院、中心）—省规划办"程序申报；高教系统人员按"所在院、系—校科研管理部门（科研处、高教所等）—省规划办"程序申报。

⑥ 立项评审：课题评审由评审委员会领导下的评审小组具体实施，评审通过率控制在30%－35%。重大课题评审分实名打分和现场答辩两个阶段进行，其他课题评审分为匿名通讯评审和实名会议评审两个阶段。为确保各类型教育课题的立项数量，"十二五"规划课题对职成教、幼特教、初中教育实行按比例分指标评审。

⑦ 过程管理：课题采取分级管理的办法。重大课题、有经费资助的其他各类课题原则上由省规划办管理；无经费资助的各类课题，普职成教系统委托市、县教育科研部门共同管理，以大市为主，可视情况委托县级教育科研部门负责日

---

① 资料来源：《江苏省教育科学"十二五"规划课题管理规程》。

常管理,高校系统委托各高校科研管理机构(科研处、高教所等)统一管理。

⑧ 结题鉴定:所有"十二五"规划课题成果均须进行成果鉴定。鉴定形式分三种:会议鉴定、通讯鉴定和免于鉴定。鉴定材料包括成果主件(工作报告、研究报告、研究专著或研究论文)、成果附件(与课题研究相关的论文集、案例集、课堂实录、汇编资料、视频、光盘等)两大类。

资料链接 3-5
《江苏省教育科学"十二五"规划课题指南》中有关职业教育类课题研究的内容

《江苏省教育科学"十二五"规划课题指南》确立了 2 项职业教育类重大课题[①]、7 个职业教育类课题研究方向和范围,具体如下:

一、2 项重大课题

1. 构建中高等职业教育协调发展的江苏现代职教体系研究

研究重点:江苏中等、高等职业教育发展所面临的新背景、新要求、新问题的研究;发达国家现代职教体系建设,促进中、高等职业教育协调发展的政策、制度和经验的借鉴研究;江苏中职和高职课程衔接的研究;江苏中等、高等职业教育协调发展的体制机制研究;江苏中等、高等职业教育协调发展的现代职业教育体系构建的目标、任务、实现路径、政策选择等。

2. 江苏职业教育教学资源库建设研究

研究要点:江苏职业教育教学资源库开发与使用现状分析;江苏职业教育教学资源库建设的战略目标、任务、难点突破;江苏职业教育教学资源库建设的技术支持与开放共享;江苏职业教育教学资源库建设的社会效益和经济效益等。

二、7 个研究范围和研究方向

1. 区域职业教育发展研究

江苏高等职业教育改革试验区战略定位、建设标准及示范服务功能的研究;区域职业教育发展战略研究;江苏职业教育城乡一体化战略研究;江苏职业教育国际化办学战略研究;经济全球化对职业教育的影响研究;生源减少背景下江苏职业教育发展对策研究;中等职业教育与高等职业教育统筹发展研究;江苏中、高等职业教育区域资源的优化、开放、共享研究;区域推进职业教育课程建设与教学改革研究。

2. 政策与制度研究

现代职业院校制度研究;职业院校招生与就业制度创新研究;中等职业教育免费制度研究;高职院校学生学分与本科院校学分互认研究;中外职业院校毕业

---

① 资料来源:《江苏省教育科学"十二五"规划课题指南》。

生升学制度的比较研究;江苏职业院校毕业生直接升学的教学制度与体制机制研究;江苏职业院校毕业生直接升学的政策制度设计研究等。

3. 经费投入研究

职业教育经费投入的实证研究;发达国家职业教育投入经费的比较研究;江苏职业教育经费投入体制与机制的创新研究;社会资本投入职业教育的制度研究等。

4. 学校发展研究

职业院校董事会(理事会)运行机制研究;校企合作的体制机制研究;职业院校合作发展、合作育人的机制研究;职教集团创新发展研究;职业院校评估制度优化研究;职业院校行政权力与学术权力的协调运行研究;职业院校办学自主权与内部治理结构研究;职业院校文化建设研究等。

5. 课程与教学研究

专业设置与区域经济社会发展吻合度研究;学校专业设置与课程教学文化研究;中、高职课程衔接研究;专业建设标准和课程标准研究;校本课程开发研究;创新人才培养模式研究;教学质量保障体系研究;教学质量管理与多元评估制度研究;实训基地建设研究;职校教学资源库建设研究;网络课程开发与网络学习平台建设研究;数字化校园建设研究;学校信息资源开发与信息管理的研究等。

6. 教师发展研究

江苏职教教师现状与对策研究;职业院校"双师型"教师培养体系研究;职教教师专业发展研究;名师成长规律与有效培养的研究;职教教师继续教育研究;职教教师职业心理研究;兼职教师进修和管理模式研究;江苏职业教育名校长研究等。

7. 学生发展研究

学生人文素质培养研究;学生学习效能研究;学生学习方法研究;学生心理素质研究;学生就业服务体系研究;学生安全教育与管理研究;职业院校毕业生海外就业服务机制研究;学生思想教育有效性研究;学生创业教育的案例研究;学生职业生涯规划研究;学生挫折教育与失范行为管理研究等。

(三) 人文社科项目

1. 教育部人文社科研究项目

教育部人文社会科学研究项目,是教育部面向全国普通高等学校设立的各类人文社会科学研究项目的总称。主要包括:

(1) 重大课题攻关项目。2003年开始设立,是教育部深入贯彻中共中央关于进一步繁荣哲学社会科学的意见,在普通高等学校实施哲学社会科学繁荣计划的重要内容。该项目采用招投标的方式进行。攻关项目的运作实行首席专家制,鼓励跨学科、跨学校、跨地区的研究,特别鼓励项目研究工作中吸收国内外的专家学者共同研究。选题由教育部向全国高等学校、科研院所及实际应用部门征集,面向全国高等学校招标。

(2) 基地重大项目。指为普通高等学校人文社会科学重点研究基地设立的、围绕基地学术发展方向进行研究的重大项目。选题由重点研究基地根据基地中长期规划确定,并经由基地学术委员会审议通过后,报教育部统一组织招投标。

(3) 一般项目。1) 规划项目,含规划基金项目、博士点基金项目、青年基金项目,经费由教育部资助;2) 专项任务项目,经费由申请人从校外有关部门和企事业单位自筹。选题由申请人根据教育部社科研究中长期规划和个人前期研究积累自行设计。鼓励申请人从实际应用部门征得选题并获得经费资助。

(4) 后期资助项目。后期资助项目从2004年启动,面向基础理论研究设立,已完成大部分研究工作并有阶段性研究成果,预期能产生重要学术价值和社会影响的项目。设置该项目是为鼓励高校教师坚持在某一领域、方向做系列化的潜心研究,在长期积累的基础上出精品力作。

教育部人文社会科学项目申报工作由教育部统一布置。一般在每年第一季度征集并确定重大课题攻关项目、基地重大项目(合称重大项目)选题;第二季度发布各类项目的申报通知或招标公告,集中受理申报材料。申请人必须是高等学校的在编在岗教师,每人只能申报一个项目,原则上要求申请人组成课题组申报。

2. 省市级人文社会科学研究项目

各省(自治区、直辖市)教育(高教)厅或教委相关职能部门(比如江苏省教育厅社会科学研究与思想政治教育处)具体负责当地人文社科研究项目的组织管理工作。以江苏省为例,江苏省高校哲学社会科学研究基金项目分为重大和重点项目、一般项目、指导项目以及辅导员专题研究项目等4类,重大和重点项目申请人须具有高级专业技术职务,一般项目申请人必须具有中级以上专业技术职务。再以北京市为例,北京市教委会同北京市哲学社会科学规划办公室发布《课题指南》,申请人根据项目指南和有关申报材料要求,按照规定格式填写申请书,由所在高校科研管理部门审核盖章后,统一上报北京市教委。

(四) 教育教学改革项目

为进一步促进各级各类学校增强质量意识、重视素质教育、深化教学改革、加强教学建设,各级教育行政部门组织开展"教育教学改革项目"研究。该项目分为国家、省、市、县(区)四个级别。

国家级教育教学改革项目中,与职业教育相关的为"高职高专教育教学改革项目"。具体研究内容包括:开展有关专业大类人才培养模式与教学内容体系建设与改革;开展有关基础课程教学内容与课程体系建设与改革;开展高职高专专业建设、实践教学体系与实践教学基地建设、师资队伍建设、教学管理等方面的研究与实践;组织编写符合教学改革要求的高质量教材。"新世纪高等教育教学改革工程"由教育部高等教育司负责组织实施,有些项目由高教司会同教育部有关司局共同实施。教育部本着统筹规划、分步实施、务求实效的原则,按照项目内容和学科类别分别制订《项目指南》,采取委托研究和项目招标等形式分别立项。教育部通过《面向 21 世纪教育振兴行动计划》经费和世界银行贷款等多渠道筹集资金,设立专项经费支持项目的实施。立项项目承担单位及主管部门,应投入相应的配套经费,并提供必要的条件和政策支持。立项项目须在规定的时间内完成,其成果报高等教育司结题验收[1]。

地方各级教育行政部门也先后设立了各自的教育教学改革项目。以北京市为例,北京市教育教学改革项目是北京市教委面向北京地区普通本科高等学校、高等职业学校、独立设置成人高校设立的项目。主要支持各类高等学校在教学管理、课程体系、教学内容、教学方法、人才培养模式等教育教学方面的改革和探索研究。该项目包括:教育教学改革立项项目、教学名师建设项目、校外名师教学计划项目以及优秀教学团队建设项目等,分为重大项目和一般项目两大类。项目实行北京市教委、高等学校和项目组三级管理,项目研究周期一般为 1-3 年。项目申报以学校为单位进行,由学校统一组织。项目研究经费主要来自财政专项补助,教育教学改革立项项目中一般项目每项资助 5 万元,重大项目资助 20 万元;教学名师建设项目资助 5 万元;校外教学名师教学计划项目按 600 元/人的课时资助;优秀教学团队建设项目每个团队资助 30 万元[2]。

(五) 政府部门发布的其他课题

各级各类政府部门根据自身的实际,向社会发布或招标的一些课题。国家级课题如教育部其他各司专项教育研究项目、中央其他各部委专项教育研究项目,省市级课题如江苏省教育厅设立的江苏省高校哲学社会科学研究基金项目、江苏省卫生厅发布的江苏省卫生职业技术教育研究课题等。该类课题一般都有资金资助,课题组织管理部门发布《课题指南》并制订严格的《课题管理办法》,对课题研究的整个过程有比较完善的监管。

---

[1] 资料来源:《教育部关于实施"新世纪高等教育教学改革工程"的通知》(教高【2000】1 号文件)。
[2] 资料来源:《北京高等学校市级教育教学改革项目管理办法》(试行)。

二、非政府主管部门发布的课题

(一)各级各类学会(协会)、基金会等社会团体发布的研究课题

各级各类学会(协会)和基金会发布的课题也是职业教育研究课题的重要来源之一。目前,发布职业教育研究课题的学会或协会主要包括各级职业技术教育学会、高等职业教育研究会、高等教育学会、各类行业学会或协会(如中国物流学会、中国建筑协会、中国社工协会、江苏省职业技术教育学会等),以及各类基金会(如中国教师发展基金会、国家教师科研基金会、福特基金会、上海汽车工作教育基金会等)。

各省市的职业技术教育学会每年度都会结合职业教育改革发展实践中的相关问题,组织开展职业教育研究课题的申报和评选活动,提高职教工作者对职业教育研究的参与度和研究水平,以更好地为教育行政部门决策和基层学校提供服务。

学会(协会)类的课题一般面向学会(协会)的会员单位或者个人会员,并且对申报人资质、人均申报课题数量、课题研究周期等进行严格的限定,如课题申报者一般应具有中级以上的职称或相应职务、已按时完成上一年度课题、每人只能申报一个课题、课题研究周期一般不超过两年等。课题研究周期一般都以年为单位,每年发布年度参考选题,为研究者申报课题提供选题方向和研究范围,研究者可以在"参考选题"中选择某一选题或某一选题的某一方面内容作为申报课题,也可结合实际自行设计课题名称申报。一般情况下,学会(协会)鼓励研究者结合自身工作实际进行课题申报,并对课题的研究成果进行鉴定。通常最终成果主体为研究报告(包括调研报告)或专著论文,其他成果可作为课题附件。经鉴定合格的课题,由学会(协会)颁发"×××学会(协会)立项课题结题证书",并在结题证书相应位置注明"合格"字样;评选为优秀的课题,在结题证书相应位置注明"优秀"字样。

该类课题的申报程序具体如下:

申报者可以直接选择参考选题中的一项作为申报课题,也可以选择其中一项的某一方面作为申报课题,或者结合自己(含所在单位)的实际情况自行拟定课题,然后填写《申报表》,向相应的分支机构申报。

研究者根据选题内容分别向学会的有关分支机构秘书处申报课题立项。以江苏省职业技术教育学会的课题为例,研究者可按照研究内容的不同分别向省职教学会中等职业教育分会、高等职业教育(五年制)分会、德育工作委员会、教学管理工作委员会、就业与创业工作委员会等分支机构秘书处申报相关课题立

项。学会各分支机构秘书处接到申报材料后,就申报人资质、申报表填写是否合格、申报课题是否具有研究价值、申报人科研诚信度、课题研究可行性等方面进行初审,然后再将材料集中报送省职教学会学术工作委员会,由其组织专家评审小组,评选准予立项的课题。

资料链接 3-6
江苏省职业技术教育学会 2013—2014 年度
职业教育研究课题立项申报参考选题[①]

1. 如何落实十八大精神,加快发展现代职业教育
2. 职业院校践行社会主义核心价值观的实践研究
3. 职业院校班主任队伍建设研究
4. 职业院校校园文化建设实践研究
5. 职业院校开展公民教育的实践研究
6. 加强职业院校学生现代文明修养的实践研究
7. 职业院校社团活动促进学生全面发展研究
8. 区域(省、市、县)职业学校德育教师队伍现状调查研究
9. 职业院校创新德育工作的实践研究
10. 职业学校西藏、新疆班学生教育和管理实效性研究
11. 现代职业教育不同专业类别教学方法改革的实践研究
12. 职业院校精品专业、特色专业建设实践研究
13. 职业教育课程改革案例研究
14. 职业院校新兴专业建设的案例研究
15. 中、高职课程衔接的案例研究
16. 职业院校创新教学评价模式的案例研究
17. 职业院校教学管理现代化的实践研究
18. 职业学校实训基地建设案例研究
19. 加强省级职业教育技能教学研究基地建设的实践研究
20. 职业院校技能竞赛与专业教学关系的实证研究
21. 技能竞赛与技能教学质量关系的实证研究
22. 开展职业院校技能大赛试题库建设的实践研究
23. 职业院校学生创业基地建设研究

[①] 资料来源:《江苏省职业技术教育学会 2013—2014 年度职业教育研究课题申报、评选办法》。

24. 职业院校学生创业保障体系建设研究
25. 职业院校学生创业园建设案例研究
26. 职业院校学生创业实践状况调查与对策研究
27. 职业院校创业教育课程开发实践研究
28. 区域职业院校创业课程开设与师资队伍状况调查研究
29. 区域职业院校创业实践典型案例研究
30. 区域(省、市、县)职业学校学生就业状况调查研究
31. 提高职业学校学生就业质量对策研究
32. 职业学校适应产业结构变化,动态调整专业设置的实践研究
33. 校企融合的办学模式的实践研究
34. 现代职业教育师资队伍建设的特点与对策研究
35. 职业院校兼职教师聘用及管理的研究
36. 职业院校技能竞赛与专业师资队伍建设实践研究
37. 职业院校教师下企业实践现状调查及对策研究
38. 推进职业教育信息化建设的实践研究
39. 如何改进和完善职业学校技能大赛制度的研究
40. 技能大赛背景下职业教育发展的策略研究
41. 推进职业教育创新发展实验区建设的实践研究
42. 中高职办学体制有效衔接的案例研究
43. 面向农村职业教育与城乡一体化发展的研究
44. 现代农业与职业农民培养培训研究
45. 区域职业学校学生学业水平状况调查与学业水平测试的实践研究
46. 五年制高职教育与高中后高职教育的比较研究
47. 五年制高职人才培养质量评价标准研究
48. 五年制高职人才培养模式研究
49. 职业院校国际合作提升教学质量的实践研究

(二)企事业单位的委托课题

各级各类企事业单位以产学研方式委托的研发类和咨询类课题,包括基础研究、决策调研、咨询服务等。委托课题具有自身的优势,如课题研究过程中可以比较方便地得到委托方的支持,接触到很多公开渠道接触不到或者很难获得的信息,这对于职业教育研究者来说,是非常难得的。同时,由于委托类课题条条框框比较少,所以它是研究新问题、提出新想法的好机会。相对来讲,委托类

课题对研究者的束缚较小,但同时也要求研究者在研究过程中更加自律,只有这样才能做出高质量的研究成果。

当前各级各类职业院校基本都设有实训基地,广大教师不仅拥有较高的学科理论水平,同时还具备较强的专业实践能力。建议可以充分利用这个得天独厚的优势,积极承担各级各类的委托课题,或者与政府部门、企事业单位开展课题合作研究。通过这样的一些课题研究活动,更多地了解最新的行业动态,拓展自身的专业视野,最终促进教育教学水平的提升。

（三）各级各类院校发布的校级课题

为加强学校教科研工作,强化教师的科研意识,提高教师科研水平,真正发挥科研兴校的作用,各级各类院校根据学校发展的实际需要,组织校内教职员工申报的研究课题。该类课题一般是指针对院校内部研究人员,带有一定的经费资助,由这些单位自主设立或立项。如学校教育教学改革专项研究课题、校级教学研究立项课题等。校级课题一般由学校科研室直接管理,倡导与教育教学联系紧密的实践性研究,申请人须填写《课题申请书》,由学校科研室组织相关专家进行评审,通过后立项为校级课题。对于一些优秀课题,学校科研室还积极向上推荐,立项为更高级别的研究课题。课题研究结束后,课题负责人要撰写研究报告,由科研室组织鉴定,并按照研究成果的质量给予相应的奖励。

校级课题是职业教育研究者的入门之选,相对来讲门槛较低,其课题研究方向大多与学校教育教学的一线工作紧密相连。建议职业教育研究者可以在校级课题的研究中不断积累素材,锤炼自身的科研能力,提升科研素养,为申请更高级别的课题奠定坚实的基础。

三、个人自选的课题

这类课题属于研究者的个人行为,是非常重要的研究资源,许多有价值的选题及成果都出于此。这类课题可能涉及很专很深的理论前沿问题,也可能针对很现实很具体的实际操作问题。

为了让研究人员有更多的选择余地和更大的选择空间,课题发布机构在课题申报立项时通常允许研究人员在课题指南规定的范围和方向以外,根据自身的兴趣爱好、专业特长、精力和能力等,自主选择和确定研究的内容。自选课题的产生主要来自于研究者对当前的教育理论、教育现象（矛盾和问题）以及个人教育实践的总结、分析和思考。自选课题时,主要应明确为什么要进行这项研究,也就是要明确研究目的,要解决哪些问题,有哪些创新点,在职业教育中的作用、效果如何等。

第二节 怎样填写课题申报书

　　课题申报是广大职业教育研究者从事科研工作的一项重要前奏曲。如何做好课题申报工作，提高中标率，已成为科研人员所面临的一大问题。各项课题评审多由同行专家根据申报书进行函审或会议评审，从而决定是否立项并资助该课题。只有少数重大课题在经过对申报书的书面评审后，还需要课题申报者进行答辩。因此申报书填写质量的高低对课题能否中标十分重要。从某种程度上来说，课题能否申报成功，与研究人员写作能力的强弱及申报书填写格式是否正确有密切关系。

一、课题申报书的格式

　　课题申报书不但起着一般书面请示的作用，而且具有课题论证的功能。因此，课题申报书应该准确表达课题设计和课题论证最基本的内容。目前，课题研究申报书的写作一般用表格形式。研究者在填写申报书前一定要仔细阅读《课题指南》《课题管理办法》《课题申报书填写说明》以及《申请书》。一份完整的申报书大致包括以下几项内容：1）封面；2）申报者承诺；3）填表说明；4）数据表；5）课题论证；6）研究方案；7）完成课题的可行性分析；8）经费预算；9）推荐人意见、课题负责人所在单位的审核意见和课题领导小组审批意见；10）申报评审活页。每一项内容都有具体的填写要求，如字数限制、各种代码和学科分类的填写等，课题申请者一定要按要求认真填写。为了让职业教育研究者充分了解课题申报书的基本格式，现将具体内容介绍如下：

　　1. 封面：包括课题名称、学科分类、课题类别、课题负责人姓名、课题负责人所在单位名称、填表日期等。

　　2. 数据表：具体包括课题名称、课题类别、学科分类、课题负责人和课题组成员的基本情况介绍，后者又包括性别、民族、年龄、工作单位、职称、职务、研究专长、学历学位、联系方式等。

　　3. 课题论证：包括课题立项的背景、意义与目的、国内外相关研究的现状述评与发展趋势分析。

　　4. 研究方案：包括研究目标、研究内容、研究假设、拟解决的关键问题和主要创新之处；研究思路、研究方法、技术路线和实施步骤；预期研究成果（包括阶段性成果和最终成果，须标明成果名称、成果形式和完成时间）。

5. 完成课题的可行性分析：1）研究基础（包括围绕本课题所开展的文献搜集、调研和相关论文等），课题负责人及课题组成员近期取得的与本课题有关的研究成果，包括成果名称、作者、成果形式、发表刊物或出版单位、发表出版时间等；2）主持人除外的课题组核心人员的学术或学科背景和研究经验、研究能力、研究成果等；3）完成课题的相关保障条件（如研究资料的获得、研究经费的筹措、实验仪器设备、研究时间的保证及所在单位科研条件等）。

6. 经费预算：包括课题经费估算、申请经费资助的数额、开支项目及年度预算等。

7. 推荐人意见：不具有高级专业技术职务的申报人，须由同专业两名具有高级专业技术职务的专家书面推荐。推荐人主要介绍课题负责人和课题组成员的业务水平、科研能力、科研态度、科研条件以及完成课题的可能性。

8. 课题负责人及课题领导小组所在单位意见：基层领导就申报书内容是否属实，课题负责人的科研素质、能力水平是否适合承担该课题，单位是否能提供完成课题所必需的时间和条件等签署意见。

二、课题申报书的填写

（一）课题申报书的写作特点

课题申报书写作最大的特点是目的性非常明确，即课题申报成功立项。围绕这个目标具体阐述为以下几点。

1. 全面性

全面占有资料是课题申报写作的基础。较大的攻关、招标课题（尤其是国家级别的课题）都要求研究人员就申报课题的国内外研究现状进行阐述和评价，中小型或地域性较强的课题至少也要了解国内或省内外的研究现状。

2. 创新性

无论什么科研课题必须要有创新性，这是申报书最突出的特点。申报课题的创新都是要求前人没有研究过的或是在已有的研究基础上的再创造。研究的结果应该是前人所不曾获得的方法和结论，它可以是结合课题研究实践提出的新观点、新发现、新设想、新见解，也可以是通过研究建立的新理论、新技术、新方法或开拓的新领域，还可以是某个学科领域、制度、政策等方面的突破。课题是否具有创新性，可从以下几个方面进行衡量：

（1）课题是否是前人没有研究过的问题？
（2）前人有研究，但是否须要充实完善或提出新的依据与认识？
（3）其他领域的先进研究成果是否能引进到教育领域研究？
（4）别人的研究是否有必要进行重复和拓展？

3. 科学性

申报的课题要符合客观规律,要有一定的理论根据和实践依据(即立项依据),同时要有科学的探索精神和科学的论证。

4. 前瞻性

职业教育课题内容应充分地预测到它的创新之处和社会效应。如近年来,职业教育领域研究的热点问题主要集中在人才培养模式、专业建设、课程改革、专业实训、教学模式、中高职衔接、联合办学、职教集团、教育教学质量管理等方面。建议研究者可以结合自己的专业方向,选择其中之一作为自己的研究课题。

5. 选择性

除了招标课题外,各类课题指南都只是一个大概范围,职业教育研究者可根据自身条件找准合适的项目。在申报课题时尽量要多关注指南课题,少报自选课题。指南课题是每次申报和命中的主流,一般来说自选课题只占立项课题的5%。如果必须申报自选课题,就一定要选择那些经过深思熟虑,前期研究成果比较丰富,研究内容又不在《课题指南》条目范围之内的课题。当然选择指南课题不等于直接照搬指南课题,而是要求研究者在指南的基础上,根据自己的研究角度,最接近于指南课题来设计具体题目。专家指出:申报课题的选择应尽量接近于指南,又不同于指南,这种既有自身研究特色又能归入指南的立项课题要占到立项数的百分之六十左右[1]。

选题可基本反映出申报者对某一学科基本理论与专业技能的掌握程度、实验技术与操作能力的熟练程度、科学思维和分析能力的强弱程度、知识结构和知识范围的深度和广度。因此,研究者必须实事求是地根据自己的能力和工作环境条件,由浅入深,由易到难,寻找到适合自己的科研课题。

6. 针对性

为了避免重复,所选的课题不宜过泛、过大,应集中在解决某一领域的某一问题上,命题必须确切。

7. 可行性

从课题研究的内容到方法都应具有可行性,要考虑本课题承担个人或单位所具备的各项条件和因素,根据实际情况选择切实可行、力所能及的课题。

(二)填写课题申报书的基本要求

1. 填写前要充分调研

课题申报工作切忌临阵磨枪、草率上场。在申报之前,一定要进行充分的调

---

[1] 席与亨:《国家社会科学基金项目申报工作中值得注意的若干问题》,《上海理工大学学报(社会科学版)》,2004年第26期。

研。申报成功的课题一般都是申请人花了很长时间研究过的,有一定研究基础的预研究问题,是研究者熟悉的领域。职业教育研究者在课题申报前一是要与科研课题主管部门密切联系,要及时了解国家和地方科研基金的情况和本单位科研的服务方向;二是必须加强申报前的文献资料查阅和调研工作,及时了解国内外该领域研究的基本状况;三是申报者要了解各种渠道的科研课题的性质特点、资助方式、资助强度等,选择适合研究者本人的对口课题。

2. 填写前仔细阅读有关说明

填写课题申报书前要仔细阅读《课题指南》《课题管理规程》《课题评审办法》《课题申请书填写说明》《填报说明》以及《申请书》等有关文件。这些文件详细说明了某一类课题研究的指导思想、侧重点、资助范围、申报资格和具体申报流程,只有把这些文件吃透了,才能保证申报的课题符合课题主管单位的资助范围和有关政策规定,提升中标率。如,课题指南是课题主管部门集中了众多专家、学者意见,经过反复讨论、修改而定的,它具有明确的导向性和可行性。职业教育研究人员应仔细阅读,了解申报课题的来源、类别、申报起止时间、申报书格式、上交份数、所须准备的资料、申报注意事项等。同时通过课题指南还能准确把握和了解课题资助的方向和重点,这是申报课题最重要、最关键的地方。

3. 填写申报书应注重细节

大多数课题申请人在填写《课题申报书》时,都对课题的选题、设计论证等方面重视程度较高,而往往对《课题申报书》的填写和整体制作等细小环节不够重视,因而错失立项机会。

课题申报书的填写是一项非常细致的工作,不得草率从事。申报书填写必须符合形式要求,文字表述通畅、规范,尽可能给评审专家留下良好的印象,避免申报书在形式审查时就被淘汰。要想在众多的课题申报书中脱颖而出,关键在于选题和论证要有新意,能让评审专家眼前一亮,审阅后觉得须要立项研究的内容和观点有闪光之处。

课题申报书力求语言规范,语句通顺;页面整洁,字迹清晰,栏目齐全;签名盖章,手续齐备。忌答非所问、粗糙潦草、语句不通、错字连篇。学术用语要准确,新概念要解释清楚,书写要突出创新点,要有连贯性,前后照应。这些虽是小事,却能直接影响到课题评审者对申请人的印象。一个优秀的研究人员应该作风严谨,绝不能粗心大意,只有这样才能保证科研工作顺利进行,研究结果准确。目前课题申报基本上都是打印出来的,录入过程中稍有不慎就会出错。因此,打印出来以后,申请人一定要对课题申报书进行反复仔细的阅读和检查,以免出错。专家反映,有些申报书中常有"缺门"。这里的"缺门"并非指漏填,而是指填在表中的内容是虚写,看看文字都有,但无实质性内容。表现在填写研究内容时,只是简单罗列几个概念,提不出观点;填写国内外现状太过笼统,相关成果寥寥无几,等等。另外,在申报书的整体制作、排版、装订等方面都要加以注意。随意的装订与制作也会在立项评审时产生负面作用,进而影响课题立项成功的几率。此外,还要确认申请书上的签字、单位意见、盖章等手续是否完备,填报学科是否合适等。填写申报书是一项细致且需要经验的工作,申请人应认真对待,不断总结经验,并向有经验的科研人员取经。

4. 申报书措辞要恰如其分

如申报书中涉及课题研究意义和国内外研究综述等内容时,有些研究人员论述自己的观点时喜欢用"国内一流"、"国际领先"、"填补空白"、"丰富理论"等词汇,而提到同行的研究则是"肤浅的"、"刚起步"、"尚无系统研究",等等。事实上,你的研究绝不是白手起家,大家都是站在前人研究的基础上,才能进一步做出高水平的研究来。据统计,很多课题就是由于"话说得太满、太'狂'"而被刷下的。

(三) 课题立项评审未通过的主要原因

1. 选题不当

选题不当,不符合立项条件。如,选题过于宽泛,问题指向不清楚。例如"职业学校学生学习能力问题研究"这个选题。首先,内涵不清。"学习能力"包括阅读能力、写作能力、动手操作能力、思维能力、判断能力、表达能力、理解能力、认知能力等。其次,外延不清。职业学校的学生指的是中职生,还是高职生?几年级的学生?优秀生,还是学困生?这些问题我们从题目中都无从得知。如果把它作为一个课题来研究,就很难达到预期效果。而相应的"中职三年级学生应用文写作能力的问题研究"则是一个较好的选题。

2. 课题论证不充分

如问题的提出针对性不强;研究目标不够明确;研究内容不具体或者过于繁杂,内容之间缺乏逻辑联系;研究步骤不清晰,保证不了任务的完成;研究方法泛泛而谈,不能明确各项任务所用的研究方法与具体工作策略,预期的研究成果不能由这些研究方法得出;研究过程与预期研究成果不确切,心中无数;等等。这些都会在很大程度上让评审专家对你所申报的课题说"NO"。

3. 研究基础和工作条件不成熟

研究基础和工作条件是课题研究工作顺利开展的保障,申报书中这两部分内容的填写如若不充分,就会让评审专家质疑该研究能否顺利开展。研究基础和工作条件不成熟具体表现为:研究力量不足,负责人的素质或水平不宜承担此课题,课题组力量不强或分工不当;资料准备不够;预期成果不明确;不具备完成本课题所需的其他条件,如经费不足、实验设备严重匮乏等。

4. 经过比较，本课题有更合适的承担人

经过评审专家审核后，认为从课题申报者的研究能力、研究时间和研究条件，以及研究开展的可行性等方面来讲，该课题有更合适的承担人。这也是部分课题申报未通过的主要原因之一。如，中等职业教育管理体制研究、中高职衔接的制度化研究、中职学校实施创业教育的理论与实践研究，等等，这些研究选题对于一线教师来说就显得过于宽泛，他们很难驾驭这些选题。虽然他们的申报书填写非常完整、课题论证也比较充分，但是专家更多还是会从课题研究的可行性方面考虑，把这些课题让给相关职教科研部门的专职研究者、大学的教授等来承担。

（四）填写课题申报书具体步骤

申报的课题最终是获得通过还是被"否决"，决定于评审专家给予的高低评价。课题申报书是立项评审的重要依据。申报书填写的质量是直接关系到课题能否立项的最重要因素，因此，项目申报者必须在提高课题申报书质量上下功夫。好的申报书应视野开阔、问题明确、内容具体、思路清晰、角度独特、重点突出、方案可行。因此，填写课题申报书时，切不可草率敷衍，一定要实事求是，充分论证。

1. 课题命名

职业教育研究者应该要结合单位的研究优势、自己的研究专长，根据"课题指南"的范围，合理确定研究选题，并准确表述课题名称。一个好的课题名称要符合规范、具体、严谨、简明四个基本要求。

（1）规范

一般科研课题要涵盖研究对象、研究范围、研究内容、研究方法这四个要素，研究方法很多时候也可不表述出来。一方面，似是而非的词不能用，不宜用口号式、结论式的语句表述，比如"良好的学习习惯是提高高职学生数学学习成绩的基础"就不能作为科研课题名称，应改为"培养高职生良好的数学学习习惯的研究"。另一方面，也不要用疑问形式，如"如何提高……"、"如何有效结合……"等。规范的表述方式如"缓解民办高职院校学生入学焦虑的实践研究"，其研究范围为"民办高职院校"、研究对象为"高职院校学生"、研究内容为"缓解入学焦虑"、研究方法为"实践研究（行动研究法）"。又如"民办高职院校学生英语听力困难的现状调查和对策研究"，课题研究范围为"民办高职院校"、研究对象为"高职生"、研究内容为"英语听力困难的现状和对策"、研究方法为"调查法和行动研究法"。再者，研究方法可以不表述出来，如"五年制高职物流管理专业教学资源库建设研究"，但研究的对象和研究的问题必须表述清楚，如"物流专业教学资源库建设研究"，表述就不完整，缺少研究对象。

(2) 具体

不少研究者申报课题时,提出的研究问题往往过大。原因有二:一是把课题研究内容属于什么范围和研究内容本身相互混淆。二是误以为题目越大越显得有分量,生怕题目过于具体别人笑话"不像科研课题"。其实,好的科研课题往往是"以小见大"、"以小见深",只要能发现规律就有价值,不在题目的大小①。要让人通过题目,就知道你要研究什么。课题不能太大、太笼统,要小题大做,否则研究就无法下手。比如"学生学习规律的研究"就无法下手,如果把课题确定为"中职学生数学学习方法的指导研究"就比较确切。有些大课题在实际操作时应该通过界定研究范围分解为若干子课题,子课题可以分解为一些更小的子课题。比如"发挥学生主体作用的研究",可以界定为"在课堂教学中发挥学生主体作用的研究",进一步界定为"在高职课堂教学中发挥学生主体作用的研究",再进一步界定为"在高职英语课堂教学中加强学生自主学习的研究",还可以界定为"在高职英语泛读教学中加强学生自主学习,提高阅读能力的研究"。

(3) 严谨

科研课题在表述时用语要严谨,要用学术性的语句,不应用"大白话",不应用比喻句。如"浅谈教职工队伍建设"、"扬起自信的风帆"等,看起来很生动,但很不严谨,也没有确切的涵义;再如"鼓励冒险,培养流畅的口语能力",这个课题名称不仅无研究对象,也无研究范围。

(4) 简明

课题名称的主要作用是表述其所要研究的问题,因此课题名称应该简洁明了,使人一看就能对课题有一个大致的了解。一方面,课题名称应该简洁。课题申报书中,对名称的字数有一定的要求。字数太少,难以清楚表达研究的主题;字数过多,有累赘之感,而且会重复表达主题意义。一般情况下,课题名称尽量不要超过20个字。另一方面,课题名称还应该意义明确。但实践中很多职业院校教师在申报课题时,课题名称表述不够明确。如"高职生有效合作学习的研究",这个课题名称可使人产生两种理解:一是研究合作学习的有效性,即什么样的合作学习是有效合作学习;二是研究高职生应该怎样开展合作学习。其实,该课题组是想研究教师如何通过教学来促进学生开展合作学习,因此课题名称改为"高职生合作学习教学策略的研究"似乎更为妥帖。

2. 学科分类

课题申报书中都有所属学科这个内容,它是为寻找课题评审专家用的。如果课题所属学科选择得不恰当,就可能使找到的评审专家不合适,进而影响到项

---

① 冉乃彦:《教师如何申报科研课题》,《现代教育报》,2001年7月11日第3版。

目的评审成绩。对于交叉学科的研究课题,要选择与课题研究重点更接近的那个学科。有些申请人对学科的选择不太认真,作为课题的管理工作者,对那些所选的学科和研究内容不一致的项目是很反感的,这样的课题也很难得到资助,因为它给评审工作添加了不必要的麻烦①。

如,按现行学科划分,全国和省教育科学规划课题分为14个学科,分别是:教育基本理论与教育史、教育发展战略、教育经济与管理、基础教育、高等教育、职业技术教育、德育、教育信息技术、成人教育、教育心理、比较教育、体育卫生美育、民族教育、国防军事教育等。在以往的课题申报中,一些选题和设计都做得很好,很有希望立项的课题,由于没有准确地填报学科分类,将A学科报成B学科,得不到非同行专家的认可而被淘汰。也有些交叉学科如民族教育,既可能包含了高等教育中的民族教育,也可能包含民族教育中的高等教育,那到底是报民族教育学科还是报高等教育学科呢?有些申请人由于没有把握好而失去学科优势,进而直接影响到课题的立项②。因此,对于课题申请人来说,弄清学科分类对申报课题是非常有益的。

3. 课题论证

课题论证也称为立项依据,这是撰写申报书最关键的部分,在这部分要充分阐明本课题的研究目的、意义和国内外动态。作为基础研究要结合学科发展趋势来论述科学意义;作为应用研究要结合职业教育实践迫切须要解决的关键问题来论述其应用前景。课题论证好坏是决定你能不能被评上的前提条件。因为同样的课题,申报的有几家甚至几十家,哪个能评上,哪些评不上,主要看论证。填写课题论证时要充分阐述为什么要申报这个项目,这项研究有什么价值和意义,国内外同类研究的现状及存在的问题。

(1) 课题研究的现状及趋势

职业教育研究工作并不是从零开始的,一定要尊重、利用已有的研究成果,否则就很难提出别具新意的课题。别人在这一领域研究的基本情况,就是指本课题有没有人研究、研究达到什么水平、存在什么不足以及正在向什么方向发展等。要认真、仔细地查阅与本课题有关的文献资料,了解前人或他人对本课题或有关问题做过哪些研究及其研究的指导思想、研究范围、方法和基本结论等。阐明已有研究工作中存在哪些问题或不足,这样才能在别人研究的基础上,确定自己的研究起点和角度。须要提出的一点是,参考文献的选择体现了研究者对本课题研究现状的了解,同时也间接反映了申请人的水平和品位。所以,填写参考

---

① 高晓佳等:《浅谈提高科研课题申请的质量》,《沈阳建筑大学学报(社会科学版)》,2005年第2期。
② 李倡平:《论教育科学规划课题申报的设计与论证》,《中南林业科技大学学报(社会科学版)》,2010年第2期。

文献时一定要注意文献的权威性和时效性,既要介绍国外的研究情况,更要介绍国内的研究情况,同时还要简单介绍自己已有的相关研究;最好选择近3年的相关学科领域带头人的文献资料作为参考;而且刊物的级别越高越好,这对同行专家判定本研究的创新性具有直接的作用。

(2) 课题研究的实际意义和理论价值

申报书中应明确该课题研究的必要性和重要性。每一个研究最终都要体现出它的社会效益或经济效益,即我们通常说的研究课题的理论价值和实际应用价值。在经费有限的情况下,课题资助单位必然会选择那些最重要、对经济社会发展影响最大的项目进行资助。研究者应该在申报书中将课题研究目前的状况、存在的问题以及本研究可能取得的效益表达清楚,基础研究要着重说明研究成果对本学科发展和提高学术水平的作用。

如,一项关于"如何开展中职语文课有效教学的研究"课题的申报书中,其课题研究意义应阐述为:"本课题要建立既重视教师的教,又重视学生学的有效模式。在过去的研究中,人们习惯于将有效教学研究的视点只放在教师教的行为上而忽视学生学的行为表现,这对于以学生发展为根本目的的教学来说,无疑是不科学的做法。在现代教学中只有发挥出学生和教师的主体作用,才能提高教学效益。所以,本课题既研究教师教学活动的有效性,还要研究学生学习活动的有效性。在教育理论的指导下进行有效教学与有效学习的实践研究,丰富和发展有效教学和有效学习的理论。因此说,在教学中研究有效教学是对教学论的细化和补充,是对有效教学理论的具体阐述,是对有效教学理论的充实。"

总之,立项目的要明确,申报理由要充分。立项依据既不要写得太专业,又要把关键问题交代清楚,使管理者和评审专家对研究内容感兴趣。这部分内容的书写不仅要使自己明白要点所在,更重要的是要让评审专家看后觉得立题依据充分、真实、可信。

4. 研究方案

研究方案是申报书中最关键的部分,要表述详尽而不冗长。要做到研究目标明确,重点突出,说明可能取得的成果水平及其效益,既不夸大也不保守;研究内容和范围不是写得越多、越大就越好,一定要善于抓住重点并把握拟研究内容的深度以及与自身的条件和能力的关系;可行性与科学性是评判一个研究课题的又一个重要标准,申报书要写得理论依据充分,技术路线清楚、可行,试验方法正确,并突出拟解决的关键问题,注意语言的表述要使本领域同行都能看懂;填写年度计划及考核指标时要考虑到便于课题管理单位检查项目执行情况,做到研究进度安排合理。以下分三点详细介绍研究方案的撰写技巧:

(1) 本课题的研究目标、研究内容、主要观点和创新之处

① 研究目标要具体

研究目标是课题申请的精髓,体现的是本课题研究的方向,是课题要解决的主要问题。研究目标不能定得过高过大,必须具体、明确、可行,要结合申请人的实际能力、研究基础和工作条件,准确地将要做什么、希望解决的问题清晰地传递给评审专家。不要写成诸如:本课题的研究目的是探讨⋯⋯的机制,为⋯⋯中等职业教育教学管理提供依据等空洞、无实质内容的大条目。研究目的的陈述,要注意以下两个问题:

一是课题研究目标的确定不要过于空泛、过于原则,或没有扣紧课题题目。例如,有的课题研究提出要"促进学生的发展","培养社会所需要的人",或者把某些已经由国家确定了的东西当成研究目标,也是不妥的。

二是一定不能忽略研究目标与研究成果之间的内在联系。也就是说,本课题所确定的研究目标最终必须落实到研究成果中去,或者说你所取得的成果一定要达到预期的研究目标。

② 研究内容要突出重点

课题研究的主要内容陈述的是课题研究的范畴,即说明主要研究什么,什么是课题研究的着力点。研究者可以从课题的内涵和外延上去寻找课题的研究内容,课题越大,内容越多,越要具体,要突出重点,并理顺各项内容间的逻辑关系。填写课题申请书时,研究内容的表述应当紧扣研究目标,简明扼要,准确中肯。有些研究者在表述研究内容时,特别笼统、模糊,把研究的目的、意义当作研究内容,这对整个课题研究是十分不利的。

由于各类基金资助的经费额度都不是很高,所以一个课题只要集中解决几个问题就可以了,不能泛泛地什么都做。要突出重点,使研究成果具有力度。另外,不要把研究方法当研究内容来写,研究内容要层次分明,以免被认为思路不清,影响专家的评审。如江苏省教育科学"十一五"规划青年专项课题"江苏省农村职业教育个人收益率的实证研究",其研究内容界定为:江苏省农村职业教育个人成本分析;江苏省农村职业教育个人收益分析;江苏省农村职业教育个人收益率的影响因素分析;江苏省三类地区农村职业教育个人收益率的比较分析(重点);社会经济转型与江苏省农村职业教育的个人收益率(难点);江苏省农村职业教育个人收益率与教育的均衡发展(重点、难点)。该课题研究内容的界定既有重点、难点,又非常清晰和具体,符合申报书中研究内容填写的要求。

③ 主要观点及创新之处要突出、可信

创新是科研工作的生命和灵魂,是所有科研人员追求的目标,也是评审专家关注的重点,没有创新的项目是没有研究价值的项目。所谓创新即在本课题研究领域中申请人有与国内外同行不同的视角、方法、观点或结论等,可以从课题

的理论依据、研究内容、研究方法与手段、技术路线及实验方案等方面概括和提炼出本课题的创新之处。如,将对以往的研究做哪些修改、补充或提升,将得到什么新观点、新材料,有何新突破等。创新点可以体现近期的研究成果,更要突出深入和延续研究的必要性。在论述过程中要注意创新点的真实性,不要为了创新而创新,说假话大话,以免别人产生疑问。另外创新点的确定不可过多,一般2-4点,过多会失去真实性,或容易被人认为实施困难,反倒会影响中标。

(2) 本课题的研究方法、研究思路和具体措施、实施步骤

① 研究方法

课题研究方法的设计,牵涉的主要问题是申请的经费和时间能否得到较合理的使用和安排,它是课题研究条件的基本保证,是课题研究非常重要的组成部分,对拟申报课题的完成和经费审批落实起着至关重要的作用。填写研究方法时,除了要叙述清楚使用什么方法进行研究之外,还要尽可能写得细致一些,写明怎样使用这种方法和用这种方法做些什么。先提出你研究中所要运用的研究方法,然后阐述运用这些研究方法完成哪些研究任务,最后说明具体的操作程序。如,调查法,要写清用的是哪一种调查法,是问卷调查法、访谈法,还是现场观察法?是用前人的现成问卷,还是自编问卷?如果是自编问卷,问卷如何编制?问卷调查过程如何展开?如何选择样本?如何发放问卷?采用什么方法进行数据统计?等等。研究方案中,这些问题说得越清楚,越说明研究者的研究思路清晰、研究方案的可行性高、课题研究有保障,自然评审通过率也就越高。

② 研究思路和具体措施、实施步骤

即阐明采取哪些措施、策略或基本的做法,通过哪些步骤来开展研究。这部分内容应尽可能详尽,每一步骤的关键点要阐述清楚并具有可操作性。如有可能,可以使用流程图或示意图加以说明,以达到一目了然的效果。研究步骤要充分考虑研究内容的相互关系和难易程度,一般情况下都是从基础问题开始,分阶段进行,将课题研究分成准备、实施研究、总结三个阶段,每个阶段从什么时间开始至什么时间结束都要有规定。科研项目一般都应该在2-3年内完成。研究进度包括每一年的进展情况,须要较为详细具体地说明。进度安排要合理,且切实可行,以保证在计划的时间内保质保量完成。

③ 预期研究成果

在课题申请书中,一定要设计好课题成果的形式,即最后的研究结论、课题成果用什么形式来表现。预期成果要与研究目标相吻合,研究报告和论文是最主要的两种成果形式。还可以将研究成果写成专著、教材,开发成教学软件、新产品、新技术、新材料等。在课题申报书中设计出成果形式,从研究者角度来说,可以明确将来用什么表现课题成果,从开始就可以着手向这方面努力,积累材

料,构思框架,以利于研究成果的顺利问世。从课题研究的管理者角度来说,可以据此进行检查验收。研究周期比较长的课题应该突出阶段性成果和最终成果,有若干个子课题的大课题,应该分别有总课题的成果和各子课题的成果。课题不同,研究成果的内容、形式也不一样,但不管形式是什么,课题研究必须有成果,否则,这个课题就是没有完成。

以下为某高职院校教师所撰写的一个课题研究方案,仅供大家参考。

资料链接3-7

"五年制高职地质工程类专业工学结合人才培养模式的实践研究——以××学校为例"的课题研究方案①

一、研究目标

在调研和参考国外工学结合人才培养模式基础上,构建五年制高职地质工程类专业工学结合人才培养方案,深化课程体系和教学内容改革,改革课堂教学模式,创新教学方法,探索新形势下五年制高职地质工程类专业试行工学结合人才培养模式,促进五年制高职教育人才培养模式的改革与创新,全面提高学生的综合素质和职业能力,使五年制高职教育更好地适应经济社会发展对发展型、复合型和创新型技术技能人才培养的要求。

二、研究内容

1. 分析地质工程类专业岗位和职业能力,研究与制订五年制高职地质工程类专业工学结合的人才培养方案。围绕地质行业发展和职业岗位能力要求,以专业实践技能、动手技能和操作技能进行岗位定位,以工作任务分解的方式帮助学生掌握真正的专业技能,并构建富有我校特色的五年制高职地质工程类专业工学结合的人才培养方案。

2. 探索和创新五年制高职地质工程类专业工学结合的教学与人才培养模式。探索五年制高职地质工程类专业理实一体化的教学方式和方法,围绕具体生产工作项目开展的岗位实训项目教学,实现技能项目生产与实践技能培养的有机结合,改革以课堂为中心的传统人才培养模式,创新和建立学校、学生、企业三方共赢的工学结合人才培养模式。

3. 开发五年制高职地质工程类专业工学结合的课程体系,加强专业资源库建设。以就业为目标,以职业技能为导向,建立理实一体化工学结合人才培养专业课程体系。以具体的任务或案例为主开发和编写模块化项目教材,加强地质工程类专业的文本素材、图形图像、音频、视频和动画、试题、案例、文献资料等资源库建设。

---

① 资料来源:江苏省职业技术教育学会课题案例库。

4. 进行五年制高职地质工程类专业师资队伍建设。开展教学研究,使教师不仅成为地质工程类专业教学的实践者,更成为教学经验的总结者、先进教学方法的探索者、先进技术的推广者。建立专业兼职教师资源库,择优聘请地质工程行业和企业专家、工程技术人员为兼职教师。加强教师的师德建设与管理,建立一支高效精干、德才兼备的教师团队。

5. 研究探索五年制高职地质工程类专业工学结合人才培养的运行机制。探索灵活安排教学和实习的时间,合理安排学生参加企业具体的生产项目,把学生的实习学习内容和工作表现折算成学分,实施弹性学制。创新"工学结合"人才培养路径,保障工学结合人才培养有序开展,并逐步建立工学结合人才培养的运行和保障机制。

三、研究方法

1. 综合调查法

课题研究过程中,课题组结合研究工作进程采用谈话、问卷、现场检测等形式,对地质从业人员、毕业生进行调研,重点了解参与工学结合教育的学生前后发展状况及企业的反馈信息,为全面构建五年制高职地质工程类专业人才培养方案提供第一手资料。

2. 文献研究法

作为学习理论、收集信息的主要方法。通过著作、报刊、杂志、网络等各种渠道和媒体,及时了解国家职业教育改革发展的方针政策,了解当前工学结合人才培养模式改革的最新实践及研究动态,吸收和借鉴先进的理念和经验,为课题研究的顺利推进提供指导。

3. 行动研究法

在工学结合人才培养模式实践的研究过程中,课题组将探索研究结果与运用研究成果结合起来,一方面注重学生的技能训练和能力培养,另一方面加强课题的系统研究,以试验班级作为研究对象,取得经验后,再进行面上推广。

4. 案例分析法

通过研究五年制高职地质工程类专业工学结合人才培养模式下的教育思想、培养目标、课程体系等,凸显新工学结合人才培养模式的特征与优势,并在教学过程中的教育情景设置、教育内容开发等方面大胆创新,提出案例,通过分析和反思提出适合五年制高职地质工程类专业工学结合人才培养模式。

5. 经验总结法

课题组成员针对课题研究进展情况,定期或不定期地开展经验交流与总结,撰写有一定价值的经验文章和学术论文。同时,采取总体规划,分步推进的实验策略,做到有计划、有记录、有总结,定期进行定量和定性分析,最后汇总各阶段研究情况,最终形成整体研究成果。

四、研究过程与步骤

本课题研究周期为2年,研究过程如下:

1. 2011年1月—2011年4月

完成本研究项目的开题报告,按照分工成立调研小组,进行有关行业的人才结构需求调研,完成五年制高职地质工程类专业的人才需求调研报告与论证。

2. 2011年5月—2011年9月

分析行业的工作岗位以及人才结构的岗位定位和职业能力,召开行业专家论证报告会,构建职业能力与工作任务之间具有映射关系的明细表。

3. 2011年10月—2012年1月

构建五年制高职地质工程类专业基于工学结合和项目导向的人才培养方案,并在部分地质工程类专业班级开展实验。

4. 2012年2月—2012年5月

加强专业教师教研能力建设,构建以工作任务为驱动理实一体化的教学模式,建立以工作任务为导向的课程体系。

5. 2012年6月—2012年8月

制订五年制高职地质工程类专业核心课程的课程标准,并开发出以地质工程具体工作任务为导向和以技能操作为核心的项目教材。

6. 2012年9月—2012年10月

对前期工作做出总结,并进行教学质量评估,形成理论,写出教改论文,形成系列教学成果,完成课题结题研究报告,将成果提交鉴定和验收。

五、预期研究成果

1. 明确五年制高职地质工程类专业人才培养目标。

2. 贯穿工学结合的教育理念,设计出地质工程类专业人才培养新方案。

3. 构建五年制高职地质工程类专业"校企双元、三轮四进"工学结合人才培养模式。

4. 构建工学结合人才培养的"三双四跟"运行模式。

5. 建立适合工学结合需要的教学管理运行体系、教学质量保障体系、教学质量监控与评价体系。

5. 研究基础和工作条件

(1) 研究基础

研究基础指与所申请项目有关的研究工作积累和已经取得的研究成绩(包括申请人和课题组成员)。现有的研究基础直接关系到申请人能否完成该项研究,评委及项目管理单位均对此进行权衡,没有任何基础的项目很难获得资助,因此绝不可忽视工作基础的填写。良好的工作基础可以直接影响课题评审专家对申请人的印象。这部分要介绍申请人和课题组主要成员的学历和研究工作简历(包括申请人和课题组主要成员近期已经发表和本项目有关的论著、获奖情况、承担过的科研项目情况)。有关论著应提供署名顺序、论文题目、发表的刊物及发表时间等信息,获得奖励应注明获奖人的名次。科研项目情况应该注明项目的名称、编号、来源、经费情况、起止时间、主持还是参与等。

初次申报课题的研究者,可以申请自选课题、专项任务项目和不在资助范围内的课题等,如此课题成功立项的把握大些,还可为以后申报招标课题打下基础。但这些课题最好也要有相应的前期研究成果。这里需要指出的是,前期研究成果一定要与申报课题有关,不要介绍与本课题无关的论文和著作。

资料链接 3-8

江苏省职业技术教育学会职业教育立项课题"中职语文愉快教学的实践研究——以××学校为例"研究基础[①]

建立了课题组,已有研究组织的保障,课题组成员分工明确。围绕本课题研究,课题组成员已搜集了相关文献资料,初步论证和草拟了课题研究方案,并对中职语文学习现状进行了初步调研。针对本课题研究,课题组近三年取得了一些研究性成果,已有3篇相关论文发表于省级刊物。课题组成员对本课题研究的认识和方向明晰,本课题已具有了现实性和针对性的研究基础。

课题主持人为中学高级教师,双本科学历,教育硕士学位。市第四期"226高层次人才培养工程"第三层次培养对象,市骨干教师,县学科带头人,县第七批专业技术拔尖人才,县教研标兵。曾主持县级"十五"立项课题研究且研究成果获得二等奖,作为核心成员参与省级"十五"、"十一五"、"十二五"规划立项课题研究,并按时完成了相关研究任务。在省级以上报刊发表文章三十多篇,获县级以上奖励论文十多篇。为市职教学会学术专业委员会秘书长,市中等职教教科研中心组语文组成员,县教育局教科室兼职教科员,县职中语文教科研中心组组长。课题组成员全都一直从事语文教学或语文教研工作,都具有本科学历,既有中年教师,又有青年教师;既有实践经验,又有理论积淀,结构合理。其中1人为市学科带头人、县教育局职教教研员,以及省职业教育学科中心教研组语文组副组长,4人为县骨干教师。其余成员为学校骨干教师,其中2人为县职中语文教科研中心组成员,4人曾获市级以上教学比赛一、二等奖。课题组成员都曾开设过县级以上公开课并受到好评。课题组成员中有5人为中学高级教师,2人为中学一级教师,3人为中学二级教师,5人曾主持或参与了省、县级立项课题

---

① 资料来源:江苏省职业技术教育学会课题案例库。

研究。

（2）工作条件

这部分主要介绍已具备的实施条件(包括图书资料、实验设备、调研工具、经费等)，对尚缺少的实施条件说明拟解决的途径。在经费预算中，不能用大量经费来购置常规的仪器设备(如手提电脑、打印机、摄像机等)，这样会因研究条件不具备而被否决，只能添置一些小型设备或改装仪器设备。

（五）课题组人员组成

有人做过粗略统计，大约有百分之三十左右的项目因研究队伍不合理而落选。课题组成员是课题研究的组织者和实施者，其合理组成不仅是顺利完成课题研究任务的基础，同时也是项目评审时专家评判课题组研究能力的重要依据。课题组人员必须具有一定的理论水平、研究能力和实践经验，还要有充足的时间和充沛的精力从事该项课题研究。

1. 要突出申请人实力

由于科研基金经费有限，僧多粥少，因此所有部门对科研资金的资助，采取的做法均是择优支持最有基础和最有实力的申请人或单位。因此申请人在填写申报书时应尽力突出自己的科研实力，即详尽介绍申请人和课题组主要成员的研究工作经历，发表的主要相关论著和取得的重要成果等，要尽量将与申报项目有直接或间接关系的已有成果列上。有直接关系的成果表明这项研究已有良好基础，如期完成的可能性增大；有相关成果至少可以显示申请人的研究能力及知识面的广度，给评审专家提供确定评审意见的参考因素。因此，该栏目的填写要不厌其详。这些都从不同的角度体现了申请人的实力和科研条件，是打动评审专家、获准资助的重要因素。

2. 课题组成员数量要适中，搭配要合理

课题方案设计中，一方面，课题组成员数量要根据课题规模、具体研究内容的多少和难易程度来决定。课题很大，课题组成员少，评审专家会以"研究力度不足"而否定；课题不大，而课题组成员庞杂，评审专家也会以人多而无效不予立项。另一方面，还要注重课题组人员的合理搭配。成员中既要有课题的设计与指导者，又要有科学研究的主要操作者或实施者，同时还应配有必需的辅助人员。尽量要建立由课题申请人牵头，不同年龄、职称、知识结构的科研人员参加的课题组。

若课题组成员内高层次人员所占比例过多，缺乏具体的承担者；抑或低层次人员过多，不能保证技术的可靠性，均会被认为无法完成预定任务而被否决。如某课题组成员6人中教授5名，副教授1名，虽然该项目组成员的学术层次高，但专家认为教授不可能全部参加具体工作，由于该课题缺乏具体承担者，因此专家认为难以完成预定任务而不予资助。再如，青年项目要以青年人为主，还要注意将搞理论和实证研究以及实际工作领域的专家相结合，这样组合的课题组更容易被评审专家认同。

（六）课题研究经费

1. 合理填写课题经费金额

不同基金的资助额度不一，要按照规定的额度范围申请经费。一般规划课题对课题研究的资助金额都有明确的标准，如《北京市哲学社会科学"十一五"规划项目经费管理办法》规定：重点项目不超过 8 万元，一般项目不超过 5 万元。因此，研究者应根据项目申报的级别合理填写申报金额。

2. 经费预算要合理详细

既不能为了多得些资助而虚报经费，使人觉得不切实际，也不能为了中标而少写预算，使人觉得无法实现预期目标。课题研究经费预算中一般包括购置必要的图书，订阅有关报刊的费用，复印、打印资料和成果的费用，调查、实验的费用以及差旅费、调研费和购置仪器设备费等开支，各项支出的比例要严格按照有关规定来填写。预算一般来说超出 15%－25% 为好，不要超出太多，否则评审专家会误认为经费是用来购买实验室仪器、设备的。研究方案中最好对各项开支列出详细的清单，因为合适的、结构合理的经费预算可以使研究方案的可行度和可信度增加。申请经费要实际合理，符合规定，视课题主管部门能给予的经费支持强度而定，不宜预算过大，造成无力资助而被淘汰。严格按照《××经费管理办法》的要求，科学编制经费预算。

资料链接 3-9

江苏省高校哲学社会科学研究重点项目
"江苏省流动人口子女教育的城市融入状况及其策略研究
——以苏南地区为例"课题经费预算

表 3-3 "江苏省流动人口子女教育的城市融入状况及其策略研究
——以苏南地区为例"课题经费预算

单位：万元

支出科目	金额	计算根据
图书资料费	0.50	购买与课题研究有关的图书、报刊等费用，以及资料收集、录入、复印等费用
数据采集费	1	问卷调查、数据跟踪采集、网络使用等费用
调研差旅费	2.50	课题组成员调研或参加学术会议的交通、住宿等费用

续表

支出科目	金额	计算根据
设备购置和使用费	0.50	调研用工具购置费
小型会议费	1	召开访谈、调研以及课题组成员讨论等会议的费用
咨询费	1	课题研究过程中专家咨询的费用
劳务费	1.50	课题组成员、访谈对象以及合作单位人员的劳务费
印刷费	0.50	研究报告、论文、问卷、访谈提纲等文字材料的打印费
管理费	0.50	学校财务制度规定
其他	1	课题研究过程中的机动费用
合计	10	

3. 防止超范围、超标准列支

课题申请人在填写申报书时，要认真学习《××课题经费管理办法》和本单位经费管理办法，了解经费预算范围和开支标准，防止超范围、超标准列支。编制经费预算时，一要严格遵守《××课题经费管理办法》对专家咨询费、劳务费、管理费等方面的支出比例限制。二要遵守《××课题经费管理办法》关于报销费用必须直接与项目研究相关的规定。

资料链接3-10

全国教育科学规划课题经费管理办法

第一章 总则

第一条 为了规范和加强全国教育科学规划课题（以下简称规划课题）经费的管理，提高资金使用效益，根据财政部、全国哲学社会科学规划领导小组印发的《国家社会科学基金课题经费管理办法》（财教〔2007〕30号）和国家有关财政财务管理制度，制定本办法。

第二条 教育科学规划课题经费来源于国家财政拨款，用于开展对我国社会主义教育现代化建设，以及教育学科建设和发展具有重要理论与实践意义的教育科学研究活动。

教育科学规划课题分为国家社科基金教育学重大课题、重点课题、一般课题和青年课题，以及教育部重点课题、青年专项课题、教育部规划课题（包括专项课题、单位资助规划课题）。

第三条 课题经费分配、使用和管理的原则：

1. 明确目标，突出重点。课题经费应主要用于我国教育科学领域中对教育改革和发展具有重要理论与实践意义的研究课题，以及对教育学科建设和发展具有重要影响的基础研究课题,避免分散使用。

2. 科学安排,合理配置。要严格按照课题研究的目标和任务,科学合理地编制和安排课题经费预算,杜绝随意性。应当加强相关科研资源的统筹协调和有效整合,避免重复浪费。

3. 权责明确,规范管理。课题经费管理各方权责明确,各负其责,协力加强对课题经费的管理。

4. 单独核算,专款专用。课题经费应当纳入单位财务统一管理,单独核算,任何单位和个人不得截留、挤占和挪用,确保专款专用,并建立追踪问效机制。

5. 一次核定,分期拨付。课题经费资助额度根据实际情况一次核定,分期拨付。

第二章 课题经费开支范围

第四条 课题经费指在课题研究过程中发生的与研究活动直接相关的费用,包括资料费、数据采集费、差旅费、会议费、国际合作与交流费、设备费、专家咨询费、劳务费、印刷费、管理费。

1. 资料费指在课题研究过程中发生的资料收集、录入、复印、翻拍、翻译等费用,以及必要的图书和专用软件购置费等。

2. 数据采集费指在课题研究过程中发生的问卷调查、数据跟踪采集、案例分析等费用。

3. 差旅费指在课题研究过程中开展国内调研活动所发生的交通费、食宿费及其他费用。差旅费的开支标准应当按照国家有关规定执行。

4. 会议费指在课题研究过程中为组织开展学术研讨、咨询等而召开的小型会议费用。会议费的开支应当按照国家有关规定,严格控制会议规模、数量、开支标准和会期。

5. 国际合作与交流费指在课题研究过程中发生的赴国外及港澳台地区调研的交通费、食宿费及其他费用。课题经费应当严格控制国际合作与交流费支出,并执行国家外事经费管理的有关规定。因课题研究确需开支国际合作与交流费的,应当在课题经费预算中单独列示,并按照以下程序经批准后执行:重大课题、特别委托课题和年度课题中的国家社科基金教育学重点课题由全国哲学社会科学规划办公室(以下简称全国社科规划办)批准,其他课题由全国教育科学规划领导小组办公室(以下简称全国教科规划办)批准。

6. 设备费指在课题研究过程中发生的购置或租赁使用外单位设备而发生的费用。课题经费应当严格控制设备费支出。因课题研究确需购置的,应当在课题预算中单独列示,并经全国教科规划办批准后方可购置,并由课题负责人所在单位按照国家国有资产管理的规定进行管理。

7. 专家咨询费指在课题研究过程中发生的支付给临时聘请的咨询专家的费用。咨询费不得支付给课题组成员及课题管理的相关人员。咨询费的支出总额，重大课题一般不得超过课题资助额的5%，其他课题不得超过课题资助额的10%。

8. 劳务费指在课题研究过程中发生的支付给直接参与课题研究的在校研究生和其他课题组临时聘用人员等的劳务性费用。劳务费的支出总额，重大课题不得超过课题资助额的5%，其他课题不得超过课题资助额的10%。

9. 印刷费指在课题研究过程中发生的课题研究成果的打印费、印刷费和誊写费等。

10. 管理费指在课题研究过程中对课题负责人所在单位为组织和支持课题研究而支出的费用。管理费的支出总额，重大课题每项不超过5 000元；其他课题不得超过课题资助额的3%，其中，年度课题中的重点课题每项不超过3 000元，年度课题中的一般课题、青年课题和西部课题、后期资助课题每项不超过2 000元。严禁超额提取和重复提取。

第五条 在课题研究过程中发生的除上述费用之外的其他支出，应当在课题预算中单独列示，单独核定。

第六条 成果鉴定费指在课题结项时对课题成果的质量进行评估所发生的费用。重大课题、特别委托课题、年度课题中的重点课题、专项资助课题的最终成果鉴定由全国教科规划办负责组织，鉴定专家的劳务费由课题负责人先行垫付，通过后从课题预留经费中拨付；单位资助教育部规划课题的最终成果鉴定由全国教科规划办委托省（自治区、直辖市）教科规划办或直属高校社科处（科研处）负责组织，鉴定专家的劳务费由课题负责人所在单位负责支付。每位鉴定专家的劳务费根据最终成果类别和字数掌握在500—1 000元。因成果质量问题须组织第二次鉴定发生的费用，由课题负责人负担。

第七条 课题研究成果通过验收后，课题结余经费，可对出版困难、学术性强的专著类研究成果予以出版补助。其余净结余经费按原渠道收回，并按财政部关于结余资金管理的有关规定执行。

第三章 课题经费预算编制、审批和执行

第八条 课题申请人在申报全国教育科学规划课题时，参考全国教科规划办公布的经费资助额度，根据研究的需要编制课题概算；对评审后的拟立项课题，学科评审组审核概算，提出建议资助金额；全国教科规划办对建议资助金额进行复核，报全国教育科学科学规划领导小组（以下简称全国教科规划领导小组）审批。

第九条 全国教科规划办在评审工作结束后一个月内，向课题负责人所在单位发出《全国教育科学规划课题立项通知书》。课题负责人接到立项通知书后,按批准的资助金额编制课题预算,并根据要求填写回执,于一个月内将列有预算的回执报全国教科规划办。凡无特殊原因逾期不寄回执者,视为自动放弃资助,不再办理拨款手续。

第十条

1. 课题预算的编制应当根据课题研究的合理需要,坚持目标相关性、政策相符性和经济合理性原则。

2. 应根据课题经费开支范围确定的支出科目编制课题预算,并对主要用途和理由进行详细说明。

3. 编制课题预算应接受本单位财务管理部门和科研管理部门的指导和审核。

第十一条 全国教科规划办对列有课题预算的回执进行审核,批准后将课题启动经费拨付课题负责人所在单位。课题经费由课题负责人所在单位统一管理,一般不能转拨其他单位。如确需转拨协作单位,应书面报全国教科规划办审批。协作单位不能在转拨经费中提取管理费。

第十二条 课题经费根据课题类别和完成期限,分期拨付。国家社科基金教育学重大课题、年度课题中的重点课题一般拨款三次,立项当年以回执为凭,拨付资助经费的30%,次年以检查合格的书面报告和《全国教育科学规划课题开题和中期检查表》为凭,拨付50%,其余20%在课题验收结项后拨付;年度课题中的一般课题和青年课题、教育部课题一般拨款二次,立项当年以回执为凭,拨付资助经费的80%,其余20%在课题验收结项后拨付。未通过验收结项的课题,不予拨付剩余经费。

第十三条 课题负责人应严格执行批准后的课题预算,一般不能调整。确因课题研究须要进行调整,应按照以下程序进行核批:

1. 课题预算总额调整,应按照程序报全国教科规划办批准。

2. 课题支出预算科目中劳务费、专家咨询费和管理费预算一般不予调整。其他支出科目,调整金额超过课题预算总额10%的,应按程序报全国教科规划办批准;未超过课题预算总额10%的,应报所在单位科研管理部门批准并报财务部门备案。

第十四条 课题负责人所在单位应严格按照本办法的规定,制定内部管理办法,建立健全内部控制制度,加强对课题经费的监督和管理。

第十五条 课题负责人应严格按照本办法规定的课题经费开支范围和标准办理支出。严禁使用课题经费支付各种罚款、捐款、赞助、投资等,严禁以任何方式变相谋取私利。

第十六条 课题完成后,课题负责人应会同所在单位财务部门清理该课题收支账目,编制《全国教育科学规划课题成果鉴定申请·审批书》中的课题经费决算表,并附财务部门提供的课题经费开支明细账。课题负责人和所在单位须实事求是地填写课题经费决算表。

第十七条 课题预算执行过程中实行重大事项报告制度。在课题实施期间出现课题名称、成果形式改变;课题研究内容重大调整;课题负责人或课题管理单位变更;未能按计划完成研究任务,要求延期一年以上(含一年)或多次延期和其他重要事项变更的,须由课题负责人或所在单位提交书面请示,经省(自治区、直辖市)教科规划办或部属高校科研管理机构审核并签署意见,报全国教科规划办审批。

经全国教科规划办检查发现有重大事项变更未予报告者,暂停拨款,待报告并经审批后,再恢复拨款。

第四章 课题经费管理与监督

第十八条 课题一经批准,不得无故中止。对无故不完成研究任务者,全国教科规划办停止拨款,并追回已拨经费;对因故中止研究者(指课题负责人因出国、生病、死亡或其他原因不能继续研究的),全国教科规划办停止拨款,并追回已拨经费的剩余部分;对因严重违反财务制度或其他原因而被撤销课题的,追回已拨经费。

课题负责人所在单位必须协助追回相关经费,并退还全国教科规划办。如无正当理由,接到通知后超过三个月仍未追回,全国教科规划办将视情况对该单位做出相应的处理。

第十九条 全国教科规划办每年将有重点地检查课题经费的管理和使用情况,课题管理单位应当积极配合,如实反映情况,提供有关资料。

第三节 怎样撰写开题报告

开题报告是课题研究方案的设计、规划和制定,就是课题方向确定之后,课题负责人和课题组成员在前期调查研究和充分思考的基础上,对整个研究过程的全面规划,是对课题研究各方面的具体内容和步骤进行部署和安排,将研究课题论证、设计、计划付诸文字的研究文件,对整个研究工作的顺利开展起着关键的作用。它主要说明这个课题如何开展研究,研究者有条件进行研究,准备如何开展研究等问题。撰写开题报告可以进一步明确研究思路,完善实施方案,明晰研究技术线路,是提高选题质量和水平的重要环节。开题报告如同建筑师的蓝图,一个好的开题报告可以使研究者明确课题研究的方向,使研究者有计划、有系统、有组织地开展研究工作,避免发生进行一段时间后不知道下一步干什么的情况,以保证整个研究工作有条不紊地进行。

可以说,课题开题报告水平的高低,是一个课题质量与水平的重要反映。没有科学的开题报告,就没有科学而有价值的成果。随着职业教育科研管理工作规范化不断加强,开题报告撰写的质量越来越受到课题管理部门的重视。

一、开题报告的结构

撰写开题报告是进行科研课题申请的首要工作。通过开题报告的思考与写作可以帮助我们清楚地了解自己为什么要做这个课题,究竟想做什么,想得到什么,怎么做,能否达到自己的预期目标。开题报告和课题申报书的撰写有许多类似之处,是课题研究者必须具备的能力。开题报告的结构根据课题研究的类别而略有不同,但大致要求是一致的,即回答以下一系列是什么、为什么、怎么做的问题:

1. 课题的说明和核心概念的界定:你研究的课题是什么?
2. 课题研究的背景、意义:为什么要选择这个课题?
3. 文献综述:在相关问题上,别人已经做了什么?还有什么没有做?
4. 研究目标与内容:你打算做什么?
5. 研究假设和创新之处:你的主要假设和观点是什么?
6. 理论依据:你这样做的依据是什么?
7. 研究方法与途径:你打算怎么做?
8. 预期研究成果:你的预期目标是什么?
9. 研究进度安排:你的工作进度如何安排?
10. 已有研究基础:你研究的主要条件和困难是什么?

以上这十个问题可以归结为三大类,即问题的提出、文献综述和研究设计。问题提出是开题报告的重要组成部分,主要包括选题的背景、目的和意义、核心概念的界定、研究价值和创新之处等,这部分内容主要回答两个问题,即"研究的问题是什么","为什么要研究这个问题"。为了更有针对性地开展课题研究,研究者还须要了解清楚,在与课题相关问题的研究方面,别人已经做了什么、是怎么做的、还有什么没有做等问题。对与课题相关的国内外研究进行批判性概括与评述,阐明现有研究的不足,具体说明理论支撑、研究内容、研究领域、研究方法等方面的不足。如以往研究未重视哪些理论、未研究什么内容、未研究什么范围、未重视哪些对象、未进行应用研究、未重视定量研究、未运用实验方法等,并在此基础上提出研究展望或努力方向。研究设计是研究实施的蓝图,它包括研究目标、研究假设与研究内容、研究方法与研究思路、研究进度安排及主要条件、预期研究成果以及课题组研究团队组成等。

二、开题报告的撰写

课题开题报告的写法根据课题研究的类别略有不同,但大致要求是一致的。以下仅就撰写开题报告中的几个关键点进行详细介绍。

(一)核心概念的界定

1. 概念界定的误区

在研究设计的过程中,我们常常会遇到职业教育领域中的一些概念,如职业教育、校企合作、教学过程、人才培养模式、办学模式、校园文化、精品课程等。对这些概念,不同的人由于经验、认识、所处地位、理解角度等的差异,可能会做出不同的解释。为了使其他人能在共同理解的基础上探讨问题,为了使研究结论准确可靠,研究者必须厘清概念的含义。目前来看,初学者对概念的界定容易出现三个错误:

(1)将一些与课题无直接关系的概念进行界定

强调概念界定,并不是说任何一个问题的研究都要去界定概念,也不是说一定要在开题报告中专门划分一个部分进行概念界定。如果这样,未免太机械、太教条。要不要界定概念,要根据是否需要来定:如果研究涉及的主要概念是学术界流行的、行内人周知的,那就不必要界定了;如果你用的主要概念比较新颖,或者有自己独特的内涵,那就要进行界定。

概念界定也不一定要专门设置条目,在行文中顺便予以界定就可以了。如用"本研究中所谓的××××是指……"这样的方式进行界定,或者在行文中第一次涉及须要界定的概念时,用注释予以说明、界定。

(2)概念界定仅仅停留在综合意见上

有些所谓的概念界定是将很多学者关于此概念的定义类归在一起,就想当然地推演出本研究的概念定义。这样的界定看起来似乎是在做学理的考证,但实际却往往成了一个观点的综合。这样的界定方式犯了两个错误:第一,学者们关于此概念的定义往往是从各自的角度出发做出的界定,有些定义相互之间内涵和外延的出入都很大,有些甚至根本矛盾。如果综合这样的矛盾观点,是无法做出客观的界定的。第二,概念界定是研究者在本课题研究中的操作性定义,它须要参考其他学者的意见,但更多的是从本研究操作方便出发。所以,概念的界定是否名副其实,能否给本研究带来操作上的方便,才是概念界定首要考虑的问题。

(3) 概念界定前后不一致

有些研究者为了界定而界定,后面的研究及行文所涉及的概念与前面界定的概念内涵和外延相差甚远。这也是不符合基本学术规范的,将使整个课题的研究失去根基。

2. 如何界定核心概念

核心概念的界定即找出课题研究的核心概念,并详细论述概念的内涵和外延,为后续研究搭建框架奠定良好的理论基础。课题的选题中一般包含了一个或多个核心概念,如果核心概念界定不清,将会使研究的目标与研究对象、范围、内容产生不确定性,直接影响到研究的信度与效度。原则上来讲,核心概念的界定在选题过程中就已经基本完成,但是还是要在开题报告中明确地写出来。这样会使你的研究看起来更专业一些,也会使开题报告的阅读者或评审者一眼看清楚你在本研究中所使用概念内涵和外延究竟是什么。

(1) 核心概念界定的三个层面

建议职业教育研究者至少要从三个层面对核心概念进行界定:一是要界定概念的一般性含义,二是要说明概念在本课题中的特殊含义,最后还要揭示出概念之间的关系。在界定概念时,大多数人都会先介绍学科领域内关于这个概念的主流观点,然后对这些概念进行分析、梳理和总结,指出在这个课题中相关概念内涵和外延,并以此为依据开展课题的研究工作。同时,概念的界定一定是整体的,而不是支离破碎的。不能仅仅停留在界定某一个或几个概念上,更要进一步揭示概念之间的关系,从而构成课题所要呈现的规定情境或空间。有些核心概念的内涵众所周知,不必再多作解释,而应把笔墨更多地放在对概念关系的阐述上。建议不能照搬照抄词典上的解释,而要通过概念界定提出你对课题的独到见解,体现你的思想和观点。

资料链接3-11

全国教育科学"十一五"规划课题"职业教育校企合作的机制与模式研究"中关于"校企合作"的概念界定

校企合作的思想在国外早已有之。英国的空想社会主义者托马斯·莫尔最早提出了劳动教育的模式,他在1516年出版的《乌托邦》一书中提出了劳动教育的主张,指出对公社里的所有儿童进行初等教育时,要求他们在学校里既要学习农业知识,又要到城郊田地从事农业劳动。配弟在1648年发表的《威廉·配弟就知识的某些特殊部分的进展致哈特利布先生的建议》一文中,提出了建立"劳动学校"即"科学工场"和"机械中学"的计划。英国经济学家贝勒斯是英国最早建立工业学校的倡导者,他在《关于创办一所一切有利于手工业和农业的劳动学院的建议》一文中,提出的劳动学院就是社会主义的生产合作体,马克思称赞贝勒斯教育改革方案体现了"结束现行的教育和分工"的要求。

校企合作是学校与企业联合培养技能型和实用型人才的一种教育模式，在实际中有多种具体完成形式，强调的是学校和企业两个主体密切配合，在培养技能型和实用型人才时的共同责任和共同作用。"校企合作"一词在辞典、百科全书和相关的工具书中很难找到，各种期刊和论著也鲜有对这个概念的界定和表述，然而与之相关的概念不少，主要有"合作教育"、"产学研合作"、"产教结合"、"工学结合"、"工读交替"、"半工半读"等。在实际工作中，"产教结合"、"工学结合"的使用也未进行概念上的区分。那么"校企合作"与"产学研合作"、"产教结合"、"工学结合"、"半工半读"之间有何关系？从概念的主体性、国外相关概念和国内相关概念三方面进行比较，可以对校企合作培养模式进行定位。

相关概念主体性的比较。"产学研合作"、"产教结合"、"工学结合"、"校企合作"均是主谓结构，属主谓词语。"结合"和"合作"是谓语，谓语的动词词性决定了动词"结合"、"合作"的主语必须是双主体。"产学研"、"产教"、"工学"、"校企"是主语，在这些主语中又存在着并列关系，即"产"与"学"或"学研"并列，"产"与"教"并列，"工"与"学"并列，"校"与"企"并列，也就是说这些概念的主语是双主体。这些概念的双主体性体现出他们的词面义与整个词义的同一性，即教育与生产劳动相结合，他们都有两层基本的含义：第一层是教育与生产劳动相结合的本质含义，即知识和劳动的结合，强调的是过程的结合；第二层是教育与生产劳动相结合的形式，即产业界与教育部门，或院校与企业的结合、合作，强调的是对象的结合。

国外相关概念的比较。由于各国政治、经济、文化、工业化进程及职业教育的发展水平各异，职业教育培养模式经过长期的锤炼也呈现出各自的特殊性，形成了各具特色的培养模式，体现在培养模式的称谓上也不尽相同。比如德国的"双元制"、美国的"合作教育"、英国的"工读交替式"、日本的"产学合作"等。从这个意义上来说，它们之间是不可以相互替代的，是有区别的近义词语。"合作教育"（Cooperative Education）源于美国的实用主义教育思想，一个多世纪以来在实践中不断充实和完善。1962年美国成立了合作教育委员会，它包括所有以学校与企业部门合作为表现形式的理论知识学习与实践工作相结合的教育形式，涵盖了包括德国的"双元制"、美国的"合作教育"、英国的"工读交替式"和日本的"产学合作"在内的各种职业教育培养模式。从这一点上来说，上述这些概念又是相互联系的，具有同一性。

国内相关概念的比较。在1957年至2005年的有关教育和职业教育政策文件中，最早出现"工学结合"一词的是1991年10月17日国务院《关于大力发展职业技术教育的决定》（国发〔1991〕55号）。文件提出，"提倡产教结合、工学结合"。此前,1957 年至 1990 年的政策文件中一直使用"半工半读"的概念,1991 年至 2005 年初职业教育围绕"产教结合的办学路子"进行积极探索,实行校企合作。至 2005 年 3 月 2 日,教育部部长周济在职业教育与成人教育年度工作会议的讲话中除强调"要实行产教结合、校企合作"外,在"坚持以就业为导向,实现三个转变"时,又一次提到"大力提倡'工学结合'、'半工半读'"。从政策文件中的概念使用可以看到,"产教结合"、"校企合作"、"工学结合"、"半工半读"这些概念的使用是随着社会的发展而变化的,在不同的社会发展时期有着不同的内涵和外延,它们不是彼此完全相同的概念,在使用时是有一定区别的,不加区别地将这些概念相互通用或替换使用都是不恰当的。

由上述概念的比较,可以找出校企合作及其相关概念之间的关系。

第一,校企合作及其相关概念均是基于教育与生产劳动相结合的理论,是以学校与企业合作为具体表现形式的理论知识学习与实践工作的结合。

第二,产学研合作是我国在特定的形势下对合作教育特有的称呼。产学研合作适用于高等教育,尤其适合于高等职业教育,产教结合适用于职业教育,尤其适合于中等职业教育,二者都是基于教育体系层面的宏观概念。

第三,合作教育是得到世界普遍认可的一种教育形式,是校企合作、工学结合及其相关概念的最上位概念。

第四,德国的"双元制"、美国的"合作教育"、英国的"工读交替式"、日本的"产学合作"和我国的"产学研合作"、"产教结合"都是合作教育在各国的具体体现,是相对于合作教育次一级的概念。

第五,从 20 世纪 90 年代以来,随着教育与实践相结合的理论和实践研究及其他相关职业教育观念和方法的引进,我国职业教育培养模式的探索也由抽象到具体、由宏观到微观逐渐深入,在概念的使用上表现为由产学研合作、产教结合到校企合作、工学结合的变化,因此校企合作正是职业教育在探索产教结合过程中须要充实更多实质性内涵的概念。

当然,上述校企合作及其相关概念是一个相对的比较。这些概念之间既有联系,也有区别,概念间还存在着一定程度的交叉和重叠。因此,这种概念的顺序排列是相对的、动态的,不是绝对的、静止的,在不同的情况下要依据使用的特殊环境和条件,选择不同的概念,准确把握其内涵和外延,加强概念的规范使用。

本课题中的"校企合作"是指职业学校与企业紧密合作,以培养学生的职业技能和就业竞争力为重点,利用学校和企业两种不同的教育环境和教育资源,采取课堂教学与学生参加实际工作有机结合的形式,把学习与工作的结合贯穿于教学过程之中,培养适合不同用人企业需要的具有较高职业技能和职业道德人才的教育活动[1]。

（2）概念界定要与研究性质吻合

不同的研究需要的概念清晰程度不同。一般来说，质性研究对概念界定的要求相对较低，只要给出描述性的定义即可；量化研究往往会要求给出具体的操作性的定义。但是两者都有一个基本的要求，就是尽量使用学术系统内的定义，并且概念一旦界定以后，就要保持前后一致。

资料链接3-12

江苏省教育科学"十二五"规划课题"职业教育关键能力评价体系研究
——以经贸类专业为例"核心概念界定

一、关键能力

本课题中的"关键能力"是指从事任何职业都需要的一种综合职业能力，它泛指岗位专业能力以外的能力，或者说是超出某一具体职业技能和知识范畴的能力，也称为职业核心能力、必要能力、共同能力或可迁移能力。

二、职业教育

国际社会习惯把"职业教育"理解为"职业和技术的教育与训练"（Vocational & Technical Education and Training），它包括以在校生为主要对象的"职业准备教育"和以在职人员为主要对象的"再就业培训"。本课题中的"职业教育"主要指在普通教育的基础上，由独立设置的全日制中职、高职院校为引导学生掌握在某一特定的职业或行业或某类职业中从业所需的实用技能、专门知识和综合职业能力等而开展的系统性学校教育。

三、评价

评价是指在一定教育价值观的指导下，依据确立的教学目标，使用一定的技术和方法，对所实施的各种教学活动、教学过程和教学结果进行科学判定的过程。教学评价一般包括对教学过程中教师、学生、教学内容、教学方法手段、教学环境、教学管理诸因素的评价，本课题中的评价是对职业院校学生职业能力培养的核心——"关键能力"的实际水平做出合理、量化的评定。

课题"在教学实践反思中提高青年教师自我监控能力的研究"的核心概念是"教学实践反思"和"自我监控能力"。只有明确这两个概念，研究内容才能界定准确。采用分—总的方法，研究者可以把该课题的概念具体界定为：

① 教学实践反思：指教师以自己的教学活动过程为思考对象，对自己的教

---

[1] 资料来源：全国教育科学"十一五"规划课题"职业教育校企合作的机制与模式研究"（项目批准号：FJB080599）。具体内容见 http://www.nies.net.cn/ky/qgjyghkt/cgbg/zyjsjy/201206/t20120629_305550.html

学决策、教学行为以及由此产生的结果进行审视和分析的过程,它是通过提高参与者认识水平来促进自身能力发展的途径。

② 自我监控能力:指教师为了保证教学成功达到预期目标,在教学的全过程中,将自己的教学活动过程作为意识的对象,不断进行积极、主动的计划、检查、评价、反馈、控制和调节的能力。

③ 在教学实践反思中提高青年教师自我监控能力的研究:指向青年教师,力图通过引导青年教师以自己的教学活动过程为思考对象,以审视、分析为手段,努力提高青年教师对教学过程的自我控制、调节等能力的研究。

(二) 制定研究方案

1. 课题的研究目标和研究内容

(1) 研究目标

课题研究的目标就是打算通过课题研究认识什么、发现什么或者达到什么目的、解决哪些具体问题。当然一个研究不能解决问题域内的所有问题,甚至不可能彻底解决一个问题,而只能在一定的范围、程度和水平上解决某一个问题,这在陈述研究目标时是必须要把握好的。研究目标其实是对研究所涉及的问题范围、解决该范围内的每个问题所要达到的程度和水平加以限定。研究目标是比较具体的,不能笼统地讲,研究者可以根据课题研究的需要,列出总目标和分目标,形成科学的研究目标体系。只有目标明确而具体,才能知道研究工作的具体方向是什么,才知道研究的重点是什么,思路就不会被各种因素所干扰。

目标制定要实在、可行、紧扣课题,用词要准确、精练、明了。一般来讲,研究目标的制定可以从理论性目标、实践性目标和发展性目标三个维度展开,分别说明理论研究、实践研究结果状态以及研究以后教育教学实践的具体发展状态。其表述的基本结构为:通过研究什么问题,揭示哪些基本因素(变量)之间的关系,从而满足职业教育实践领域哪些需要,促进其哪些方面的提升。下面是"在职业类院校数学教学中进行生命化教育的探索与研究"课题开题报告所撰写的研究目标:1) 通过课题研究的开展,使学生感受到数学的魅力,领悟到数学的价值;2) 提高学生对数学学习的兴趣及教学质量;3) 提高数学教学的实用性,学以致用,提高学生的应用能力;4) 提高学生数学素养及生命质量[①]。

(2) 研究内容

研究内容是研究问题的具体化,通过问题提出这个环节,研究者所提出的往往是一个综合性的问题,如果不能将其分解的话,也就难以使问题得到明确。为

---

① 王宏:《在职业类院校数学教学中进行生命化教育的探索与研究开题报告》,《中国科教创新导刊》,2011年第5期。

了完成课题研究,研究者须要解决哪几个核心问题？有了课题的研究目标,就要根据目标来确定这个课题要研究的内容,研究内容要比研究目标写得更具体、明确。目前在这方面存在的问题是：1）只有课题而无具体研究内容；2）研究内容与课题不吻合；3）课题很大而研究内容却很少；4）把研究的目的、意义当作研究内容；5）研究内容面面俱到。这些问题对我们整个课题的研究是十分不利的。因此,研究者要学会把课题研究内容进行分解,一点一滴地去做。

研究内容是研究方案的主体,是课题研究目标的落脚点,要与研究问题相吻合,与目标相照应,具体回答研究什么问题,研究这些问题的哪些方面。建议职业教育研究者可从课题的内涵和外延上去寻找,紧密围绕核心概念的界定去选择研究内容。在撰写这部分时,要注意能够指出研究的重点、难点,使得研究内容更加立体化和清晰化。研究的重难点即研究者想要解决的关键问题,也就是问题领域中那些能够把其他问题联系起来的"关节",抓住了关键问题,往往就能够实现问题域的突破。如"提高班主任工作积极性的研究"课题的研究内容为：以课题为依托,针对班主任专业发展、专业需求问题特别是提高班主任工作积极性的问题,通过研讨与交流,促进班主任的个人发展与专业成长；通过体验式学习,鼓励班主任独立思考、求异思维、大胆创新；组织考察交流等实践活动,提高班主任工作积极性,培养班主任合作精神,强化团队意识。

2. 课题的研究思路与研究方法

（1）研究思路

研究思路是指对研究的总体把握,研究从哪里进入,从哪里开始,从哪里突破,注意些什么样的研究策略,先做什么,后做什么,主要做什么,重点做什么,本研究关键性的技术难点在哪里,怎样去解决,工作流程是什么,等等。恰当的研究思路决定研究的科学有序推进,要因人、因题来考虑。开题报告中,最好能够以示意图的形式描绘研究思路,这样看起来会更加清晰。

（2）研究方法

科学的结论取决于科学的研究,科学的研究又得益于科学的方法。研究方法是指完成研究任务达到研究目的的程序、途径、手段或操作规律,它具体反映"用什么办法做"。通常情况下,研究方法的选择受到课题研究目标和课题性质的影响。在具体的方案设计中,要根据各时段研究内容的不同选择不同的方法,尽可能地写明怎样使用这种方法和用这种方法做什么。职业教育研究常用的方法大致有：文献法、经验总结法、个案分析法、行动研究法、叙事研究法、比较法、观察法、实验法、问卷调查法、访谈法等。

但是在研究方法设计上,也存在一些误区,比如有些研究者认为只要把研究方法罗列出来,至多对这些方法再加一点解释就足够了。其实,在开题报告的撰写过程中,研究方法的选择不能太原则、太笼统,不能仅限简单地罗列出几种方法,要力求方法与问题相对应,即什么问题用什么方法要具体翔实。建议研究者先对研究内容所涉及的问题加以归类,然后根据各类问题设计适合的研究方法。如果没办法做到如此精细的话,至少也应该对拟解决的关键问题所需要的研究方法进行讨论。研究方法的表述应该是专业性、学术性的,要叙述清楚"做些什么"和"怎样做",其中重点表述清楚三个方面:研究对象、研究方法、研究工具,即研究谁、怎么研究、怎么分析。这是专家在开题论证过程中非常关注的地方,研究方法是否得当,对于研究目标的达成至关重要。如由江苏省教育科学研究院马成荣研究员主持的教育部职业教育战略研究重大课题"职业教育信息化建设研究"[1]的研究方法表述为:

① 实证调研法。本课题以东、中、西部有关省份的职业院校为主要样本,进行实地走访和调研,查看相关设施设备、软件资源等实物和资料,通过网络途径登录相关网站平台了解相关网站建设及使用的实际状况,尽可能准确掌握职业教育信息化建设的一手资料。

② 统计分析法。针对职业教育信息化建设的重点问题,设计问卷进行较大样本随机调查和结果统计,并结合国家统计,教育等部门的相关统计数据、年报等进行系统分析,通过定量与定性研究的结合,努力准确反映当前职业教育信息化的整体状况。

③ 访谈调查法。课题组召集相关的不同人群分次进行座谈,充分把握管理、实践中对职业教育信息化的认识状况,认真分析不同地区的现实需求和理想愿景,正确认识相关工作中存在的困难,充分整合不同诉求和建议,努力通过咨询服务提高决策的民主化程度。

④ 文献研究法。针对西方发达国家教育信息化建设的经验、规律和趋势,以及信息化相关技术和理论的最新发展,就相关文献资料开展专门的研究,梳理出可供我国职业教育信息化建设借鉴的参照系。

3. 课题研究的价值与创新之处

(1) 研究价值

课题研究的价值具体包括理论价值和实践价值两个方面。理论价值主要是指,你选择的课题对某一理论的具体运用,利用已有的理论和方法解决了本专业领域里某个问题,进行了理论分析,或通过实证调查,得出了有意义的结论;或者是将其他学科领域的理论或方法引入本学科,解决了本学科领域中有意义的某个问题。职业教育科研更多地偏向应用研究和发展研究,在理论方面的学术

---

[1] 资料来源:http://www.360doc.com/content/11/0728/23/791185_136435675.shtml

研究价值可能比较匮乏,但也不可否认,通过研究,可能达到了对某一相关理论的细化和补充,对某一理论进行了具体阐述与充实,或许还会产生赋予全新内涵的实用理论。如《中职实习指导教师专业发展调查研究——上海市大众工业学校的案例》一文,将其研究的理论价值概括为:"教师的专业发展已成为现阶段讨论的热门话题,在已有的研究中,往往忽视了中职实习指导教师的调查研究。本文在已有的研究基础上从实习指导教师本身、学校、培训机构、教育主管部门、社会对实习指导教师的关注度着手,探索中职实习指导教师专业发展的道路。"[1]

实践价值就是指,课题研究能够提高分析和解决问题的能力,对现实中某个问题的解决具有重大的指导作用等。它主要指向操作层面,即通过课题研究对学校、教师、学生的可持续发展有什么促进,在具体的教育教学实践中有哪些好处。它的阐述是通过假设关系,勾勒出通过研究可能会或一定会产生的实践效果。如中国教育学会"十一五"重点课题"用文化的方式发展生命教育行动研究"子课题"在职业类院校数学教学中进行生命化教育的探索与研究",将其课题研究的实践价值陈述为:"职业技术院校以培养应用型人才为主要目标,高等数学作为一门基础学科,教学中遵循立足基础、强化能力、突出应用的原则。在数学教学中让学生了解数学更多的应用,感受数学与现代生活的关系,体会数学是现代公民必须具备的文化素养这一理念;让学生了解数学的价值激发自身潜能,使学生从怕学到想学、能学、会学;让学生愿意亲近数学、了解数学、应用数学。学生数学学习方式的转变,对学生数学素养的培养、生命价值的提升都具有积极的意义。"[2]

(2) 创新之处

课题的创新性是对研究进行的价值判断,这与课题的研究意义是密切相关的。创新点可以是研究结果的创新,包括理论上的创新、指导实践方面的创新、应用方面的创新等;也可以是研究方法的创新;还可以是研究思路的创新。指出创新之处的目的是为了标明你的研究不是简单地重复别人的研究工作和成果,而是进行新的创造,这也是你的课题研究最突出的价值或意义所在。创新绝不能空口无凭,必须检索每一个所谓创新点是否真的是创新。建议可以从选题、思想、角度、思路、方法等方面构思课题研究的创新之处。所以从这个角度出发,我们认为课题研究的价值、创新性以及研究意义,其实根本就是一回事。开题报告

---

[1] 潘莹:《中职实习指导教师专业发展调查研究——上海市大众工业学校的案例》,上海师范大学硕士论文,2011年。
[2] 王宏:《在职业类院校数学教学中进行生命化教育的探索与研究开题报告》,《中国科教创新导刊》,2011年第5期。

的撰写过程中,可以对其进行整合。如"中等职业学校课程内容与课程结构的改革创新研究"课题的开题报告将研究的创新之处描述为:"在课题研究的理论层面,形成中等职业学校课程内容与课程结构改革的设计和重构两方面的一些理论创新;在课题研究的实践层面,着力构建中职课程内容与课程结构改革的创新工作机制,包括领导、运行、把控、激励和保障五大机制,开发出中等职业学校一些专业课程内容的框架体系,并在以江苏省太仓中等专业学校为代表之一的江苏中职校的研究与实践探索上,形成中等职业学校课程内容与课程结构开发技术方案。"

4. 课题预期的成果与表现形式

提出问题是为了研究问题和解决问题,解决问题要用成果来回答支撑。课题研究的成果形式包括研究报告、教育论文、专著、软件、课件等多种形式。在开题报告中设计出成果形式,可以使研究者明确将来用什么表现研究成果,以便从开始就可以着手努力积累材料、构思框架、进行分工,以利于研究成果的顺利问世,同时也有利于课题管理者据此对课题进行检查验收。

在设定预期研究成果时,首先要明确本课题打算出什么样的成果,是论文还是专著,是软件开发还是做软件的使用推广。课题不同,研究成果的内容、形式也不一样。学理性的研究一定要有理论成果、理论建树、理论创新,当然也要注意成果的实践性。应用性研究重在寻找问题的原因,提出解决的办法与策略,其成果能够推动实际工作,产生实际管用的效果。开发性研究,既要重视开发的理论创新又要重视成果的实际应用价值,理论与实践成果兼而有之。其次要明确成果的数量,出多少成果。在两个前提下,紧扣研究目标和内容来设定成果的名称与表现形式,努力做到研究内容与研究成果相对应,成果与成果的表现形式相对应。成果的设定要量力而行,不能贪大求全,更不能不切实际,大夸海口。

5. 课题的研究团队、人员分工和时间安排

(1) 研究团队

研究团队的组建是顺利完成课题研究任务的基础,一个结构合理的研究团队对做好课题研究工作至关重要。课题研究团队基本由课题组组长、副组长、成员三部分组成。组建研究团队时要做到"六要":一要注意年龄结构,形成研究梯队。二要注意学科结构,形成多学科的支撑与融合。三要注意理论工作者与实际工作者的结合,推动理论与实践双重探索。四要注意行政领导与一线教师的结合。有了行政领导的参与,能在一定程度上保证课题研究过程中,可以得到更多的支持;一线教师的参与能为课题研究带来丰富的实践经验支撑,可以让课题实现"落地生根"。五要注意专家的参与和指导。专家是课题研究的智囊团,专家的参与和指导对提高课题研究的质量和水平至关重要。因此课题研究过程

中,要主动吸收学科领域内的专家参与到课题组中来,或者积极争取外部专家的指导。六要注意吸收行业企业人员参与。职业教育的教育教学过程离不开行业企业的支持与配合,行业企业人员的参与可以突出职业教育的职业特色。

（2）人员分工

研究团队组建好后,还要进一步明确团队内部人员的分工。课题组的分工必须明确合理,让每个研究成员都了解自己的工作和责任。当然在分工的基础上,也要注意全体人员的合作,大家共同研究,共同商讨,克服研究过程中的各种困难和问题。每个成员都必须根据自己的学识和能力承担课题研究的某一方面任务,不应有只挂名不干事的人。申报书中要把课题组负责人、成员的名单、分工写出。必要时,还应把各人的专业、能力特长,曾有的研究经历和成果列出,以便课题管理者对课题组的研究力量有所了解。

资料链接 3-13

中国建设教育协会 2005 年立项课题"建设行业企业参与建设类高等职业教育的现状与对策研究"研究团队及具体分工情况[①]

表 3-4　课题"建设行业企业参与建设类高等职业教育的现状与对策研究"的研究团队

姓　名	年龄	专业职称	工作单位	研究专长
×××	50	高级讲师	江苏省××建设高等职业技术学校	职业教育产学合作研究
×××	40	高级讲师	江苏省××建设高等职业技术学校(校长)	职教管理
×××	42	高级讲师	江苏省××建设高等职业技术学校(副校长)	职教管理与教学
×××	41	高级工程师	江苏省××建设高等职业技术学校	职教课程与教学
×××	37	讲师	江苏省××建设高等职业技术学校	职教课程与教学
×××	45	研究员　高级工程师	××市政建设工程公司(总经理)	建筑技术开发,建设行业人力资源开发与管理

[①] 资料来源:中国建设教育协会 2005 年立项课题"建设行业企业参与建设类高等职业教育的现状与对策研究"申报表。

表 3-5 "建设行业企业参与建设类高等职业教育的现状与对策研究"课题组成员具体分工

姓　名	参加者分工情况(按照研究内容进行分工、组合)
×××、×××、×××	对该课题开展进行统筹规划、协调、组织,提供各项支持条件
×××、×××、×××	承担"当前建筑行业企业参与建筑类高职教育的现状研究"这一子课题研究
×××、×××、×××	承担"建筑行业企业参与建筑类高职教育的动因及其优化研究"这一子课题研究
×××、×××	承担"国外建筑行业企业参与建筑类高职教育的比较研究"这一子课题研究
×××、×××、×××	承担"我国建筑行业企业参与建筑类高职教育的政策建议研究"这一子课题研究
×××	负责课题研究总报告的撰写,结题

(3) 时间安排

课题研究的进度安排,也就是课题研究时间和顺序上的安排。要充分考虑研究内容的相互关系和难易程度,不能简单地按照时间先后来展开,而应该按照问题来展开。最好将研究内容里的问题按照由易到难的顺序加以排列,然后再分配相应的时间。一般情况下,都是从基础性问题开始,分阶段进行,每一阶段从什么时间开始,至什么时间结束都要有规定。每一阶段的工作任务和要求,不仅要胸中有数,还要落实到书面计划中。科研课题的研究通常划分为三个阶段:前期准备阶段、中期实施阶段、后期总结阶段。每一阶段都要有详尽的研究内容安排、具体的目标落实,从而保证研究过程环环紧扣,研究工作有条不紊、循序渐进,课题研究的管理机构也可据此对课题研究进行检查、督促。

总之,课题开题报告是研究人员科研知识和能力的"缩影"。只有重视并认真、科学地做好课题研究方案的设计,撰写好开题报告,才能为获取教育科研优秀成果打开成功之门。

第四章

职业教育研究方法的运用

说到研究,人们往往马上联想到形形色色的研究方法。的确,学会做研究工作,须要掌握相应的研究方法。这一点,对我们从事职业教育研究也不例外。方法是什么?方法的实质就是告诉你怎么做,怎么做好。方法是在研究中使用的便于研究顺利进行的手段和工具。譬如砍柴要用柴刀,过河要撑船一样。研究方法对头了,就可以沿着正确的方向,达到研究的目标,获得新的发现。反之,如果方法不当就会使研究工作劳而无功,达不到预期的目的。可见,找到合适的方法对课题研究很关键。那么,怎么样才能选对课题研究方法呢?"研究有法、研无定法、贵在得法",从根本上说,研究方法是为研究目的和研究内容服务的,不同的研究目标和研究内容会有不同的研究方法。总体来看,职业教育研究常用的研究方法有四种:文献研究、行动研究、调查研究、案例研究。下面就逐一介绍。

第一节 文献研究

牛顿说过:"如果我看得比别人更远些,那是因为我站在巨人的肩膀上。"科学研究如同一场接力赛,你只有知道自己在哪个跑道,第几棒,才能接好棒。因此,凡是做教育研究,在选择研究课题之前或之后,都必然想着去了解前人在这个方面所做的研究工作,我们做职业教育研究也不例外。前人的研究正是你所要做的研究的基础和起点,同时还具有重要的借鉴意义。那么,如何了解前人在这个方面或领域的研究情况?如何了解这个领域当前的研究现状?如何预测这个领域未来的研究趋势?这些问题的答案都来源于对该领域已有研究成果或文献的掌握和分析,也就是要做文献研究。

一、什么是文献研究

（一）文献的释义

从字面上看，文献研究其实是对文献的研究，首先我们得搞清楚什么是文献。有人说文献不就是书籍吗？其实不然，文献这个词的含义一直随着时代的变化而变化。"文献"一词最早见于《论语·八佾》。朱熹注："文，典籍也，献，贤也。"古人以"文"为典籍记录，献就是贤者及其学识，后来发展为专指著述。但今天又不仅仅是著述了，《辞海》的解释是：记录有知识的一切载体的统称，即用文字、图像、符号、声频等手段将人类知识记录在各种载体（如纸张、胶片、磁带等）上。后来在我国的《文献著录总则》中，文献一词的含义扩大了，文献包含记录有知识的一切载体，即把人类知识用文字、图形、符号、声频和视频等手段记录下来的所有资料，既包括如图书、报刊、学位论文、档案、科研报告等书面印刷品，也包括像文物、影片、录音录像带、幻灯片等实物形态的各种材料[①]。现代电子材料如政府发布的微博、个人博客上发表的日志等材料也属于文献。

（二）文献的类型

文献的内容和形式多种多样，学界根据文献内容加工程度的不同，一般将文献分为零次文献、一次文献、二次文献和三次文献。

零次文献即曾经经历特别事件或行为的人撰写的目击描述或使用其他方式的实况记录，是未经发表和有意识处理的最原始的资料。这类教育研究文献，包括未发表付印的手稿、书信和各种原始记录。历史形成的零次文献大都收藏在博物馆、档案馆、纪念馆、名人故居；而现实的零次文献，则分散在相关的教师、教育管理人员、教育科研人员手中。这类资料，多数不是为教育研究，而是为其他目的所撰写。例如日记，教师日志、信件、自传等。许多非个人的文献则是由学校、政府部门、事业单位、教育学术组织、教育咨询机构等连续地写下的，目的是连续地记录下各种事件，以确保这类重要事件记忆的可靠性。这类资料包括会议记录、备忘录、简报、协议草案等材料案卷和实况录像、谈话录音、历史镜头等音频、视频资料。

一次文献也称原始文献，一般指直接记录事件、活动、行为经过或研究成果、新知识、新技术的专著、论文、调查报告等文献。一次文献的作者不一定是事件、活动、行为的亲身经历者，他们可能通过对亲历者的调查访谈或阅读零次文献，或参考他人的资料，获取信息，然后加以研究，经过分析综合，把自己的研究所得融入其中，撰写出直接记录事件、活动、行为的文献。常见的一次文献有专著、研

---

① 袁振国：《教育研究方法》，北京：高等教育出版社，2000 年版，第 149 页。

究报告、学术论文、学位论文、会议文献、档案材料等。

二次文献又称检索性文献,是对一次文献进行加工整理或摘录内容要点,并按一定原则、方法或体例编排的系统的便于查找、检索的文献,一般包括题录、书目、索引、文摘等。

三次文献又称参考性文献,是在二次文献基础上,对某一范围的一次文献进行深入分析报告之后形成的综合性文献。三次文献反映了文献加工者对一次文献的主观见解,是对众多一次文献的综合研究成果。如动态综述、专题述评、进展报告、数据手册、专题研究报告等。而有关教育科学方面的字典、词典、教育大百科全书、手册等工具书,因为能直接为教育研究中所遇到的问题提供答案,因而也称为三次文献。

(三) 文献研究的含义

文献研究是对文献进行查阅、分析、整理以了解和认识研究对象的一种研究方法。教育文献研究就是研究者系统全面地搜集、查阅与研究问题相关的教育文献资料,以这些文献资料为研究客体,通过分析、整理、推论等手段,认识教育现象的一种研究方法。一般可以按照四个相互衔接的环节进行:确定研究问题—文献搜集与整理—批判性阅读—撰写"文献述评"。

(四) 文献研究的价值

我们为什么要搜集、整理和分析文献?目的是什么?它能起到什么作用?美国学者威廉·维尔斯曼在论述文献检索的价值时指出:"……除了为研究提供内容参考外,它还将有下列一个或所有方面的意义:1) 更具体地限制和确定研究课题及假设;2) 告诉研究者在本领域内已做了哪些工作;3) 提出一些可能对当前研究有用的研究思想和研究方法;4) 对研究方案提出一些适当的修改意见,以避免预想不到的困难;5) 把握在研究中可能出现的差错;6) 为理解研究结果提供背景材料。"[1]

我们以为,文献研究的作用在于:

一是提供已有研究信息,帮助研究者明确自身位置和研究方向。荀子在《劝学》篇中曾言:"吾尝终日而思矣,不如须臾之所学也;吾尝跂而望矣,不如登高之博见也。"科学研究犹如接力赛,是以前人的研究成果为基础的。荀子这番话启示我们,在研究上要想有所作为,就必须"登高博见",吸取前人的经验并着力探索前人未解决的问题。文献资料记载了已有研究信息,例如该课题前人主要做了哪些工作,取得了什么研究成果,采用怎样的研究思路和研究方法,重点难点是什么,有哪些突破,研究还存在哪些问题,等等。研究者通过查阅文献,了

---

[1] 威廉·维尔斯曼:《教育研究方法导论》,袁振国译,北京:教育科学出版社,1997年版,第66页。

解这些信息之后,就可有的放矢,找到突破点,从而更具体地确定研究方向。

二是避免重复劳动,提高科研效益。众所周知,科学研究讲究的是首创性。我们在教育教学工作中会遇到许多困惑和问题,这些都是很好的研究课题。但是别人也可能会碰到和你一样的问题,如果前人已经把这个问题解决了,那你再去研究不就是重复劳动吗,那还有什么意义呢?不仅不会带来有实际意义的成果,还会造成大量的人力物力浪费。例如,1982年上海保温瓶厂研究"以镁代银镀膜"这一课题,并在研究结题后申请专利,方知早在1929年英国就已攻克此课题并获得专利权,而上海保温瓶厂由于这方面的疏忽,带来了大量的人力物力的浪费。诺贝尔奖获得者杨振宁曾说:"我国科研项目的40%是和国外重复的。"[1]国外学者研究也表明:"由于重复劳动,往往耗费掉科学家和工程师的时间约为85%。"[2]可见做好文献研究多么重要,在充分占有前人研究成果基础上,就可以避免不必要的重复劳动。

三是有利于启发思维,拓展思路。正所谓温故而知新,通过查阅文献资料,就能从过去和现在的研究成果中受到启发。譬如人家是怎样设计研究的,采用了什么研究方法,它的论据是什么?这些都是可以借鉴的,从中不仅可以获得课题研究的线索,而且可以为更科学地论证自己的观点提供有说服力的、丰富的事实和数据资料,使研究结果更可靠。其实收集、鉴别、分析、研究文献资料的过程,就是和前人对话的过程,这种对话有利于触发研究者的灵感和思路。

二、文献收集与整理

(一) 文献收集

要想在浩如烟海的图书、报刊、杂志、论文集中找到自己需要的文献资料很难,这就要求我们利用有效的检索方法,通过适当的检索方式从教育文献"库"中获取想要的文献资料。

1. 检索方法

就文献检索的实际操作来说,主要有常规检索法和跟踪检索法。常规检索法是指利用目录、索引、文摘等检索工具查找所需文献的方法,它可以按着时间顺序由远及近地进行检索,也可以逆着时间顺序由近及远地进行检索。顺查法适用于主题复杂、范围较大、时间较长的课题研究,逆查法适用于检索最新的课题。

跟踪检索法是以著作和论文最后的参考文献或参考书目为线索,跟踪查找有关主题文献的方法。这种方法不需要检索工具,针对性强,通过顺藤摸瓜,能

---

[1] 梁国钊:《失败的科学》,南宁:广西教育出版社,1990年版,第31页。
[2] 同上。

以滚雪球的方式扩大检索范围,获取文献方便迅速。

2. 检索工具

检索工具是有关部门对已出版或发表的研究成果主要信息所做的再加工,一般以学科或专题的形式,对某个时间段内的文献资料进行全面的整理和汇编。文献检索常用的检索工具有书目、索引、文摘等。

(1) 书目

书目是统计和反映一定时期内全国出版的图书总目、期刊目录、报纸目录及其他文献目录等。其著录项目通常有标题、作者、卷册、价格及文献所属学科,部分还有内容提要,为读者提供文献概况和查找线索。

研究者若要检索古代教育文献,可以查阅《四库全书总目提要》或《中国学术名著提要·教育卷》,后者收录了从商代到现代(截至1994年)的教育学术名著,介绍的内容包括书名、正文、版本、作者、写作经过及成书年代、内容大意、学术影响、研究情况等,能为研究者提供不同角度、不同类型的文献线索。另外《中国学术著作总目提要·文化教育卷》也是比较重要的教育类书目,它上承《四库全书总目提要》,将辛亥革命以来80年间的中国学术著作分类编制目录,撰写提要,按年代、分系列出版,收录了国内公开出版的具有学术理论研究性质的著作。

若要检索现代或当代教育文献,可以查阅《中国国家书目》《中国出版年鉴》《全国总书目》《全国新书目》《新华书目报·社科新书目》等工具书目。还可以查阅某个特定时期的教育书目,如《中国教育书目 1949—1990》(田东平主编,北京师范大学出版社,1996年版),该书收录了新中国成立后40年来中国各大出版社出版的主要图书2 959种,是一部具有学术性和实用性的工具书[①]。

(2) 索引

索引是将图书或报刊中的名称、内容或项目摘录下来,编成简要的条目,按一定顺序排列并注明出处。按检索内容和途径,索引分为篇目索引(题录、论文索引)、字词句索引(书中摘出的字、词、句)、专名索引(按人名、地名、书名等编排)、主题索引(内容按主题集中编列);按索引内容性质,又分为综合性索引和专业性索引。可供教育研究者使用的综合性检索刊物主要有《全国报刊索引》和《报刊资料索引》。教育专业类文献检索的工具性刊物主要有中国人民大学复印报刊资料《教育学》《职业技术教育》《成人教育学刊》等,每期都有论文索引目录供查阅或有偿索要。《中文报刊教育论文索引》由中央教育科学研究院情报研究室编制,每季一期,内部发行。

---

① 邵光华、张振新:《教育科学研究方法》,北京:高等教育出版社,2012年版,第76页。

（3）文摘

文摘主要对一定时期内有关文献的主要内容作出简要而准确的概括；以原文节录为多，述而不评、陈而不议，客观真实地反映学术观点。文摘有助于研究者概要性地了解文献内容，然后有目的、有针对性选择所需的一次文献，从而节省检索时间和提高检索效率。与教育有关的文摘主要有《新华文摘》《报刊文摘》《教育文摘周报》《高教文摘》和《高等学校文科学报文摘》等。

3. 检索方式

文献检索方式可分为手工检索和计算机检索两大类。

（1）手工检索

用手工方式来查找文献资料是最传统的检索方式。手工检索通常是根据文献的信息特征，利用一定的检索工具进行检索。文献的信息特征包括题名、作者、代码、分类和主题等方面，研究者可根据这些特征进行相应的检索。

① 题名检索

题名检索是根据文献名称来查找文献的方法，能快速查找到已知书名或篇名的文献。一般图书馆、资料室只对图书按书名编目，对论文、研究报告及专业杂志中的单篇文献往往不作这样的编目，因而不易查找。

② 作者检索

作者检索是根据文献作者的姓名进行检索，能快速、全面地查找到已知名字人物的成果。

③ 主题检索

主题检索是按文献的主题内容进行检索，适用于有特定检索要求的情况，其特点是可以根据主题词将分散在各学科中与主题有关的文献资料全部检索出来，且较为完整、全面，但主题词选用必须恰当、科学。

（2）计算机检索

随着互联网的发展，计算机检索已成为我们常用的检索方式，需要什么上网查已成为我们的一种习惯性思维。这是因为计算机检索速度快、信息量大、准确性高、成本低廉。现在一般大型的综合图书馆都建立起了计算机检索系统，并提供信息服务。研究者只须要输入书名、篇名、作者、关键词等，计算机即刻会列出有关的书目、篇名及其出处，其中关键词检索是最常见、最方便的检索方式。计算机检索主要有联机检索和网络检索等类型。

联机检索，是指用户利用终端设备，通过远程通信线路与信息检索系统进行直接的人机对话，从联机系统得到数据库中用户所需文献的过程。联机检索数据库多为专业数据库，学科覆盖面广，信息量大，所用数据均用规范化的检索语言进行严格的编辑、标引，信息资源具有专业性。借助联机检索，研究者可以寻求到科学、权威、全面的专业信息。目前，国际上著名的联机检索系统有美国洛克希德公司的 DIALOG 系统、美国系统发展公司的 ORBIT 系统、美国书目检索服务公司的 BRS 系统等。其中 DIALOG 系统常用的数据库有：教育数据库（ERIC）、科学引文索引数据库（SCI）、社会科学引文数据库（SSCI）等。

网络检索，目前已成为一种更新快速、检索迅捷的检索方式，我们常用的有三种途径。

一是搜索引擎。使用最多的有百度、谷歌、雅虎、网易、维基百科等。

二是万维网。万维网的含义是全球资讯网，是一个基于超级文本方式的信息检索工具。万维网将互联网上各种类型的信息（静止图像、文本、声音和影像）集合起来，能够为研究者提供信息容量大、内容更新快、检索方便的服务。为了便于大家检索文献，我们在这里提供一些常见的教育类网址，以及国内常见的教育网站。

中华人民共和国教育部 http://www.moe.gov.cn/

中国国家图书馆 http://www.nlc.gov.cn/

中国教育信息网 http://chinaedu.edu.cn/

微博教育网 http://www.weibo.com.cn/

中央教育科学研究院 http://www.nies.net.cn/

中国教育学会 http://demo.cse.edu.cn/

中国教育网 http://www.chinaedunet.com/

人民教育出版社 http://www.pep.com.cn/

中国职业教育与成人教育网 http://www.cvae.com.cn/

中国职业教育信息资源网 http://www.tvet.org.cn/

中国职业教育在线 http://www.tafe.org.cn/

中华职业教育社 http://www.zhzjs.cnqk.org.cn/

中国成人教育协会 http://caea.net.cn/

中国期刊网 http://www.cnqk.org/

龙源期刊网 http://www.qikan.com.cn/

中国教育和科研计算机网 http://www.edu.cn/

中国人民大学复印报刊资料数据库 http://www.zlzx.org/

香港教育署 http://www.edb.gov.hk/

台湾教育网 http://www.twlearning.net

中国教育在线 http://www.ol.cn/

世界大学城（职教新干线）http://www.worlduc.com/

中国职业教育信息资源网 http://www.tvet.org.cn/

江苏职教网 http://www.jsve.edu.cn/
江苏职业教育与终身教育研究网 http://www.jsvler.net/
江苏职教科研网 http://jszjky.jstu.edu.cn/

三是网络数据库。目前国内比较著名的网络数据库主要有中国知网（http://www.cnki.net/）、万方数据（http://www.wanfangdata.com.cn）、超星数字图书馆（http://book.chaoxing.com/）。其中中国知网是目前世界上最大的中文期刊全文数据库之一，已成为中国学者普遍采用的文献资源。其包含的数据库主要有：中国学术期刊网络出版总库、中国博士学位论文全文数据库、中国优秀硕士学位论文全文数据库、中国重要会议论文全文数据库、中国重要报纸全文数据库等。用户可以购买 CNKI 卡享受文献查阅服务，但现在中国很多职业学校已经购买了使用权限，在校内网上可以免费查询。

文献检索是一个熟能生巧的过程，查阅多了就对文献有了敏感性。当然要全面迅速准确地查获自己科研课题所需文献，有一个方法是否科学合理的问题，需要我们根据实际综合运用各种方法和检索工具。正确的检索资料方法应达到四点要求：1）准，高的查准率。2）全，高的查全率。搜集的资料不仅有正面的，也有反面的，既有纵向的也有横向的，既有中文的也有外文的，既全面又系统。3）深，占有情报的多样性及内容的专深。4）快，要迅速。一个准确度高、有价值的情报资料，如果检索速度慢了，耽误了时机，就会失去它的应有价值①。

（二）文献整理

面对检索来的大量文献，首先要做的工作是梳理，这包括文献真伪的鉴别和文献的归类整理。

1. 文献真伪的鉴别

当对教育文献进行梳理时，首要的工作是去伪存真、去粗取精。据国外学者调查研究表明，文献按质量可分为三种类别：一种是占百分之三十左右的必要情报，一种是占5%的错误情报，其余的则是冗余情报。这就需要我们有较高的鉴别力，找出进行科研所需要的必要情报，剔除错误情报以及不必要的冗余情报，包括相互重复和陈旧过时的文献资料②。

2. 文献的归类整理

对文献资料进行归类整理，就是将大量的无序文献资料按一定的标准予以分门别类、系统整理的过程，使文献系统化、类别化，便于对文献资料作进一步的分析、概括。归类整理划分的标准可根据实际需要来定，如可按时间、内容、主

---

① 裴娣娜：《教育研究方法导论》，合肥：安徽教育出版社，2006年版，第99页。
② 同上书，第101页。

题、性质分类,也可根据文献的共同点或相似性进行归类。

三、批判性阅读

孟子讲:"尽信《书》,则不如无《书》。"由于文献是在一定历史条件下产生的,必然带着时代和个人的局限性。因此,需要对文献做进一步的分析综合,做到在批判中继承,在扬弃中创新,将"死"书读"活",这就不仅需要与研究问题有关的知识准备,而且必须靠理论思维。在阅读中进行比较、分析、联想、构思,从而产生解决问题的新思路、新观点。关于这一点英国哲学家培根有一段精辟的论述:狭隘的经验主义好像蚂蚁,只会收集资料而不会加工使用;经院哲学家就像蜘蛛那样,只会从肚子里吐丝结网;真正的哲学家应当像蜜蜂,既能收集材料,又能消化加工。我们作为研究者,要学蜜蜂,通过批判性阅读对文献资料进行去伪存真、去粗取精、由表及里的加工。

首先去伪存真,剔除错误情报和相互重复、陈旧过时的文献资料。其次去粗取精,要善于选择核心期刊上的最新研究成果,确定主要文献、重要作者,要善于抓住核心文章以及抓核心词句所要表达的核心思想。再次由表及里。通过细读,基本掌握近年来所研究领域内讨论过哪些问题,有哪些分歧意见,有哪些代表人物和主要著作、主要倾向。要认真推敲观点和论据,考察其研究思路和研究方法。具体而言,应从以下几个方面予以考察:一是注意考察已有研究文献中忽略的问题;二是注意考察已有研究成果中相互矛盾的地方;三是注意考察已有研究在方法论方面的问题;四是关注研究问题的内涵实质与联系[①]。

认真细致地阅读,用借鉴的心态、批判的眼光搞清楚前人分歧矛盾所在,从而发现新问题。有的学者精辟地分析了这个过程中大致存在的三种情况:第一种,前人的结论可能是正确的,但论据不充分;结论可能是错误的,但研究过程或研究方法可能有启发。第二种,前人的争论焦点,可能是问题的关键所在,也可能只是在表面现象上争吵不休,并未触及问题的实质。第三种,前人的理论依据及史料依据,可能是准确无误并十分丰富,也可能是篡改文献,贫乏薄弱得不足为据。这些都需要我们通过批判性阅读,搞清来龙去脉,写出文献述评,找出须要研究的新问题、新方向。

四、撰写"文献述评"

(一)文献述评的特点

文献述评是根据研究需要,把收集到的反映某一时期内关于某一研究主题

---

① 宁虹:《教育研究导论》,北京:北京师范大学出版社,2012年版,第37页。

的研究现状、研究成果的文献资料进行系统的归纳、整理、分析而写出的文字材料。既有述,即叙述介绍与研究主题有关的详细资料、动态、进展、趋势,又有评,即对这些方面的概括评论,加入自己的评论和看法。因此,从文献述评的内容来看,它应该具有如下特点[①]:

1. 内容的综合

这是文献述评最基本的特点,包含两方面的含义:一方面,文献述评首先表现出对大量文献的综合描述。各种类型的综述,其基础都是综合叙述。另一方面,它综述广泛时空范围内的情况,既有纵向描述,又有横向描述。

2. 语言的概括

文献述评是将文献中有用的理论、观点和方法用最精练的语言加以概括的描述,提炼出数据,同时舍弃原始文献中的论证、计算、推导过程等细节。文献述评不同于文摘,不是将原文的中心内容摘出来;也不同于节录,不必完全按照原文节选下来。

3. 信息的浓缩

文献述评集中反映一定时期内的一批文献,浓缩大量信息。一篇述评可以反映几十至上百篇的原始文献,信息密度大。

4. 评述的客观

一方面叙述和列举各种理论、观点、方法、技术及数据要客观,必须如实地反映原文献的内容,不能随意歪曲,或是断章取义,不顾上下文,同时还要避免因理解不同而出现的误解;另一方面,在分析、比较、评论各种理论、观点、方法时要有一种客观的态度,应基于客观进行分析、评价,不能出于个人的喜好、倾向进行评论,更不能出于个人的感情有意偏袒或攻击。另外,在做出预测时,要以事实、数据为依据,以科学的推导方法为手段,力求客观,而不是凭空想象,出于主观愿望盲目提出。

相应地,常出现的问题有:

(1) 没有分类,分类不清晰,或者做"国内、国外"等形式化分类。

(2) 大段引用某一文献,或是相关内容的文献列举。

(3) 选择性地探讨文献。有些研究者不是系统化地回顾现有文献,找适合研究的问题或可预测的假设,却宣称某种研究缺乏文献,从而自认为他们的研究是探索性研究。

(二) 文献述评的格式

文献述评的格式相对多样,但总的来说,都包含以下四部分:前言、主体、总

[①] 辛治洋、张志华:《教育科学研究:方法与案例》,合肥:中国科学技术大学出版社,2012年版,第77页。

结、参考文献①。

1. 前言

前言的主要目的是让研究者和读者对全文要叙述的问题有一个初步的轮廓,其撰写的主要关键点是研究的目的、综述的范围、扼要说明有关主题的研究现状或争论焦点等有关信息,当然并不须要一一列举出所有关键点,而要根据研究的需要有所强调。

2. 主体

主体部分是文献述评的核心,其撰写形式多样,没有固定的格式。一般认为可按以下几种形式去撰写:按年代顺序综述、按发展阶段综述、按不同主题(问题)综述以及按不同的观点进行比较综述。不管采用什么样的撰写格式,这一部分关键是要阐明有关研究的历史发展、现状述评等方面的内容,以及对这些研究的简单述评。

历史发展:按时间顺序,简述该主题的来龙去脉、发展概况及各阶段的研究水平。写历史背景采用纵式写法,围绕某一主题,按时间先后顺序或专题本身发展层次,对其历史演变、目前状况、趋向预测作纵向描述。

现状述评:重点是论述当前国内外的研究现状,着重评述哪些问题已经解决,哪些问题还没有解决,提出可能的解决途径;目前大家聚焦的问题和争论的焦点,比较各种观点的异同并作出理论解释,亮明自己的观点;详细介绍那些有创新性的研究和有发展前途的理论,指出可能的发展趋势。写目前状况宜采用横式写法,对某一主题在国际、国内的各个方面,如各派观点、各家之言、各种方法、各自成就加以描述和比较。通过横向比较,可以分辨出各种观点、见解、方法、成果的优劣利弊。

这一部分的内容是文献述评的主干,如何把握这一部分内容尤其重要。一般研究者在写这部分内容时,容易出现观点堆积的现象,介绍完一个作者的观点,然后是另一个作者的观点,接下来又是一个作者,容易写成"排列式"。如何避免这类问题的发生,那就要学会使用简单的串联词。譬如串联观点相似的词语往往有"也是、另外、再者、同样地……";串联不同观点的词语一般有"然而,相反地,从另一方面来说,既然如此……"。

3. 总结

总结部分在前面通过纵横比较的基础上,总结前人为该领域打下的研究基础,以及可以借鉴的东西。同时说清前人研究有哪些不足,还存在哪些问题,由此提出可能的发展趋势,指明研究方向,提示研究的捷径。如果是开题报告前的

---

① 陈玉云:《教育教学文献综述的撰写》,《教学与管理》,2009年第6期。

文献述评,还要把想做什么说清楚。

4. 参考文献

参考文献是文献述评不可缺少的一部分,因为它的撰写不仅表示对引用文献作者的尊重以及提供引用文献的依据,而且为读者深入探讨有关问题提供了查找线索。有的科研论文可以将参考文献省略,但文献述评绝对不能省略,而且应是文中引用过的、能反映主题面貌的并且是作者直接阅读过的文献资料。

(三) 撰写文献述评的基本要求

我国学者王俊芳经过研究,提出了撰写文献述评的基本要求[1]:

1. 文献述评不应是对已有文献的重复、罗列和一般性介绍,而应是对以往研究的优点、不足和贡献的批判性分析与评论。因此,文献述评应包括综合提炼和分析评论双重含义。

以案例4-1为例,该课题述评列举了国内外有代表性的专家、学者关于自学方法方面的论述和做法,并对部分内容的优点进行了概述。但是,该文献述评对每位专家、学者所持理论和做法的优点与不足所进行的批判性分析与评论不够,特别是缺少对国内外研究现状的综合提炼与分析。

案例 4-1

农村职业学校学生自学方法研究

一、国外的研究现状

国外的自学方法很多。美国心理学家斯金纳提出程序学习法……程序学习使学习变得相对容易,有利于学生自学。美国心理学家桑代克所创设的试误学习法……它主要解决学习中的问题。还有超级学习法,查、问、读、记复习法,暗示法等。

二、国内的研究状况

我国古代就非常重视自学方法的研究,有"温故而知新"、"学而时习之"……我国现代教育家叶圣陶先生主张培养学生的自学能力……中国科学院心理研究所卢仲衡同志首先提出"自学辅导教学法"……这种方法的主要优点在于……魏书生的语文教学主张通过提高学生学习的自觉性来提高学习效率……

以上国内外的研究为我们的课题研究提供了宝贵的经验。

2. 文献述评要文字简洁,尽量避免大量引用原文,要用自己的语言把作者的观点说清楚,从原始文献中得出一般性结论。

---

[1] 王俊芳:《撰写文献综述的基本要求》,《教育科学研究》,2004年第6期。

文献述评的目的是通过深入分析过去和现在的研究成果，指出目前的研究状态、应该进一步解决的问题和未来的发展方向，并依据有关科学理论，结合具体的研究条件和实际需要，对各种研究成果进行评论，提出自己的观点、意见和建议。应当指出的是，文献述评不是对以往研究成果的简单介绍与罗列，而是经过作者精心阅读后，系统总结某一研究领域在某一阶段的进展情况，并结合本国本地区的具体情况和实际需要提出自己见解的一种科研工作。

下面以案例4-2为例，作一说明。

案例4-2

"成为'双师型'教师：一项基于苏南某职业学校的实地研究"的文献述评

据考证，在我国最早提出"双师型"概念的人是王义澄。其在1990年发表《建设"双师型"专科教师队伍》一文，文中分析了上海冶金专科学校培养"双师型"教师队伍的具体做法，开启了我国职业教育"双师型"师资队伍建设研究的先河，对后来进一步认识"双师型"教师内涵以及制定相应标准产生了重要影响。关于"双师型"教师的内涵界定，代表性的有"双证"说（教师资格证和职业技能证）、"双能（双素质）"说（兼有教师与技师的职业素质与能力）、"叠加"说（"双证"+"双能"）、"双职称"说（兼有教师系列与工程师系列的职称）、"双层次"说（第一层次为经师+技师，第二层次为人师+事师）、"特定情况"说（离不开当前我国职业院校重理论、轻实践的背景）等。关于"双师型"教师标准大致存在行政标准、院校标准和研究者标准三类。行政标准是上至教育部下至各地教育主管部门在职业学校合格评估、（示范）水平评估中提出的"双师素质"教师标准（至少具有实际工作经历、"双职称"、应用性科研能力三项条件中的一项）。院校标准主要指天津工程师范学院等职教师资培养基地提出的诸如"双师型"和"一体化"教师的标准（"双师型"教师是既能讲授专业理论课，又有一定实践经验的教师；"一体化"教师是双师型教师的一部分，既能从事专业理论教学，又能在实践经验的基础之上指导技能训练的教师）。还有研究者提出的"双师型"教师标准，如"一全"（全面职业素质）、"二师"（经师+人师）、"三能"（教育教学能力+专业技能+科研及课程开发能力）、"四证"（毕业证+技术或技能等级证+继续教育证+教师资格证）。当然，诸多国外职教师资的研究论文也为我国双师型教师的研究提供了借鉴或启示。

这些研究和探索促进了职教教师理论的发展，拓宽了人们对职业教育教师的专业发展及素质素养的认识。但在围绕这一概念的研究与探索至目前已建构的复杂多义语境中，我们也不难发现存在着"三重三轻"现象：一是重结果，轻过程（关注教师是否是"双师型"教师，如有没有双证或双职称，而不是重视其如何成为"双师型"教师或怎样成为"双师型"教师）；二是重职前培养，轻职后培训

（对职教教师有毕其功于职教师范培养一役的想法，而对其任职期间通过各类培训、自我提升等方式使其再社会化重视不够）；三是重外部要求，轻内部发展（多的是行政提要求，学校提目标，研究人员提"建议"，而职业学校教师似乎"无话可说"）。当前的研究趋势是力图改变"三轻"，使研究向纵深发展。

案例4-2中，研究者对"双师型"概念的介绍并不是简单罗列原文，而是用自己的语言提炼了几种"双师型"的典型观点，以及三种双师标准即行政标准、院校标准和研究者标准，这有助于读者对该领域的情况有一个全面、系统的认识和了解。同时对相关文献作了批判性的分析与评论，肯定已有研究的意义和作用，也提出现有研究的不足：三重三轻现象，可以说做了一个比较好的分析评论。语言也比较简洁、精练，应该说是一篇比较好的文献述评。

3. 文献述评不是资料库，要紧紧围绕课题研究的"问题"，确保所述的已有研究成果与本课题研究直接相关，其内容是围绕课题紧密组织在一起，既能系统全面地反映研究对象的历史、现状和趋势，又能反映研究内容的各个方面。

案例4-3

江苏省教育科学"十二五"规划重大课题"江苏职业教育教学资源库建设的研究"文献述评

一、国内研究现状

2003年以来，我国共评选出约一万一千门全国共享的高职国家精品课程，形成了一批独立的课程资源。目前，江苏省已建设了以普通高等教育为服务对象的"江苏省高校多媒体教学资源网"和以基础教育为主要服务对象的"江苏教育资源中心网"。在职业教育方面，虽然在高职院校形成了良好的国家、省、校三级精品课程体系，许多职业院校也自主开发了网络教学资源，但目前尚未进行有效整合，未能有效发挥共享、服务的功能。

2007年，由无锡职业技术学院主持的高职数控技术专业教学资源库研究与建设，是我国首个启动的高职教育专业教学资源库项目，2010年获教育部和财政部批准正式立项（项目编号：2010—01，项目经费800万元整）。在数控技术专业先期研究与建设基础上，截至2011年6月，教育部和财政部陆续批准了30个高职教育专业教学资源库的立项。2011年1月起高职数控技术专业教学资源库建成并投入实际运行与推广阶段。高职数控技术专业教学资源库建设项目为我国研制并推广共享型职业教育教学资源库积累了成功经验、形成了鲜活案例、建立了研制标准、打造了建设团队。

二、国外研究现状

目前美国、加拿大、澳大利亚、德国等世界职教强国还没有开展类似于我国资源库建设的项目,但美国优秀课程及其教学资源公开并共享,其他国家利用网络学习的研究已开展多年。

2002年,美国麻省理工学院开始在网上提供免费课程,现在这个免费课程网站已经成为全球科学爱好者最喜欢的站点。2007美国犹他州建立了"犹他课程开放联盟",有7所大学为该联盟提供课程及其教学资源,比如耶鲁大学已经按计划在网上开放了30门课程,包括一整套的教学视频。美国的实践发现了一些难点问题,例如网上课程没有提供和教师单独交流平台;学习网络课程得不到认可;面向欠发达国家时,有限的网络带宽使学习者只能接受文字类资源,获取流媒体视频和音频等资源困难。

加拿大、澳大利亚、德国等目前还没有仿效美国实施优秀课程及其教学资源公开共享计划,但在学校内部,教师习惯利用网络平台构建课程空间。加拿大百年理工学院、澳大利亚阿德莱德大学、德国马格德堡大学等院校均鼓励学生利用网络公开的课程资源学习,学生通过教师构建的课程空间,接受学习任务、接受教师指导、利用网络提交学习成果等。这些国家的实践对于我国开展职业教育教学资源库建设的重点与难点预设及其解决方案研究有着重要的参考价值。

从案例4-3看,课题组成员查阅了大量网络资料,对江苏省和美国、德国等国教育教学资源库的建设历程作了介绍,整体还是围绕聚焦"教育教学资源库建设"这个问题展开论述的,但只是泛泛地做了介绍,就资源库建设的途径和方法的综述不多,更没有介绍这些国家开展职业教育资源库建设的重点、难点及其解决方案,因此,会给后面的研究带来麻烦,没有经验可以借鉴。

第二节 行动研究

一、什么是行动研究

(一)行动研究的起源

仅从定义来理解行动研究究竟是什么是很难的,对于行动研究的历史回顾将有助于我们更好地理解教师从事行动研究的特殊意义。最早把行动和研究这两个词结合起来表述为"行动研究",是20世纪三四十年代的事。约翰·柯立尔于1933年至1945年间任美国联邦政府印第安人事务局局长时,曾安排事务局内外人士共同合作研究改善白人和印第安人之间的关系。他认为专家研究的结果,与其靠行政人员及社会人士执行评价鉴别,不如让行政人员及社会人士根据自身的需要,自己作为行为研究的主体,或许更具效果,他将这种方法称为行动研究。这就是行动研究一词的起源。专业性的研究工作,大多数要花费许多时间来进行,而研究结果也不是指日可待。注重使用研究结果的人,对实际问题之解决,往往迫不及待;若是等待专家的专业性研究结果来解决问题,常常有远水解不了近渴的焦虑。为此,有人根据柯立尔所提出的"行动研究"概念雏形,加以应用发展,对于迫切问题的解决,不采用全面研究的方式,而是就已经占有的材料,提出有针对性的改革计划。同时,一方面将计划付诸实施,另一方面注意收集事实,以验证计划的效果,并随时加以修订,以适应实际的需要。1946年,美国社会心理学家库尔特·勒温将这种结合了实践者智慧和能力的研究称为"行动研究"。他在《行动研究与少数民族问题》一文中指出,"没有无行动的研究,也没有无研究的行动",强调行动和研究之间的密切关系。他的观念很快传入教育领域,他和同事们开始同教育家一起研究课程结构和教师事业发展。

在英国和澳大利亚,斯腾豪斯20世纪70年代中期提出的"教师即研究者"的思想推动了行动研究的发展。到今天,在教育领域行动研究已经成为一项声势浩大的国际性运动。

(二) 行动研究的概念

关于什么是行动研究,大家的认识颇不一致,英国的艾里奥特认为:"行动研究旨在提供社会具体情景中的行动质量,是对该社会情景的研究。"《国际教育百科全书》中把行动研究定义为"由社会情景(教育情景)的参与者,为提高对所从事的社会或教育实践的理性认识,为加深对实践活动及其依赖的背景的理解,所进行的反思研究"[①]。尽管不同的人对行动研究有不同的认识,但归纳起来大致可以分为以下三种观点:

第一种观点认为,行动研究即行动者用科学的方法对自己的行动所进行的研究。持这类观点的人强调用测量、统计等科学的方法来验证假设。例如,在柯立尔看来,行动研究者就是实际工作者用科学的方法来解决实践中的问题。有不少人认为,行动研究是一种小规模的实验研究,它用统计的方法来验证假设,用科学的方法来解决教室里的实际问题。

第二种观点认为,行动研究即行动者为解决自己实践中的问题而进行的研究。持此类观点的人强调行动研究是由教师针对实际问题进行研究的一种方法,其代表人物有斯腾豪斯等人。这类研究的推动力量是行动研究者自己,它要解决的是他们自己在教育教学过程中遇到的实际问题,因此从选题、实施到行动研究报告的撰写都主要由教师本人完成。

第三种观点认为,行动研究者对自己的实践进行批判性思考,以"理论的批

---

① 张民选:《对"行动研究"的研究》,《华东师范大学学报(教育科学版)》,1992年第1期。

判"、"意识的启蒙"来引起和改进行动。持这类观点的代表人物有凯米斯等人。他们认为行动研究是追求自由、自主、解放的,从而把行动研究看作是教师和其他教育实际工作者进行的一种自我反思的研究,倡导教师对自己的实践进行批判性思考[1]。

上述三种不同的定义反映了人们对行动研究的不同认识。第一种定义强调行动研究的"科学性",第二种定义更关注行动研究对教育实践的"改进"功能,第三种定义突出了行动研究的"批判性"。尽管学术界对行动研究尚无统一的定义,但其基本内涵已被人们逐步认识,即行动研究是一种由实际工作者开展的,将实际工作情境和研究结合,以解决问题改进实践为目标,通过实践来使自己以及他人的想法和理论不断得以检验、实现和理论化,进而改进工作并获得专业提升的研究过程。

(三)行动研究的特点

从行动研究的定义和发展过程可以看出,行动研究可以说是对传统研究范式的"叛逆"和"扬弃",传统教育研究需要专业训练的研究者和研究技术,须要经历漫长的研究过程,提炼的是适用一定范围的教育理论。这使得研究成了少数人的"专利",把人数最多的行动者——教师排除在外,因为教师的首要任务是教书育人,没有经过专业研究训练。可是传统研究只得出一般理论,并不解决老师们在工作中遇到的一个个具体问题。就如同战场上战略家可以"运筹帷幄,决胜千里",但就算是最伟大的战略家也不知道处在前线的士兵们在战场上、在行军途中到底遇到了什么问题和困难。他们可能在前进的途中迷路了,或者是须要过一条湍急的河流,此刻,怎么前进,怎么过河?他们必须自己想办法,这就需要他们自己去研究。同样,作为教育中的人,在追问教育是什么、教育应该如何、教育可以怎样实现等问题的时候,原有的方式、结构和框架都不足以充分解释。于是行动研究出现了。

教育不是抽象的词,而是真实的、指向学生发展的有意向的行动。教师作为教育的主要行动者,会经常思考怎么进行教学,怎样促进学生发展的问题;也会不断寻求改进教育、促进学生发展的行动策略。在教育实践中开展行动研究,就是指教师自己或者在研究人员的指导下去研究自身教育情境中的实际情况,解决日常教育、教学中遇到的问题,从而不断地改进教育、教学工作的一种研究态度和方法。可见,教育行动研究是指在教育情境中教师进行的,旨在改善教育实践,以自省、质疑的研究态度和实践教育理论的行动改进教育教学、促进教师专业发展的研究[1]。教育行动研究不仅是研究的方法,也是研究过程的主要组成,

---

[1] 李臣之等:《行动研究若干问题探讨》,《教育科学论坛》,1995年第5期。
[2] 宁虹:《教育研究导论》,北京:北京师范大学出版社,2012年版,第245页。

更是对教育实践的深刻理解。这种理解可以具体表达为：1）其指向是实现教育目标或其他形式的教育理想；2）要求改变现实的实践活动使之符合理想；3）找到现实与理想相符或不相符的部分，并通过研究影响因素对不符合的地方加以解释；4）对传统的构成实践基础的约定俗成规范展开质疑，使一线工作者参与到影响教育变化的"假定—验证"的过程中来[②]。

基于上述对行动研究的理解，我们可以看到行动研究的几个特征。

第一，行动研究的起点是教师在教书育人中遇到的实际问题。一般研究多着眼于理论层面，而行动研究则着眼于实际的教育教学问题。从今天的职业教育教学实践来看，我们不是没有问题，而是问题成堆、问题成灾的，这些问题存在于教师的日常实践中，存在于课堂教学的方方面面。而这些问题，又几乎没有正确的答案，专业研究者提供的理论准则充其量只具有解释和说明的意义，远没有到解决的地步。况且，这样的问题又是海量的、常态的、具体的，是专业研究者的研究所不擅长的。郑金洲认为教育教学改革越深入，专业研究者的作用越有局限，因为他们的生活空间、文化背景、志趣追求等都与职业学校实践一线有较大差距，这样一来，教师就只能成为自己的"救世主"，只有投身于研究之中，才能将自己面临的问题认识清楚，切实找到解决问题的方法。

从职业教育行动研究的范围看，相比基础教育，职业教育的研究现场范围更广，除课堂教学外，实践教学、校内外实习实训、区域内产业经济发展等都是职业教育不可忽视的研究内容。而职业教育的区域性则决定了职业教育必须针对本地区经济社会发展现状，根据产业转型升级及岗位需求状况，调整专业设置及专业专门化方向，修订教学计划，改革教学内容、课程体系和教学方法，培养具有现代综合素质的专业技术人才，以便更好地服务地方经济和社会的发展[③]。

第二，行动研究的主体是一线教师，研究的主人翁是一线教师。研究可以充分显示出一线教师行动中的主体性和主动性，使教师在实际行动中不再单纯依赖他人，而是自觉地寻求各种研究力量的支持与合作，追求自己的教育实践所具有的意向性，实现教育意义。教师是研究主体作为行动研究的首要特征，凸显了行动研究所鼓励的"教师成为研究者"以及教师成为"反思性实践者"的特性。但这个特性也使行动研究从一开始就蕴藏了"校外研究者与教师之间"的"合作尴尬"的难题。

当职业学校教师打算以行动研究的方式解决问题时，往往需要"校外研究者"的合作和帮助。"校外研究者"的介入对职业学校教师的行动研究是必要

---

① Sandra Hollingsworth：《国际视野中的行动研究——不同的教育变革实例》，黄宇等译，北京：中国轻工业出版社，2002年版，第27页。
② 孙燕红：《行动研究在职业教育研究中的应用》，《职教通讯》，2012年第10期。

的,他们可以通过"合作"的方式为职业学校教师提供相关的专业支持,比如通过讨论、协商或者必要的专题讲座等方式为我们职业学校教师提供相关的教育理念和研究方法的信息。这种"合作"参与研究的观念导致后来"合作性行动研究"概念的产生。因此行动研究常常也被称为"合作性行动研究"或"合作研究",强调参与行动研究的教师由个人化的、孤岛式的研究走向群体合作性研究。行动研究虽然可以是教师个人化的反思性教学,但更理想的方式是一种群体的反思,或者说,是基于教师个体反思的合作性研究。

"校外研究者"的介入原本出于一番"善意",这使行动研究有了"合作"的精神。但是,校外研究者的介入,也带来了行动研究的困难。当中小学教师缺乏必要的研究经验而"参与"行动研究时,行动研究的困难往往在于没有大学研究人员(即校外研究者)的"合作"和"指导"。而一旦大学研究人员介入行动研究之后,行动研究的困难又恰恰来自校外研究者的"指导"及其与中小学教师的"合作"。有人称之为行动研究的"合作尴尬"。

这种"合作尴尬"主要显示为中小学教师在"合作的行动研究"中丧失自己的独立性,越来越丢失自己的专业自主。当教师越来越成为"校外研究者"(或称为"专家")的执行者或者"被试"(object)时,行动研究的"合作"便由原来的"共同发展"、"相互促进"等退化为"人事障碍"。不过,"合作尴尬"与其说是行动研究的"人事障碍",不如说是行动研究中常常需要警惕的一个困难,或者说,"合作尴尬"显示了行动研究的某种艰难性。行动研究的"艰辛"之处就在于:初始化的行动研究总是需要有"大学研究者"(专家)的介入和合作,但这种"合作"又只能以中小学教师"专业自主"为前提。

走出"合作尴尬"是一个艰辛的过程。对大学研究者而言,这种"艰辛"意味着既为中小学教师小心地提供专业引导和专业支持,又不能越出引导和支持的范围而"越俎代庖";对于职业学校教师而言,这种"艰辛"意味着既要从大学研究者那里汲取"专业智慧",又不得不守护自己的专业自主,随时能够为自己的观念和行为做专业辩护。也就是说,职业学校教师在行动研究中须要取"合作"的态度,而这种"合作"又不以牺牲自己的"专业自主"为前提。

第三,行动研究是在现场进行的实地研究。教师研究的舞台是学校,是课堂,是实训基地,是企业,是学生,是自己,自始至终都是在具体的实践场景中展开的。研究问题来自现场,研究过程在现场进行,研究结果在现场得到验证。可以说,教育教学的实际情境既是教师研究的依托,又是教师研究的最终指向。这一研究特点,决定了教师不能像专业研究者那样仅仅关注理论问题,从概念到概念,从原则到原则,从规定到规定,而要在实际的教学情境中确定研究的出发点,在实际问题的解决中确定研究的落脚点。

二、行动研究的操作

行动研究在职业教育中怎么应用,如何操作?案例 4-4 中的孙老师对此做了探索,她认为职业教育行动研究的实施步骤,可分为四个阶段、八个步骤。四个阶段为:1)准备阶段,包括发现和选择问题,分析问题;2)计划阶段,包括提出假设,制订计划;3)实施阶段,包括实施行动,观察行动;4)反思阶段,包括检查效果,校正行动[①]。

她结合案例——校企合作视域下中职英语教材改革的行动研究,直观地分析了行动研究法在职业教育研究中的实际应用策略,本书介绍如下。

(一) 准备阶段

1. 发现和选择问题

任何研究都是从选题开始的,职业教育行动研究的课题,应该以职业教育行动者在工作过程中遇到的真实问题为研究的起点。下面,就让我们看看案例 4-4 是怎么发现和选择真实问题的。

> **案例 4-4**
> **行动研究在职业教育研究中的应用**
>
> 在多年的英语教学中,学校的英语教师一直面临着教与学的简单复制和循环,其重要原因就是虽然现今有英语规划教材,但只是一种普遍导引性的教材,具体到各地区、各行业、各学校就缺乏灵活性、针对性和实用性,教材内容和学生的专业不相吻合,甚至背离,更与企业生产实际和工作过程严重脱节。而企业却普遍存在着对于懂英语的中高级技能人才的渴求。因此,如何在新一轮的课改中,在校企合作的视域中开发出行之有效的符合企业需求的实用教材,引导中等职业学校学生通过英语的学习,不断提高语言运用能力和职业素养,促进学生专业能力的提升便成为学校英语教师共同关注的课题。而采用行动研究的方法来探讨校企合作视域下中职英语教材的改革,无疑是一个较好的选题。
>
> 那么怎么发现和确定问题呢?这对许多职业学校的一线教师来说确是一个难点。根据 The St. Louis Action Research Evaluation Committee 的建议[②],教师在着手确定自己研究问题的时候,应该在下面的问题中寻求到自己的答案。这些问题如下:
>
> 1. 我希望改善什么?(I would like to improve...)
> 2. 我的困惑由什么引起?(I'm perplexed by...)
> 3. 一些人不满于什么?(Some people are unhappy about...)

---

① 孙燕红:《行动研究在职业教育研究中的应用》,《职教通讯》,2012 年第 10 期。
② 摘自 http://www.madison.k12.wi.us/sod/car/carhomepage.html&prev=/

4. 我真正好奇于什么？（I'm really curious about...）

5. 我更想学些什么？（I want to learn more about...）

6. 我想在班上实验的一个想法是什么？（The idea I would like to try out in my class is...）

7. 我认为真正引发变化的事情会是什么？（Something I think would really make a difference is...）

8. 我希望做些改变的事情是什么？（Something I would like to change is...）

9. 目前我特别感兴趣的领域是什么？（Right now, some areas I'm particularly interested in are...）

不妨多问问自己这些问题，以此来理解如何发现问题，确定自己想要研究的问题，进而确定到底什么样的问题是可以进行研究的。确定行动研究问题的过程已使我们迈出了行动研究的第一步。

2. 分析问题

没有分析就没有研究。在案例4-4中，主要从以下两个方面进行详细分析：

（1）开展此次行动研究的迫切性。研究者通过分析长期以来教师将教材权威化，把教材作为标准化内容，远离学生现状、企业需求、工作实际与实际教学中找不到实用教材的矛盾，来指出进行开发英语校本课程研究的迫切性。研究者是这样写的：

伴随着高中阶段教育普及程度的提高，中等职业教育的学生实践学习长于理论学习，动手能力长于动脑能力，基于此，教育研究应更多地强调实用、实际、实效。长期以来，中职教师只有使用教材的义务，没有参与教材编写的任务与机会，缺少根据培养目标变革教材，进行再创造的锻炼，形成了对统编教材很强的依赖心理，将教材神圣化、绝对化、权威化，认为教材就是"规范"教学的手段；产生抹不掉的学科中心"情结"；认为教师的任务是熟悉教材、讲解教材，对学生的需求置若罔闻，对企业要求知之甚少，对社会变化漠不关心；在课堂教学中，把教材知识本身作为教学的唯一标准化内容，远离学生现状、远离企业需求、远离工作实际，而教师在教学实践中，又很难找到对应、实用的教材。课程沿用现成教材，缺乏开发过程，与企业生产实际和工作过程严重脱节。常熟市滨江职业技术学校位于国家级开发区——常熟市经济技术开发区内，是一所由开发区全额投资的中等职业技术学校，受开发区劳动人事局和市教育局的双重领导。学校承担着为开发区输送高技能人才的重任，在政府和教育部门的重视和关怀下，校企合作成为学校的一大办学特色。而学校只有树立为企业服务的理念，与企业紧密合作，拓宽合作空间，才能提高学生适应社会的能力，培养出企业急需的专业对口的高技能人才，实现校企双赢。随着校企合作的深入，孙燕红发现，专业和英语的完美结合对员工的进一步发展起着至关重要的作用,反之则会成为个人发展的巨大阻碍。如在外资企业中,平时免不了与国外专家进行技术交流,如果自己不能直接与专家交流,即使急得连表情带肢体语言全用上,也是无济于事;有些企业技术人员因不懂英语,无法读懂产品说明书和图纸,技能水平始终无法跟上经济发展的脚步,逐步遭到淘汰。而此时只要具备了一定的英语能力,就能游刃有余,既达到了交流的目的,又能在实际工作中得心应手,技术水平得到提高,工作能力得到提升,也会受到专家和上司的赏识,为个人的发展奠定基础。因此,只有借助校企合作,大力开发与企业实际工作过程相对接的校本课程,丰富课程种类,才能满足学生不同专业的多种选择,发展学生个性,培养学生特长,从而培养出更多的符合经济社会发展需要的高素质应用型技术人才。

(2) 开展此项行动研究的可行性。我们不妨来看看研究者对可行性的分析:

学校一线英语教师承担着赴企业实地培训企业一线员工英语能力的教学任务,如笔者近两年定期到区内萨克米机械有限公司等多家外企为员工进行英语培训,在选定教材和教学内容时,与企业管理和技术人员进行了多次交流,深感缺少实用的专业英语教材,由此对开发专业英语教材表现出了极大的兴趣。同时,学校英语教师在企业培训的过程中,深入了解企业及其工作岗位对英语能力的需求,又和受训员工互为师徒,不断积累,编写符合企业工作岗位要求的英语培训教材,所呈现的教学内容得到了企业和专业岗位人员的认可。此外,随着系部改革的推进,教师逐渐摆脱了学科体系的束缚,根据社会对具体职业的要求,建立了基于工作过程的校本课程体系,这为专业英语的校本教材编写提供了素材。

(二) 计划阶段

1. 提出假设

在行动研究中,假设是行动的根据,是有待验证的定理。在案例 4-4 中,研究者提出了自己的假设:

随着中职分层教学、校企合作等的推行,只有大力开发与企业实际工作过程相对接的校本课程,才能实现学生不同专业的多种选择,发展学生个性,培养学生特长,从而培养出更多的符合经济社会发展需要的高素质应用型技术人才。因此,我们假设,在校企合作视域下进行教材改革,开发出符合学生专业发展的专业英语校本课程,如数控车工英语、化工英语、物流英语等,就能有效地解决教学和应用的矛盾,促进学生专业化水平的提升和可持续发展能力的提高。

2. 制订计划

计划始于解决问题的需要。在案例 4-4 中,研究者制订了一个初步的实施计划:

1）利用校企合作，通过数控车工专业岗位需求能力问卷调查，对企业专家和毕业生进行英语能力问卷调查及访谈，收集教材编写的第一手资料；2）在数控专业"双师型"教师、企业专家的全力配合下，集中学校英语骨干教师集体编写教材；3）借助循环反复的教学实验，通过教师自评和互评、学生评、企业专家评等多种方式和途径来评价教材，并提出修改意见；4）通过实验对比，发现教材缺陷，改进教材；5）通过对此次行动研究的反思，得出研究的结论。

研究计划是开展行动研究的蓝图，也是整个研究的全盘规划。由于行动研究是在行动观察中实施的研究，因此研究计划还要体现灵活性、能动性和开放性。研究计划要不断适应可能出现的未曾料到的事情，也要强调依据行动中的反馈信息来修正和调整行动计划。

（三）实施阶段

1. 实施行动

计划制订以后就要开始实施行动，否则"计划计划，墙上一挂"，说得再好，不付诸行动，再好的计划也只是纸上谈兵。在案例4-4中，研究者开始了一系列的行动，最重要的就是重新设计和开发符合数控专业的校本课程，编写教材。

学校英语教师在数控专业建设指导委员会的领导下，联合专业教师、企业技术骨干组成了一个课程开发小组，通过从行业实际工作任务需要出发，以职业实践活动为主线，结合学校的具体情况确定具体的岗位对象，根据岗位对象的具体内容和工作过程采用项目教学的形式，重新构建和设计符合职业岗位要求的校本课程，并制订课程标准。课程开发小组以课题的形式，在情境性原则的指导下，进行专业课程资源开发。

根据数控车工技术在实践中的应用，本教材以真实的数控技术应用环境为场景，精选12个数控车工技术的工作过程单元，以英语为手段呈现出来，初步形成一本实用性较强的数控车工技术英语教材。

本书参考学时为50学时，各单元一一对应数控车工的重点工作单元，教师可根据教学实际情况安排教学时间。每单元包括热身、听说、短文阅读、注释、课后练习和知识拓展六大板块。

2. 观察行动

行动研究就是通过行动解决教育实践中的问题，将研究行动付诸实践。在具体的情境中，研究者常常一边行动、一边观察、一边调整，将教育行动指向问题的解决。上述英语教师编写教材的行动过程让我们看到行动研究的独特性。整个行动计划的实施紧紧依赖于具体行动的发生状况。行动与观察、收集与调整、记录与反思、理解与行动都伴随着对整个实施计划的观察。而这个过程类似于一般研究过程中收集资料和分析资料的环节。案例4-4正是将对课堂效果的观察作为修正教材的依据。

教材需要教学的验证。在教学过程中,教师通过日志、录像、听课反馈表、学生反馈表等各种手段来收集和保存资料,同时,通过多次研究课、公开课、展示课,邀请企业专家、数控车工专业教师和英语教师,通过观察课堂效果来对教材提出修改意见,将此作为反思修正计划的前提条件。

有学者提出应在整个实施计划的过程中注意五个 W 和一个 H 的观察和控制[①]。

Why:为什么我们会收集这些数据?我们期望从这些数据中得到什么?获得这些数据的行动策略有哪些?现有的行动策略是否合适?

What:我们正在收集的是什么?获得的资料是否有助于我们解决问题?哪些是可以参考的数据?我们需要的有效资料是什么?

Where:我们在哪儿,需要多长时间的实践才能获得资料?是否存在收集数据(资料)的限制?须要获得什么样的支持与许可?在日常教学活动中收集数据的途径有哪些?

When:我们在什么时间、用多长时间来收集资料?我们是否制定数据收集计划?有哪些便于在课堂上进行观察与记录数据的策略?我们是否有足够的时间进行数据的收集和记录?

Who:谁在收集数据?数据的收集可以让学生完成吗?可否有研究伙伴或者实习教师来帮助收集数据?是否存在收集数据的便利手段?

How:数据是如何被收集和组织的?数据的质量如何?数据分析的计划如何?你的发现将与谁分享?

总之,实施计划阶段是一个复杂的行动观察过程。我们得"在行动中研究,在研究中行动"。

(四)反思阶段

1. 检查效果

在案例 4-4 中,效果怎么样呢?作者写道:

通过观察,发现学生对工作过程导向的数控车工英语比较容易接受,学习兴趣和技能水平都有了明显提高,但在教学实施过程中存在学生对部分工作情境尚感陌生的问题。同时,教学材料过于单薄,学生缺少充分的自我锻炼机会。

2. 校正行动

行动研究须要应用评估测量方法对研究方案和研究行动进行定性或定量的

---

① 宁虹:《教育研究导论》,北京:北京师范大学出版社,2012 年版,第 255 页。

评价,并且采用观察、调查、理论分析等方法再次提出问题,分析问题的根源,以便校正行动研究的行为。案例4-4针对观察到的问题,做出了如下调整:

1)在单元设计中增设一个版块,即自我评估,帮助学生检测自己对于本单元掌握的情况,及时发现问题,随时调整,从而形成正确的学习策略。2)实地拍摄职业场景图片作为文字的有力补充说明,使教材图文并茂,图片的直观性让学生在没有压力的情况下学习专业英语知识。课程开发小组从编写工作开始到完成全部学生用书,经历了近两年的时间,编写组(课题组)开发了教师用书、拓展学习手册、学具、教学参考资料等多样化的教学资源,这些资源的开发是与教材使用密切结合在一起的,通过校企合作,开展课题研究,组织研讨交流等途径逐步形成了学校校本课程开发的行动研究模式。

其实反思和校正都是为后续的行动研究过程做准备的。一个行动研究的运行过程的初步结束,预示着下一个行动研究过程即将开始。一个行动研究其实是研究者围绕实际工作中的问题开展一个持续不断的研究行动,经历着螺旋式循环上升的构思与实施的过程,通过确定问题、制订计划、实施行动、反思校正等环节以改进教学实践、解决教育中的问题。

三、实施行动研究应注意的问题

对教师开展的行动研究,有学者提出应该在下面的问题上加以注意,这也是我们搞职业教育行动研究应该注意的问题[①]。

1. 行动是行动研究的核心概念之一,但勇于行动不一定是行动研究。

2. 行动研究显示出了教师从事专业工作的热情,但没有专业知识和专业能力的增长,研究也不是行动研究。

3. 教师的行动研究不代表"高深"教育理论与研究方法的扬弃,研究也应该追求精确。

4. 行动研究是教师研究的新取向,成为教育研究的新典范,但不能全面取代量化与质化研究。

5. 行动研究务求直接实用,其目的在于改进教学,但是如果过于停留在实用层面则会流于肤浅。

6. 并不是一群人一起合作研究就叫协同行动研究,行动研究也不必非要有一群人一起做不可。

7. 行动研究计划或报告中并不能省略"文献探讨",但应有不同的方式与功能,例如作为反省的起点或实践行动的基础。

---

① 徐明珠:《行动研究在教育改革中的问题与价值》,《国家政策论坛》,2005年第1期。

8. 行动报告的格式不一定非要写成"叙事报告"不可。

第三节　调查研究

毛泽东同志说:"没有调查就没有发言权。"调查法作为一种了解情况、收集资料的研究方法,已被广泛运用于教育科学研究中。它几乎不受时空的限制,研究的对象非常宽,内容广泛。因此,掌握调查法对于教育工作者来说,显得非常重要。

一、什么是调查研究

(一) 定义与分类

调查研究,顾名思义,含有调查和研究两个有机联系的过程。调查是指通过各种途径,运用各种方式方法,有计划、有目的地了解事物真实情况。研究则是指对调查材料进行去粗取精、去伪存真、由此及彼、由表及里的思维加工,以获得对客观事物本质和规律的认识。因此,调查研究绝不只是单纯地靠观察来记录有关事实,而是要综合访谈、观察、问卷、测验以及查询有关文献资料等方法手段,从而使认识从经验层次上升到理论层次,进一步把握所研究的教育现象或问题的现状、发展趋势以及存在问题,等等。

调查研究是一种描述研究,是指通过深入现场的观察,有目的有计划地收集研究对象的材料,从而形成科学认识的一种研究方法。调查研究属于经验性方法,是在搜集科学事实,获取经验材料基础上进行研究。第一,它着重研究现实情况,因而区别于以过去发生的历史事实为研究对象的历史研究法。第二,它搜集的是自然状态下实际情况的反映材料,对研究对象不加任何干预,从而区别于实验研究法[①]。

教育科学的调查研究法是在教育理论指导下,通过运用访谈、观察、问卷、测验以及个案研究等方式,收集教育问题的资料,从而对教育的现状做出科学的分析并提出具体改进建议的一整套实践活动。它有一套研究方法和工作程序,有一套搜集、处理资料的技术手段,并以调查报告(含现状分析、理论结论和实际建议)作为研究成果的表现形式。

关于教育调查研究的分类,目前学界存在着不同的分类方法。

1. 按调查对象的选择范围,分为典型调查、普遍调查、抽样调查、个案调查和专家调查。

---

① 裴娣娜:《教育研究方法导论》,合肥:安徽教育出版社,2006年版,第158页。

2. 按调查的内容,可分为学科性的典型调查、反馈性的普遍调查和预测性的抽样调查。学科性的典型调查,多与学科建设相联系,且多属于专题性研究,是通过对具有代表性的个别事物或个别总体的调查研究,得出某专题研究的一般结论。例如中职生心理健康状况的调查、关于制订新的课程计划调查等。反馈性的普遍调查,多为制定政策和检查政策执行情况而进行,一般由各级教育行政部门及教育研究机构承担,主要是为了解现状、解决当前问题以及提出对策办法而进行。例如关于某县职教中心成人培训项目实施情况的调查研究、关于某区职业学校"双师型"队伍建设的调查研究等。预测性的抽样调查,主要用于对某一时期的教育发展趋势动向进行预测研究。

3. 按调查采用的方式方法,可分为四类:第一类是调查表法、问卷法和访谈法,主要是通过被调查者自我报告方式搜集资料。第二类是观察法和个案研究法,是由研究者经过自己的感官等方式搜集资料。第三类是调查的测验方法,是通过一定的测试题来搜集有关资料。第四类是总结经验法。

(二) 调查研究的一般步骤

调查研究方法包括问卷、观察、访谈、测验等不同的具体方法,程序上虽各有所侧重,但都要遵循以下几个步骤[①]:

1. 根据研究课题的性质、目的任务,确定调查对象、调查地点,选择相应的调查类型和调查方式。

2. 拟订调查计划。在确定调查提纲和安排调查工作程序时要考虑三方面的问题:一是调查项目能否有效地反映所要研究的问题,项目的构成是否合理简便;二是对项目如何进行比较科学的分类,大项目如何分解成若干具体的小项目并形成完整的可操作的调查提纲;三是如何制定与分类标准相适应的评价标准,以便获得的资料能进行统计处理。

3. 做好各种技术、事务和组织准备,包括培训调查组成员,资料及有关调查器材的准备。

4. 进行试探性调查,得到对被调查对象的一般认识,修改调查提纲及工作方案。

5. 制订调查表格和观察、问卷、访谈提纲,以及编制测验题目。

6. 实施调查。运用各种调查方式了解情况,占有材料。

7. 整理调查材料,分析调查结果,并得出调查结论。

8. 写出调查报告。对所研究的问题做出解释,提出解决和改善问题的意见和建议。

---

① 裴娣娜:《教育研究方法导论》,合肥:安徽教育出版社,2006年版,第161-162页。

二、收集资料：访谈、观察与问卷

调查研究怎么进行？采用哪些方式方法收集资料？前面已介绍有四类，但最常用的方法主要为访谈、观察与问卷。

（一）访谈

访谈是指研究者通过与研究对象面对面或采用电话、网络进行口头式交谈的形式来收集资料的一种调查方法。访谈调查在教育研究中具有特殊的意义和作用，通过访谈调查，研究者可以了解研究对象的态度、情感、思想观念等，从而能对他们的各种心理与行为特征进行多方面的综合分析。

1. 访谈的特点

访谈法的优点主要表现在以下几个方面：

第一，调查过程灵活、深入。首先是灵活性。在访谈过程中，调查员可以根据访谈过程中的具体情况，对有关问题进行重复解释，使被调查者了解问题的实质。灵活性还表现在研究者可以为不同的调查对象提供不同的问题，并以不同的方式问同样的问题，可以根据访谈过程中被访者的反应，对访谈问题做适当的调整。其次是深入性。访谈过程中可对有关问题作深入的了解，灵活地决定对有关调查主题进行引导和追问。同时访谈过程中，研究者能够听到被访谈者的某些自发性观点和意见，从而获得更丰富、更生动的材料。

第二，能获得直接、准确可靠的信息和资料。面对面的访谈，被访者在回答问题上往往没有足够的时间进行思考，因此，获得的回答常是被访者自发的反应，这种反应很少掩饰虚假，比较真实可靠。访谈中，通过观察被访者的表情动作、语气态度来判断被访谈者的回答是否真实可信。

由于访谈法具有以上优点，它具有较强的灵活性和适应性，既可以用来收集事实，又可以用来收集意见和观点；既可以用于集体调查，也可以用于个案调查，特别适用于个别化研究。尽管如此访谈法也有一些局限，主要体现在以下几个方面[①]：

第一，样本小，费用多，时间长，效率较低。访谈法在单位时间内所能收集的样本较小，却须要耗费较多的人力、物力、财力，花费的时间也较长。

第二，标准化程度低，难以量化统计。由于访谈过程的灵活性程度高，对不同的调查对象的对话方式和对话情景也不同，而且事先设计好的访谈提纲在实施中也会随时调整和更改，访谈结果是鲜活的即兴的东西，表现出标准化程度低，且资料难以统计等缺点。

---

① 杨晓萍：《教育科学研究方法》，重庆：西南师范大学出版社，2012年版，第89页。

第三，调查过程中容易产生偏差。访谈过程是访谈者与被访谈者交往与互动的过程。在这一过程中，双方的个性特征容易影响调查过程，如双方的性别、年龄、社会地位、文化水平的差异、外貌、服装、谈话表情甚至语调都容易导致调查过程与结果的偏差；访谈员的速记能力、访谈经验等，也会导致访谈的偏差。

第四，访谈法不能完全消除受访者心理顾虑，不能体现匿名的特点，往往影响受访者陈述事实和观点的积极性和客观性。

2. 访谈的类型

（1）以访谈过程控制程度划分

根据访谈过程是否有经过严格设计的访谈问卷和访谈提纲，实际访谈过程是否严格按计划进行，把访谈法分为结构性访谈和非结构性访谈。

结构性访谈又称为标准式访谈，它有一定的步骤，要求访谈员按事先设计好的访谈提纲依次向被访者提问。这种访谈严格按事先设计好的计划进行，无论对谁，谈话的顺序、时间、记录方式都有统一的规定，有一个标准化的访谈流程。结构性访谈有利于克服访谈过程中的随意性，便于统计，但比较死板。

开放式访谈也叫自由式访谈。它不事先制订完整的问卷和详细的访谈提纲，也不规定标准的访谈程序，而是由访谈员按照某一主题或粗略的访谈提纲与被访者交谈。这种访谈双方相对自由，访谈员能根据需要灵活地调整话题、变换提问顺序和方式以及进一步追问重要线索，获得深度认知。但这种访谈过程容易偏离主题，访谈收集的资料标准化程度低，资料零散，数量化程度低，不利于统计。

半结构式访谈，介于两者之间。在半结构式访谈中，访谈员虽然对访谈结构有一定的控制，但是给被访者留有较大的表达自己观点的空间，访谈员可以在访谈进程中对事先拟定的访谈提纲进行调整。半结构式访谈同时具有结构式访谈和非结构式访谈的优点，它既可以避免结构式访谈缺乏灵活性，难以对问题作深入探讨的局限；又可以避免非结构式访谈跑题、费时、费力、难以定量分析等缺陷。

（2）根据访谈的交流方式划分

根据访谈的交流方式不同，可以分为面访、电话访谈和网络访谈等。

面访。面访顾名思义，就是采用面对面的方式直接与受访者沟通交流。访谈员可以看到受访者的表情、神态和动作，并据此及时调整谈话内容和方式，直至引导受访者对核心问题作出回答，访谈比较深入。但是这种访谈方式成本较高，对访谈者要求也高。

电话访谈。电话访谈是访谈者通过电话与受访者交谈，收集有关资料的方式。电话访谈可以减少人员往来的时间和费用,提高访谈的效率。通过电话访谈,访问者与被访者两人没有见面,反而更容易使受访者真实地表达自己的内心世界。电话访谈也有局限性:第一,电话访谈是最容易被拒绝的调查方式。某些受访者因怀疑访谈者有不可告人的动机或担心访谈是一次恶作剧而直接拒绝访谈,受访者也有可能会以各种原因中途中断电话。第二,由于电话访谈不像面谈那样灵活,难以控制谈话环境,不能观察受访者的非语言行为。

网络访谈。网络访谈是访谈者通过网上论坛、网上聊天室、BBS、QQ、MSN、微博、微信等网络在线方式与受访者交流,进而获取研究资料的一种调查方式。网络访谈因其匿名性、虚拟性等特征容易消解受访者的"戒备心理",获得较多的真实信息。网络访谈还便于灵活安排,易于选取被访对象,时间、金钱的消耗相对较少,也便于完整保留访谈记录等。当然,网络访谈的缺点也很突出,其中最主要有两方面:其一,访谈的对象不广泛,样本不具有代表性。其二,因为网络的虚拟性,访谈资料的真实性、有效性是一个值得考虑的问题。

(3) 其他访谈类型

根据访谈次数可以分为一次性访谈和多次性访谈。一次性访谈主要以收集事实性信息为主,它一次性完成,所获得的是静态信息。多次性访谈常用于深度访谈和跟踪研究。

根据受访者的人数,可以分为个别访谈和集体访谈。个别访谈有利于受访者详细地表达其真实的看法,访谈员与受访者有更多的交流机会,受访者更易受到重视,安全感更强,访谈内容更容易深入。集体访谈的对象不是一个,而是多个,它通常以座谈会的形式组织,其优点是可以集思广益、相互启发探讨,而且能在较短的时间内收集到广泛的信息。

2. 访谈的实施

(1) 设计访谈问题

访谈的核心是访谈问题。如何设计访谈问题,编制形成一份比较严格规范的访谈提纲很关键。因此访谈过程中我们准备问多少问题,问哪些问题,用什么语气问问题,以及我们调查的任务、目的、对象是什么等,都要在问题设计时进行综合考虑。同时,合理安排访谈问题的先后顺序。安排问题的顺序有助于保持问题之间的逻辑联系,使一个问题比较自然地过渡到下一个问题。此外安排问题的顺序还应遵循先易后难等基本原则。访谈提纲设计好后,要先进行试谈,根据试谈中出现的问题对提纲进行修改,最后确定访谈问题提纲。访谈提纲应当具体、简洁、明了,最好只有一页纸,一眼就可以看到全部。

案例 4-5

个人职业生涯访谈提纲（部分）

1. 您是如何找到这份工作的？
2. 就您的工作而言，您最喜欢什么？最不喜欢什么？
3. 您的职位是什么？您的主要职责是什么？
4. 从事此行业的人做些什么？
5. 工作地点一般在哪里？
6. 在行业内，先从什么样的工作岗位做起，能学到最多的知识，最有益于发展？
7. 工作场所性质有哪些特征？
8. 在工作方面，您每天都做些什么？
9. 您在做这份工作时，日常面临的问题是什么，什么最有挑战性？
10. 个人的主要成就是什么？最成功的是什么？
11. 在这个职位上，如果想获得成功必须拥有并保持什么样的能力？
12. 目前还缺乏的必须具备的能力有哪些？怎样提高这些能力？
13. 您认为做好这份工作应该具备哪些知识、技能和经验？
14. 目前，行业内要求从事这份工作的人应该具备什么样的教育和培训背景？
15. 您认为什么样的个人品质、性格和能力对做好这份工作来讲是重要的？
16. 学校中的哪些课程对这个行业比较有帮助？
17. 行业内，单位对刚进入该领域工作的员工一般会提供哪些培训？
18. 在您的工作领域里初级职位和略高级别职位的薪水一般是什么水平？
19. 这个行业是否有季节性或地理位置的限制？
20. 这个行业存在的困难及前景如何？

（2）访谈准备

关于访谈前的准备工作具体包括：

① 访谈者前期培训。在访谈中，访谈员的素质如何与访谈工作能否成功关系很大。因此要先期让访谈员掌握一些访谈调查的方法和技巧，充分熟悉访谈问题的内容和程序。

② 选择和了解受访者。访谈前首先须要根据研究目的选择了解关键信息的访谈对象，确定选择多少位访谈对象。其次，事先对受访者的兴趣、爱好、知识结构甚至性格等方面要作一定的了解，为谈话投机、需求共同语言创设条件，以

便访谈顺利进行。

③ 选择访谈时间和地点。在时间安排上,充分考虑受访者的工作、学习和生活的实际,把访谈时间安排在受访者较空闲、较轻松、情绪较好的时间内;在地点上,安排在较明亮、空旷、气氛较宽松的地点和环境,以利于受访者自然地表达自己的态度和观点。

④ 准备访谈资料和工具,比如访谈提纲、访谈记录表、各种证明材料、证件、录音笔、笔记本等。

⑤ 与访谈对象联系。在访谈前,访谈者应该事先与访谈对象进行联系,就访谈的目的、主要内容、访谈时间地点以及保密原则等进行商定。这既是对访谈对象的尊重,也是为了保障访谈的顺利进行。

访谈准备很重要,该准备的没准备就可能导致失败,相反,准备充分可能反败为胜。譬如下面的两个例子。

案例 4-6

两个访谈为何结果迥异

1. 美籍华裔著名学者杨振宁教授有一次到上海访问,上海某报两位资深记者前往宾馆采访。尽管杨教授谈的都是最基本的知识,两位记者还是对所谈内容毫无反应,没谈一会儿,采访就没法进行了。

2. 《人民日报》老记者纪希晨有次去西部某校区采访。一开始该校负责人十分冷淡,支支吾吾,不愿详细回答问题。纪希晨渐渐地从那位负责人的话中听出陕北口音,而他战争年代曾在那儿生活过。于是他问那位负责人:"你是哪里人?是陕北绥德的还是米脂的?"这一招果然灵验,闲扯一阵后,对方态度大变,对记者亲热起来,谈兴大发,采访获得成功。

案例4-6中案例一之所以失败,主要是因为两位记者对被访者的研究领域不太了解,在访问前没有做足内容准备,而案例二的成功之处在于记者巧妙地找到与被访者共同感兴趣的话题,化生为熟,化冷为热,使得访谈顺利开展。

(3) 正式访谈

访谈的实质阶段是正式提问。提问的方式有两种:一种是标准化提问,即依事先准备好的访谈提纲及其顺序提问;另一种是解释性的提问,即根据谈话的进程,在对访谈提纲中的问题作适当分析和解释的基础上进行提问,甚至随时补充提问。

3. 访谈的技巧

为了使访谈顺利进行,双方能够始终围绕研究者制订的访谈提纲进行很好的沟通,达到访谈的目的,无论是访谈前的准备工作,还是访谈过程中的具体操作,都要注意其中的艺术和技巧。福勒曾提示访谈必须注意五个方面:1)研究目的用什么方法说明;2)问题如何提出;3)如何试探不适当的答案;4)如何记录所提供的答案;5)访谈进行过程中的人际互动如何应对。以下是人们从访谈实践中总结出来的一些基本的访谈艺术与技巧。

(1) 说明访谈的目的、意义和内容

当受访者接受访谈后,访谈者首先要自我介绍,说明来意,包括如下内容:告诉受访者访谈者是谁以及他代表谁并出示相关证件;告诉受访者访谈者在做什么,这包括告诉受访者此项研究是关于什么的,研究的目的是什么,重点在哪里,为什么要访谈他。在介绍时,应尽量让受访者感觉到他非常受重视,花时间接受访问是有意义的、值得的,他是最适合的访谈对象等。然后要进一步说明访谈主题的范围,包含几个小主题,有哪些小题目,前后顺序怎样,让访谈对象好做准备。

(2) 创设一种能够畅所欲言的氛围

访谈的效果在很大程度上取决于访谈对象是否能知无不言、言无不尽。为了收集大量真实的信息,访谈者在访谈过程中要与受访者建立良好的人际关系,创设一种能够畅所欲言的氛围。因此访谈者要注意如下几点[①]:

首先,在访谈过程中,始终以平等亲切的态度对待访谈对象。访谈者要有礼有节,尊重对方;要谦和、诚恳待人。

其次,当访谈对象谈话时,应全神贯注地听,做一个有耐心的听众,不要轻易打断。即使对方喋喋不休,离题万里,也要选择一个适当的机会,如在其谈话停顿的时候,抓回话题,让对方不易察觉。

再次,访谈者说话太多不好,影响别人说;但也不能不说话,以免表现出或被误解为没兴趣。要多用鼓励或重复语句,给访谈对象以积极的强化,让访谈对象有兴致说下去。

最后,在谈话过程中要始终保持中立态度,避免影响访谈对象对问题的回答。

(3) 注意提问的方式方法

访谈一般说来总是先由访谈者的提问开始的,而且在访谈过程中访谈者也总是不断地提问,因而提问在访谈中占有极其重要的地位。在访谈中提问会受到各方面因素的影响,例如访谈者与受访者的性别、职业、年龄、社会地位、个性特点以及访谈现场的具体情境等都会对提问的方式产生影响。

对于所提问题,受访者如果不能即时回答,要给予充分的时间等待,如果发

---

① 杨晓萍:《教育科学研究方法》,重庆:西南师范大学出版社,2012年版,第92页。

现受访者有所犹豫,要通过旁敲侧击以引导其回答。访谈者还可以追问受访者回答的真正意思,或在恰当的时候追问其他答案:有没有其他看法?你的意思是哪方面?但要把握追问的时机与度,以免招致反感。

总的来说,提问的基本原则是:随机应变,尽可能自然地结合对话情境的具体情况开始谈话和提问。

具体来说,访谈中的提问应当开放、具体、清晰[1]。

第一,开放。访谈中提出的问题虽然并没有提供答案让受访者选择,但问题本身隐含着开放或者封闭的含义,例如"你对高中入学收费有什么想法"就是一个开放型问题,而"您认为高中入学收费合理吗"就是一个封闭型问题。访谈中的开放型问题是指问题本身没有对答案做出限定,可以做出各种回答;封闭型问题则指问题本身已经限定了答案的范围,受访者只能在限定的范围内回答。为了充分了解受访者的想法,访谈的问题无论在结构上还是内容上都应该尽量开放、灵活、宽松,为受访者能用自己的语言表达想法留有充分的余地。譬如问"你平时打孩子吗"这句话,如果换个角度问"你平时是怎样教育孩子的",效果可能会好些,这样的提问可以给回答者留有许多余地,不至于无话可说。

第二,具体。访谈中的问题还可以区分为具体型问题和抽象型问题。例如对一对新婚夫妇的访谈中,如果我们问新郎"你是出于什么原因和新娘结婚的",这是一个抽象型问题;而如果问"你和新娘是怎样认识的",这就是一个具体型问题。抽象型问题比较理性化,须要概括总结,不容易马上回答;而具体型问题询问的是具体事件,很容易唤起关于事件的相关情境和细节的回忆。具体型问题不仅可以帮助访谈者了解事情的细节、情境和过程,而且还可以调动受访者的情绪和情感反应,这对于引导受访者进入访谈情境非常有利。因此访谈中应尽量从具体的细节问题开始。

第三,清晰。访谈中要尽量提出清晰的问题,避免提出含混的问题。清晰的问题是指那些结构明确、意义单一、容易被受访者理解的问题。例如"你今天几点钟到学校的"就是一个清晰的问题,可以得到清晰的回答;"你今天学习怎么样啊"则是一个含糊的问题,只能得到比较含糊的回答,如"还行"、"挺好"等。访谈中提问的方式、词语的选择要清晰明确,要适应受访者的谈话习惯,这样才能让受访者听懂。

(4)把握谈话的方向和主题

为了避免把访谈调查变为漫无目的的谈话,访谈者要注意以下几个问题:

首先,尽量避免和减少题外话,把大家的注意力集中到访谈主题上。

---

[1] 宁虹:《教育研究导论》,北京:北京师范大学出版社,2012年版,第109-111页。

其次,观察并及时调整访谈对象的情绪,不要让访谈被其他的程序所左右,造成回答上的偏差。

再次,如果受访者把话题扯远了,访谈者应抓住谈话的间歇迅速收拢话题。先要肯定他热心的回答及提供充足的信息,然后坚决地转向"好,我们现在谈谈……"或"好,我的下一个问题是……",使谈话对象迅速把思路转回来。

同时,访谈者也要灵活机智,根据现场情况,及时追问,把原来未考虑的问题加进来,深入了解情况。

（5）忠实、准确记录访谈内容

在访谈中如何正确、高效地记录访谈内容,是一项重要而艰巨的工作。记录的方式主要有记笔记和录音(或录像)。记笔记常见的有纸笔记录和笔记本电脑记录。记笔记的不足之处在于其跟不上谈话速度,可能干扰谈话的进程。尤其最好不要用笔记本电脑,因为一方面录入速度跟不上谈话进度,另一方面会显得很不正式,可能会让受访者觉得不尊重他。因此在访谈研究中,使用访谈机、MP3、录音笔等电子设备已成为目前常见的做法。

访谈时最好有专门的人来记录,这样既不会中断谈话,也不会把重点遗漏掉。整理时两人又可以互相回忆补充,减少错误。

案例 4-7

个人职业发展访谈实例

◆ 问:首先我对您的个人经历还缺乏足够的了解,比如您的求学经历、工作经历。您曾在哪些学校学习过,所学专业是否与期刊编辑有关？您是如何得到这份工作的？在成为《视野》杂志主编之前从事过哪些相关职业,之前是否还有其他自己喜欢、渴望从事的行业？毕业后多久得到这份工作、目前已经做了多久？

答:我 2001 年从西北师范大学经济管理学院毕业,本科专业是信息管理。2002 年我进入兰州大学新闻学院,开始攻读传播学专业的研究生学位。在此以前,我对期刊业一无所知。考虑到今后的专业学习,我觉得有必要进入相关媒体进行实践,才能更加熟悉新闻媒体的运作。于是我来到《视野》杂志社,寻求实习的机会。很幸运,我在这里找到了更为合适和广阔的空间,一直到现在。其间经历了从实习人员到编辑再到副主编的蜕变,每一步对自己来说都意味着一种经历,一种成长。在此以前曾经想过做一名优秀的记者,满怀职业精神地终日奔波,不过现在反倒觉得那个工作太紧迫了,可能会让我焦躁、紊乱。相对来说,我更喜欢平和安静地进行一些深入的考量,而期刊恰好可以提供一种深度介入的态度。

◆ 问:我们专业在大三的时候有一个大实习,在实习之前我们需要在哪些方面有所准备？

答：首先梳理自己已有的专业知识能力，客观地评价自己的优势和劣势，尽可能做到扬长补短。其次有目的地提前锁定一些目标实习媒体或单位，有针对性地进行一些关注和调研，做到有的放矢。最后可以阅读一些人际交往或社交礼仪书籍，力求在细节方面也做到位，也可以向往届师兄师姐讨教实习的一些鲜活经验，以利于较快地适应角色和心态的转变。

◆ 问：就我们专业的毕业生而言，我听过这样一种说法——想工作轻松愉快的话就去广播电台；从经济效益考虑就去电视台；想真正学以致用，进一步在专业上有所造诣就从事纸媒工作，尤其是报纸工作。您是怎样看待这种说法的？

答：我个人很难接受现成的某种说法，我认为这些说法就个人的经验而言可能是成立的，但是绝对不能普适开去，以偏概全。我相信任何一份工作，如果它是你真心喜欢的，并且你一直尝试不断地创新，那么你其实可以拥有上面提到的所有的满足，无论声誉还是实利，但前提必须是你确实付出了精力、热情。对于你们而言，事先不加检验地接受某种只言片语，其实是非常危险的。

◆ 问：平常在工作方面，您每天都做些什么？您是否满意这样的工作状态？

答：因为教学，所以很多时间要花在看书、备课上面，除此之外，关注期刊动态、审稿也是我很重要的一部分工作，有时候感觉在两种相关的职业之间穿梭比较有趣，也很有收获。我很喜欢现在的工作，我觉得它目前可以承载我对职业的那些想象，也符合我当前的期望。

◆ 问：您做这份工作都收获了些什么？最喜欢或最不喜欢的是什么？哪些方面比较成功？哪些工作比较有挑战性？能得到怎样的成就感或满足感？您打算从事多久？

答：这份工作带给我最大的收获是一种视野和心态，通过这份杂志，我与这个世界有了某种微妙的关联，可以开阔地观察这个世界的变化，使自己与它保持同步。最喜欢的是杂志能通过文字的力量来影响一些人的思想，这种影响是向上的积极的。最不喜欢的是杂志为市场所迫，一味迎合市场。这份工作培养了我对文字和思想的鉴赏力，也锻炼了我统观全局的能力，这也许是我比较满意的地方，说成功，觉得远远不及。目前对我而言，最大的挑战来自于市场，如何做一份有市场有品位有受众的杂志是我一直思量的。

◆ 问：您认为如何才能做好这份工作？应该具备哪些知识、技能或者经验之类的？

答：任何工作都需要一个人全心全意地投入，而且应该满怀热情，喜欢是做好的前提。我觉得很多知识技能或经验也许并不是先前都已经积累了，而更多的是在进入工作之内，抱着一种开放、包容、谦虚、好奇的态度慢慢习得的。当然现在你们可以提前阅读观察一些期刊或者编辑学刊之类的内容,还要锻炼自己的文字能力。

◆问:您认为什么样的个人品质、性格和能力对做好这份工作来讲是比较重要的?

答:杂志是一种可以影响人的事业,所以不能有丝毫的轻视与疏忽,一个编辑应该有一种挑剔和批判的眼光,可以最大程度地防止危险或错误东西对读者的误导;一个开阔的眼界,这样可以进行最大限度的甄选;一份执著,可以保证杂志不会随波逐流;一种热情,可以让杂志生机盎然;一手过硬的文笔,可以让杂志独立地表达自己的声音。

◆问:行业内,单位对刚进入该领域工作的员工一般是否进行培训?如果有,是哪方面的培训?今后还要求个人在哪些方面有所提高?是否有继续深造的机会?

答:每一个新进入的员工都会进行一系列相关的培训,除了杂志社自己组织的以外,新闻出版局也会定期举行一些培训,内容主要是期刊编辑实务、期刊政策法规之类的。正式进入工作岗位后,一般杂志社都要求员工加强业务学习和个人能力的提高,在编辑水平、文字水平、专题策划方面进行提升,在圆满完成特定工作量的情况下,员工被鼓励可以进行更加高层的学习。

◆问:在您的工作领域里初级职位和略高级别职位分别有哪些?他们的工资各自一般是什么水平?以您为例,对目前的工资待遇是否满意?

答:有编辑、责任编辑、副主编、主编、副总编、总编等,每个杂志社的薪酬水平有所不同,很难有一个统一的标准。

◆问:据您所知,从事这份工作的人在单位或同行业内的发展前景如何?

答:目前期刊界现有的人员构成并不是非常合理,缺乏很多既能够编辑杂志,又能够灵活驾驭市场的优秀人才,所以,对于每一个想要在此行业有所发展的人来说,机遇和挑战是同时并存的。

(二) 观察

俗话说"耳听为虚,眼见为实",观察相对访谈而言能够获得更准确的资料。教育研究的观察不同于自然科学中实验室里的观察,它是一种实地观察。实地观察是在自然环境下对当时正在发生的事情进行观看、倾听和感受的一种活动[①]。

实地观察可以进一步分为参与型观察和非参与型观察两种方式。在参与型观察中,观察者与被观察者一起生活、工作,在密切的相互接触和直接体验中倾

---

① 陈向明:《质的研究方法与社会科学研究》,北京:教育科学出版社,2000年版,第228页。

听和观看他们的言行。这种观察的情境比较自然,观察者不仅能够对当地的社会文化现象得到比较具体的感性认识,而且可以深入到被观察者文化的内部,了解他们对自己行为意义的解释①。参与型观察相对非参与型观察而言,研究者更能够对观察到的现象做出接近事实本身的解释。不过,参与型观察虽然能够获得更加深入的研究资料,但是容易掺杂研究者的主观情绪,研究者对研究结果的解释可能流于感性、不够理性,不能脱离所处的场域而难以保持客观中立,甚至不自觉地成为观察对象的"代言人"。非参与型观察即观察者置身"事"(被观察的世界)外,作为旁观者了解事情的发展动态。在条件允许的情况下,观察者可以使用录像机对现场进行录像。非参与型观察的长处是研究者可以有一定的距离对研究对象进行比较"客观"的观察,操作起来也比较容易一些②。如果研究对象之间的关系错综复杂,研究者一时难以介入进去,同时又想取得"旁观者清"的效果,研究者可以采取非参与型的观察方式。

1. 观察前的准备工作

在观察开始之前,研究者需要做一些准备工作,如确定观察的问题、制订观察计划等。

(1) 确定观察的问题

在实施观察之前,必须清楚观察是为了解决什么问题。观察的问题是研究者在确定了"研究的问题"之后决定选择使用观察的方法,根据观察的需要而设计的,须要通过观察活动来回答的问题。它必须为解决研究者所要研究的问题服务。

(2) 制订观察计划

观察的问题确定后,须要进一步制订出详细的观察计划。一般来说,观察计划应包括如下几个方面:第一是观察的内容、对象、范围:我们计划观察什么?我打算对什么现象进行观察?通过观察我可以回答什么问题?第二是观察地点:我打算在什么地方进行观察?我自己将在什么地方进行观察?第三是观察的时刻、时间长度、次数等:我打算用什么时间观察?一次观察多长时间?观察几次?第四是观察方式、手段等:我打算用什么方式进行观察?

案例 4-8

"职业学校学生在专业课课堂学习中的行为表现"观察计划

1. 观察目的:了解职业学校学生在专业课课堂学习中的行为表现,为改变学生在专业课课堂中的不良表现提供依据。

---

① 陈向明:《质的研究方法与社会科学研究》,北京:教育科学出版社,2000 年版,第 228 页。
② 同上书,第 229 页。

2. 观察对象:6 名职校机械专业学生,优、中、差生各 2 名(3 名男生、3 名女生)。

3. 观察内容:课堂学习行为主要指听讲、记笔记、回答教师提问、向教师提问题、参与讨论、课堂练习;非学习行为主要指和同学说话、睡觉、吃东西、喝水、东张西望、做其他事情等,还包括学生在课堂上的情绪状态。

4. 观察取样和安排:学科取样:抽取机械制图、机械基础、AutoCAD 3 科;时间取样:观察 2 周,每周每科听 3 节,总共 18 节。

5. 观察记录表:

表 4-1 职业学校学生课堂学习情况观察记录(样表)

学科:　　　　　听课时间:　　　　任课时间:

(记录时,每节课有 45 分钟。该表省略了中间段,以"…"代替)

观察内容		1	2	3	4	5	6	…	40	41	42	43	44	45	合计
学习行为	听课记笔记														
	答问…														
非学习行为	说话睡觉														
	张望…														

附:记录符号,如▲,听课认真;△,不认真听课;⊙,正确完成了课堂练习;○,没有正确完成课堂练习。

6. 观察注意事项:1)在观察前要熟悉观察内容,对于观察表所包含的观察项目,基本达到熟记程度;2)在正式观察前要进行预观察;3)观察时不要以研究者的身份自居,要与观察对象保持良好的关系,保证观察对象的常态。

2. 观察的实施

(1) 获准进入观察对象组

这是观察研究十分重要的一步。因为无论是参与型观察还是非参与型观察,都有一个得到观察对象群体接纳的问题。如果观察对象群体对研究人员抱着拒绝、敌视的态度,那么观察活动就无法正常进行。通常在这一环节,研究者要做好如下三件事:第一,备有可信的证明文件,使观察对象相信研究者具有合法的身份与合理的研究目的;第二,了解观察对象的风俗、习惯等文化背景,使研究者消除"陌生感";第三,建立友善的关系,使观察对象接纳观察者,乐于为观察者提供必要的研究条件。在这方面最便利的办法是寻找一个与观察对象有良好关系的"中间人",通过他的介绍安排,使双方关系融洽起来,进行很好的合作。

（2）实施观察

实施观察是教育观察法的核心。在此阶段,应做到以下五点[1]:

① 尽量严格按计划进行,必要时可随机应变。观察时目的必须明确,不超出原定范围。但如果原定计划不妥当,或观察对象有所变更,则应随机应变,务求能妥善地完成原定任务,尽可能取得最好的成果。

② 选择最适宜的观察位置。观察者的位置应当根据观察目的和观察中心来选择。一方面要保证所要观察的现象全部清晰地落在视野之内,另一方面要保证不影响被观察者的常态。

③ 要善于抓住引起各种现象的原因。这需要在观察过程中保持思想和注意的高度集中,每当一种现象出现,要能找出引起它的原因。

④ 要密切注意在观察范围内的各种活动引起的反应。教育现象往往是由一系列的活动及其所引起的反应构成的。例如:教师的活动引起学生的反应,一个学生的活动引起其他学生的反应等。应把观察的焦点放在对象的活动及其反应上。

⑤ 应当着重注意一贯性的东西,善于辨别重要的和无关紧要的因素,以便抓住事物的实质。偶然或例外的东西虽然常常是无足轻重的,可有时对全面地正确地了解观察对象,也是很重要的,所以也应当把它们如实地记录以供研究。同时还应注意重要与无关紧要的辨别,主要是根据它们对研究任务关系的大小、是否能提供有利的材料而定。如果观察者被无关紧要的因素所纠缠,势必影响观察的效率。

3. 观察的记录

科学观察需要观察记录并讲究记录方法。观察记录有许多种方法,了解这些记录方法,可帮助我们既节省时间精力又全面有效地获取重要的观察信息,有利于提高观察的效率。

（1）现场详录法

在持续记录法、轶事记录法、事件取样法中,均需观察者在一段时间内连续记录被观察对象的行为。记录时,应注意把对事实的客观描述与记录者或观察者的主观解释和评价区别开来。由于记录与观察同时进行,这种实况现场详录往往令人十分紧张,顾及不暇,并可能遗漏、忘记或错过一些细节。有经验的观察记录者常用速记法或电报语言当场记录,事后详细整理。

（2）清单记录法

主要是用来核对重要行为的呈现与否,观察者将规定观察的项目预先列出表格,当出现此行为时,就在该项上画"√"。此法只判断行为出现与否,不提供

---

[1] http://jyxy.swu.edu.cn/article01.php?aid=1979

行为性质的材料。

(3) 评定记录法

根据一定的标准,由观察者对学生的某些行为表现加以评定,称为评定记录。评定的方式可以用等级(优、良、中、差)或字母和数字(A、B、C、D,1、2、3、4),还可用词语描述(如基本达到、不合格,无反应、反应一般、反应极快)等。可以当场评定,也可在观察之后根据综合印象评定。比较客观的评定方法应是事先规定各种等级的具体标准,并由各个观察者当场评定之后,考查其一致同意的程度。

(4) 符号记录法

在对某种活动或事件进行连续观察、记录中,如果涉及的对象多,用言语记录比较困难时,可用预先规定好的符号系统进行记录。记录者应事先熟记这些符号,并经一段时间的练习后方可正式使用。使用时,手头应备有符号说明表,以免当时遗忘。在制定符号系统时,必须首先进行行为的分类,考虑好观察中可能出现的行为类型,或选定研究者特别感兴趣的特定行为作为观察记录的目标。然后,用不同的符号代表各具体行为。

总之,观察记录的方法是多种多样的,我们应当根据观察的目的和条件选择使用。无论用哪种记录方法,都应尽量使观察资料保持客观性和准确性。

(三) 问卷

问卷调查是以书面提出问题的方式收集资料的一种研究方法。研究者将所要调查的问题编成问题表,以邮寄方式、网络方式、当面作答或追踪访问方式填答,从而了解被试者对某一问题的看法和意见。

问卷法的运用中,怎样编制问卷是一个难点。我们不妨以一个案例来说明问卷的编制过程。

案例 4-9

"关注职业教育"国家教育督导报告研究大型抽样调查问卷
(学生、教师、校长、局长、家长、企业)
"中等职业教育国家督导报告研究"课题组
2009 年 12 月
目　录

A 学生问卷 ··· 139
一、基本信息 ··· 139
二、教育教学 ··· 141
三、顶岗实习 ··· 141
四、实训基地 ··· 142
五、就业指导 ··· 143

关注职业教育

——国家教育督导报告研究调查问卷

（学生问卷）

亲爱的同学：

您好！我们这次在全国三十一个省（自治区、直辖市），约三百个县、约一千所中等职业学校进行的"关注职业教育"国家教育督导报告的大型问卷调查，是受国家教育督导团委托进行的国家教育督导报告研究的项目之一。

这次调查的目的是要切实了解我国中等职业教育发展的真实状况，并根据科学的分析研究，为制定中等职业教育的有关政策，提供科学的依据和合理化建议。

本调查问卷是不记名的，希望您在填表时不要有任何顾虑，怎么做的，怎么想的，就怎么填。请在答题卡上把符合情况的选项圈起来。若无特殊说明，每一个问题只能选择一个答案。

谢谢您真诚的合作！

国家教育督导团
"关注职业教育"国家教育督导报告项目组
2009 年 12 月

一、基本信息

1. 你的性别为：

   A. 男　　　　　　　　B. 女

2. 你就读学校属于：

   A. 职业中专　　　　　B. 综合高中

   C. 职业高中　　　　　D. 其他

3. 你是不是毕业班的学生？

   A. 是　　　　　　　　B. 不是

4. 你家现居住地为：

   A. 城市　　　　　　　B. 县镇　　　　　　C. 乡村

5. 你父亲的职业为：

   A. 国家机关、党群组织、企业、事业单位负责人

   B. 专业技术人员

   C. 办事人员和有关人员

   D. 商业、服务业人员

   E. 农、林、牧、渔、水利业生产人员

   F. 生产、运输设备操作人员及有关人员

   G. 军人

   H. 不便分类的其他人员

6. 你母亲的职业为：

A. 国家机关、党群组织、企业、事业单位负责人
B. 专业技术人员
C. 办事人员和有关人员
D. 商业、服务业人员
E. 农、林、牧、渔、水利业生产人员
F. 生产、运输设备操作人员及有关人员
G. 军人
H. 不便分类的其他人员

7. 你所学专业为：
A. 农林类　　　　　　B. 土木水利工程类
C. 加工制造类　　　　D. 信息技术类
E. 医药卫生类　　　　F. 商贸与旅游类
G. 财经类　　　　　　H. 文化艺术与体育类
I. 其他

二、教育教学

8. 你认为学校德育课对自己的影响主要是(可多选)：
A. 使我养成了良好的道德行为习惯
B. 提高了我的社会责任感
C. 培养我具有了敬业诚信等职业道德
D. 增强了我遇到困难时的承受能力
E. 对我没什么影响
F. 其他

9. 你认为学校专业教学对自己的影响主要是(可多选)：
A. 掌握了一些文化基础知识
B. 得到一些本专业的就业指导,对未来职业发展有所选择
C. 学会了一些专业技能、操作技术,提高了实践能力
D. 对我没什么影响
E. 其他

10. 你认为学校在培养学生专业实践能力方面的主要问题是(可多选)：
A. 专业课教材的适应性、针对性不强
B. 实训课程比重小
C. 实习实训设施设备不能满足技能提高要求
D. 到企业实习的机会少
E. 教师的实践指导能力不强

F. 其他

三、顶岗实习

11. 你觉得顶岗实习的岗位与所学专业面向的一致程度为：

A. 完全一致

B. 基本一致

C. 不一致

12. 你顶岗实习的累计时间为：

A. 一年及以上

B. 半年以上，不足一年

C. 半年及以下

13. 你顶岗实习企业提供的工位情况是：

A. 工位很充足，完全满足需要

B. 工位较为紧张，基本满足需要

C. 工位少，不能满足需要

D. 其他

14. 在你顶岗实习期间，企业支付补助情况是：

A. 按月足额支付

B. 不能按月支付或不能足额支付

C. 没有支付

15. 在实习期间，企业指导教师情况为：

A. 有专门实习指导教师，能较好解答实习中的疑难问题

B. 有专门实习指导教师，但无法解答实习中的疑难问题

C. 没有专门的实习指导教师，碰到问题不知去问谁

16. 在你顶岗实习期间安全防护情况是(可多选)？

A. 进行了安全操作教育

B. 车间门口张贴"安全注意事项"

C. 车间里设有"急救箱"

D. 设置有专门的安全监管人员

E. 没有任何安全防护措施

F. 其他

17. 顶岗实习期间，你觉得有哪些收获(可多选)？

A. 能将所学专业知识与生产实际结合起来，提高了我解决实际问题的能力

B. 提高了我的专业技能和操作能力

C. 熟悉了相关岗位能力要求和操作规范，了解了企业招工标准

D. 使我了解了企业的生产工艺流程等基本情况

E. 增加了我的就业机会

F. 提高了我的人际交往能力

G. 增强了我的敬业精神

H. 没什么收获

四、实训基地

18.（1）你是否到校外实训基地培训过？

A. 是

B. 否

（2）若选 A，你认为校外实训基地设备条件：

A. 完全能满足我的职业技能训练需要

B. 基本或勉强能满足我的职业技能训练需要

C. 不能满足我的职业技能训练需要

五、就业指导

19. 老师对你进行过哪些方面的就业指导（可多选）？

A. 对我所学专业的未来就业取向进行过分析指导

B. 进行过增强心理素质方面的辅导

C. 针对我的爱好、特长进行过职业分析辅导

D. 进行过求职面试技巧方面的辅导

E. 进行过如何收集有效招聘信息方面的指导

F. 其他

20. 你对毕业后的发展有怎样的打算？

A. 直接就业

B. 自己创业

C. 继续升学

D. 其他

1. 问卷的结构

从上述案例可以看出，一份完整的问卷包括标题、指导语、问题、选择答案、结束语等。

（1）标题

它是调查内容高度概括的反映，既要与研究内容一致，又要注意对被调查者的影响。

（2）开头语

我是谁，我要调查什么；为什么要进行调查，为什么找你；调查有什么用，是

否会有损被调查者的利益;感谢辞。

(3) 指导语

主要用来指导被调查者如何填写问卷、注意事项,有时还附有例题,以帮助被调查者理解填写问卷的方法与要求。指导语要简洁、明了,用词恰当,便于理解。

(4) 问题

这是问卷的主要部分。问题是表达问卷的核心内容,题项的设计要具体、清楚、客观、可操作、通俗易懂,而且应是被调查对象熟悉的。

(5) 结束语

可以写须要注意的问题、再次感谢、调查者的联系方式。

2. 问卷的类型

(1) 封闭式

封闭式问卷指不仅要提问,而且要列出可选择的答案,限制回答的方向和数量,让调查对象选择所赞同的答案。封闭式问卷主要有两种形式:

A. 是否式。将问题的可能答案列出两个,从中选一,如"是"与"否"、"同意"与"不同意"。

B. 选择式。从多种答案中挑选最适宜的一个或几个答案,然后做出记号。

(2) 开放式

开放式问卷是指在问卷上只提出问题,不列出答案,由调查对象自由回答。例如:一项对职高生目前学习兴趣倾向的调查。

请用最简洁的语言,回答你在日常生活学习中

1. 最关心的问题是什么?

2. 最苦恼的问题是什么?

问卷调查既可用开放式问卷亦可用封闭式问卷。开放式问卷的最大优点在于可让回答者充分自由地发表自己的意见,用此种问卷进行调查时,获得的资料较为丰富和生动,但却难以编码和进行统计分析,且对回答者的知识水平和文字表达能力要求较高,填答时所花的时间和精力也比较多,也可能会产生一些无用的资料。而封闭式问卷的优点是填答方便,资料便于编码和进行统计分析,用这种问卷也有缺点,最主要的是得到的资料丢失了自发性和表现力,不够丰富生动,有时回答中出现一些误差不易发现。因此,问卷设计时要根据开放式问卷与封闭式问卷的不同特点,将它们用于不同的调查之中。比如,在探索性调查中可用开放式问卷,而在大规模正式调查中则可用封闭式问卷。

3. 问卷设计的一般步骤

设计一份调查问卷一般可按图 4-1 所示的六个步骤进行。

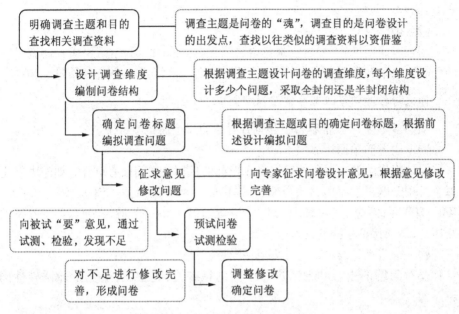

图 4-1　设计调查问卷的六个步骤

编制问卷其实是一项非常"专业"的工作,比较难。一般来说,研究者没有必要编写,可以尽量利用已有的问卷进行调查。但如果没有现成的,就得自己编。

4. 问卷设计的一般原则

问卷设计是问卷调查研究的关键,问卷设计得科学就等于研究成功了一半。要设计理想的问卷,总的原则是立足于调查目的,使问卷易于回答。具体而言,问卷设计原则如下[①]。

(1) 概念明确清晰

问题应明确具体,不可模棱两可让人读不懂,不宜使用抽象概念,抽象概念往往让人不知道如何回答。保证调查对象能够看得懂问题,明白问题问的是什么,并能接受这种问法。保证回答问题的人对问题的理解比较一致,与研究者设计的原意也比较一致。如:

你认为目前你们使用的教材编得怎么样?

很好(　)　　一般(　)　　比较差(　)

"编得怎么样"是个比较笼统的概念,是指内容,还是指形式;是指排版,还是指印刷,并没有说明。这种问题可以在日常交谈中使用,但不适合用在问卷调

---

① 邵光华、张振新:《教育科学研究方法》,北京:高等教育出版社,2012 年版,第 112 页。

查中。

(2) 措辞规范

问题应简明准确，表达应避免语法错误，多用中性词，用语要切合调查对象的受教育水平及职业特点，原则上就低不就高，否则会影响问卷的质量。如：

你觉得你的学习状况非常糟糕吗？

"糟糕"这类字眼很容易引起调查对象的反感而拒绝合作。

(3) 内容简单而详尽

保证提供给调查对象的答案是无遗漏的且相互之间没有重叠。如问大学生每个月用于购买学习用品的金额时，提供的答案不能为：0－50元、50－100元、100－200元；而应为0－50元、51－100元、101－200元。这样便保证了答案的互斥性，从而保证了问卷的调查结果。

(4) 语言表达及项目设计力避诱导性

要对问题的内容和形式进行全面的检查，反复推敲，避免设计诱导性问题。如：

你喜欢在课堂中运用相关信息技术手段吗？

这种提问方式一方面含感情色彩，另一方面其本身即隐含"喜欢"的假设，具有相当的诱导性，限制了回答范围。这就会导致回答失真，难以反映调查对象的真实情况。

(5) 采用投射式提问

在一些可能有明显的社会要求和规范影响的问卷项目亦称"高负荷问题"上，在设计时要设法掩盖研究的目的，采用投射式提问。如：

你对考试作弊的态度是：

深恶痛绝( )   要处理( )   反对( )   无所谓( )

(6) 避免一题多问

问题设计最好采用一问一答式，避免一题多问，否则回答问题时，容易忽略其中一个，致使信息获得不全。

(7) 数量适中且顺序合理

问卷中的问题数量不可太多，容量要适中，一般来讲，一份问卷应保证在15分钟内完成，最好不超过20分钟。问题的顺序安排最好采用漏斗形技术：1) 被调查者个人特征资料放在开头；2) 事实性问题放在前面，态度性问题放在后面；3) 感兴趣的熟悉的问题放在前面；4) 开放式问题放在问卷的最后。

三、调查结果的分析

面对收集上来的堆积如山的资料,该如何处理?该从哪里开始分析这些资料?到底怎么做资料分析?这是我们经常听到的问题。即使是学过这些课程或读过这方面书籍的学生仍然会问:"我该怎么分析我的资料?"的确,资料分析的过程具有复杂性和特殊性。

运用问卷、访谈、观察等调查方法得来的调查资料虽然复杂多样,但如果我们以研究资料能否进行数量统计分析为依据,就可以把收集来的资料分为数量资料与非数量资料两种。

数量资料也就是各种数据资料。我们可以根据数据是否具有连续性,把数量资料进一步细分为计量数据和计数数据。诸如研究对象的身高、体重、学习成绩、学习时间等,借助于测量或一定的测量标准所得到的数据,一般都是连续变化的量,即为计量数据。计数数据则是按个体的某一特质的不同进行计数统计所得到的数据,一般取整数形式,数据之间彼此独立而间断,因此这类数据也称为不连续变量或离散变量。如男生数、女生数、优等生人数、学困生人数等,都属于计数资料。不同类型的数据采用的统计处理方法也不同。

非数量资料一般都是用语言形式表述的,是对研究课题的定性描述资料,如各种理论阐述、学术观点、研究对象的形态或感受,等等。

既然研究资料可以分为数量资料和非数量资料,那么对这些资料的分析就可以进行定量分析和定性分析。资料分析就是系统地寻找意义。分析意味着组织并拷问资料,让研究者能够看清模式,发现主题,找出关系,提出解释,进行说明,达成批判或产生理论。这个过程通常涉及综合、评价、解释、分类、假设、比较及模式发现。

(一)定量分析

定量分析也称数学分析、统计分析,就是以数学为工具,采用统计分析方法,对经过整理的数据资料进行研究,并把结果用数据图表的方式表现出来。通过数学分析,可以使资料得到简化,得到准确的数的概念,了解研究对象量的特征和变化趋势,便于同类事物的比较研究,从而揭示事物内在的规律。

长期以来,职业教育领域内的大多数研究只停留在经验总结的水平上,只是用生动和突出的事例说明问题,阻碍了教育科研的发展。使用定量分析,可以从数据中得出研究结论,可以从数据中发现规律,使得研究避免了主观随意性,经得住检验和挑战。没有充分的定量分析作基础,定性分析就不容易得出广泛而深入的结果,定量分析是定性分析的深化和精确化。鉴于此,当前职业教育科研应强调定量分析方法的应用。

处理数据资料一般有统计描述、统计推断和统计分析三种方式。统计描述是对所获得的数据进行汇总、计算分布特征和变异情况；统计推断是从所获得的数据信息中推测、断定一些未知信息；统计分析是用回归分析、相关分析、主成分分析、因子分析、层次分析和聚类分析等多元统计分析和模糊统计分析方法，对所获得的数据进行深层次的分析，最终得出深刻而科学的结论。教育研究中常用平均数、标准差、百分数、比例、相关系数等来描述研究对象的特征和关系。

在进行数学分析时会运用大量的教育统计学知识，科学的统计方法并非只是简单的加、减、乘、除，对结果的分析解释要符合逻辑，研究人员必须遵从统计学的原理，认真阅读学习教育统计学方面的专著。目前，调查数据几乎都是利用计算机工具，采用数据分析软件进行分析。SPSS 数据分析软件操作简便，好学易懂，简单实用，因而很受非专业人士的青睐。简单的统计分析也可以使用 Excel 软件进行。

此外，为了保证定量分析的科学性和正确性，还应该注意以下一些问题：第一，定量分析必须建立在所收集的数据真实可靠的基础上，测验试卷、调查问卷都要有较高的信度和效度，对待实验数据、调查数据，行动研究和经验总结的数据，必须采取实事求是的态度，不能为了验证自己的主观愿望编造数据。否则，定量分析就毫无意义。第二，在进行统计分析之前，首先要认清所用数据的类型，不同种类的数据有不同的统计方法，不能盲目乱用。第三，在统计分析时使用何种统计方法，应该在设计研究方案时根据研究的目的和研究假设确定好。如果在数据资料收集之后再考虑用什么统计方法进行分析，很可能实现不了研究目的。

（二）定性分析

定性研究，又称质的研究，是以研究者本人作为研究工具，在自然情境下，采用多种资料收集方法对教育现象进行整体性探究，使用归纳法分析资料和形成结论，通过与研究对象互动对其行为和意义建构获得解释性理解的一种研究方法。一般来说，质性资料分析的过程主要包括初步分析资料与深入分析资料两大部分，下面分别进行阐述。

1. 资料的整理与初步分析

如果将资料分析作为一个环节来看的话，其具体步骤主要有如下几个进程：1）阅读原始资料；2）登录；3）寻找"本土概念"；4）建立编码和归档系统。在实际操作时，2）和3）有时可以同时进行，也可以有意识地将3）分出来进行重点分析①。

(1) 阅读原始资料

分析资料的第一步是认真阅读原始资料,熟悉资料的内容,仔细阅读其中的意义和相关关系。在分析资料前研究者要做到通读资料,对资料了如指掌,完全沉浸到与资料的对话和交流中。

① "投降"的态度。在阅读原始资料的时候,研究者应该采取一种主动"投降"的态度。这意味着研究者把自己有关的前设和价值判断暂时悬置起来,让资料自己说话。研究者须对所收集的资料采取开放、尊重的态度,尽量避免个人的解释或评论,让资料存在的意义自然显现。

② 寻找意义。阅读资料的过程是在资料中寻找意义的过程。寻找意义主要是发现文本中所呈现出来的重要信息。比如,我们可以在语言层面寻找重要的词、短语和句子及其表达的有关概念和命题;在话语层面探询资料文本的结构以及文本内部各部分(句子之间、段落之间)的联系;在语义层面探讨有关语词和句子的意义;在语境层面考察语词出现的上下文以及资料产生时的情境;在语用层面寻找有关语词和句子在具体语境中的实际用途;在主题层面寻找与研究问题有关的,反复出现的行为与意义模式;在内容层面寻找资料内部的故事线、主要事件、次要事件以及它们彼此之间的关系;在符号学层面探讨资料文本的内容与相关的符号系统及其社会、文化、政治、经济背景之间的关系①。

(2) 登录

登录是资料分析中最基本的一项工作,是一个将收集的资料打散,赋予概念和意义,然后再以新的方式重新组合在一起的操作化过程。登录要求研究者具有敏锐的判断力、洞察力和想象力,不仅能够很快地抓住资料的性质和特点,而且可以很快地在不同概念和事物间建立起联系。

登录的一个十分重要的、具体的工作是找到对本研究问题有意义的登录码号,然后设码。寻找码号其实就是确定思考单位。选择"思考单位"就是在资料中提炼出某些有意义的内容,它们是频繁出现的,或带有感情色彩的,应是研究者关注的焦点,须要重点登录。思考单位可以是词、短语、句子、段落、文本等,是登录时的最小单位。思考单位应根据研究的需要来确定,但首次登录时一般要求从最基础的层面开始,越详细越好,然后随着分析的深入逐步扩大分析范围。"设码"就是为这些意义单位设置数字或赋予字母码号,把相应码号标注在资料中的有关内容旁边,就是对资料进行了登录。登录时,可以将码号写在相应片段

---

① 陈向明:《质的研究方法与社会科学研究》,北京:教育科学出版社,2000年版,第277－288页。
② 辛治洋、张志华:《教育科学研究:方法与案例》,合肥:中国科学技术大学出版社,2012年版,第288页。

的页边空白处。

(3) 寻找"本土概念"

在资料分析中,研究者首先要做的是寻找出研究对象所使用的本土概念,这些本土概念可以作为关键词统领所有的资料内容,可以更好地整理分析资料内容。

"本土概念"是被研究者经常使用的、用来表达他们自己看问题的方式及其对意义的理解的概念。这些概念往往有它们自己的个性特色,和一般人使用的概念不太一样。寻找本土概念,主要依靠研究者的直觉和体验,作为寻找的线索,可以从三个方面来注意:第一,被研究者反复使用的概念,通常是他们认为比较重要的,在他们的生活中是占有比较重要的位置的,可能代表他们对意义的特殊理解。第二,被研究者在使用时带有比较强烈的感情色彩的概念,虽然出现的频率不一定很高,但总是伴随着比较明显的情感表达,这也说明这些概念在他们自己理解中的重要性。第三,在阅读资料时,那些容易引起我们注意,对我们有吸引力的概念,也是值得注意的。为什么这些概念会在资料中被我们注意到、能够在上下文的联系中突出出来,这里面总会存在一定的道理,可能涉及被研究者独特的理解。"本土概念"要求研究者尽量使用被访者自己的语言以保持资料的原汁原味,从而更加真切地表现他们的思想。

例如,我们访谈的一位专家在谈及"创造力"时特别强调"举一反三"能力。初看起来这似乎与"发散思维能力"相类似,但实际上,他所谓的"举一反三"是与"举一反一"、"举零反一千"相联系的概念,是针对中国学生而言的。包含两层意思:一方面,他反对"举一反一",反对中国学生死记硬背、依样画葫芦,提倡创新、挑战传统;另一方面,他也反对"举零反一千",反对现代年轻人没有一定知识基础的盲目挑战。他认为"举一反三"一定要有个"一",即现成的知识基础。因此,"举一反三"的内涵远比"发散思维"丰富,于是我们在命名时就用了"举一反三"这一"本土概念"。

(4) 建立编码和归档系统

第一轮登录完成以后,我们可以将所有的码号汇集起来,组成一个编码本。这是一个将所有的码号按照一定的分类标准组合起来的系统,反映的是资料浓缩以后的意义分布和相互关系。编码本所反映的编码系统是研究者目前对资料进行分析的基本概念框架,是对资料进行解读的一种方式。有关编码系统的内容和结构,一些研究者提出了自己的经验之谈。比如波格丹和比克兰提出,在一般情况下,登录系统可以包括如下11个方面:1) 场景/情境;2) 研究对象对事情的定义;3) 研究对象看问题的角度;4) 研究对象看待人和事的方式;5) 有关事情的过程;6) 活动;7) 事件;8) 策略;9) 人际关系与社会结构;10) 研究者使用的方法;11)研究者事先设定的编码系统。斯伯莱德里提供了另外一套实地笔记的分类系统,其中包括9个方面的内容:1)空间(地点和物质环境);2)行动者(参与事件的人);3)活动(有关人员从事的一系列相关行为);4)实物(在场的物品);5)行为(有关人员的单一行为);6)事件(有关人员从事的一系列相关活动);7)时间(事件发生的前后序列);8)目标(有关人员希望完成的事情);9)感受(人们感受到的和表现出来的情绪)[1]。

2. 资料的归类和深入分析

在初步整理好原始资料后,需要将相同或相近的资料归类,将相异的资料区别开来,找出资料之间的联系。而"深入分析"指的是将资料进一步浓缩,找到资料内容中的主题和故事线,在它们之间建立起必要的关系,为研究结果做出初步的结论。常用的资料归类方式有类属分析法和情境分析法[2]。

类属分析指的是在资料中寻找反复出现的现象以及可以解释这些现象的重要概念的一个过程。在这个过程中,具有相同属性的资料被归入同一类别,并且以一定的概念命名。类属的属性包括组成类属的要素、内部的形成结构、形成类属的原因、类属发挥的作用等。在质的分析中,设定类属最重要的标准是按照当事人自己对事物的分类设定属性,哪怕那种分类方式在严谨的学者看来不合逻辑。例如,在一项对大学毕业生就业的调查中,北京大学课题组对北京市的一些人才洽谈会进行了现场观察和访谈,结果发现用人单位在挑选大学生时使用了很多重要的概念,如"做人"、"做事"、"敬业精神"、"团队精神"、"职业道德"等。经过讨论和画图,他们进行了图4-2的分析。

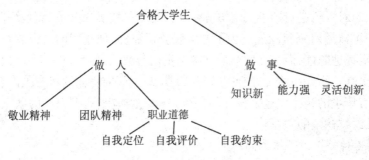

图4-2 类属分析举例

"情境分析"指的是:将资料放置于研究对象所处的自然情境之中,按照故事发生的时序对有关事件和人物进行描述性的分析。这是一种将整体先分散然后再整合的方式,首先看到资料的整体情形,然后将资料打碎,进行分解,最后将

---

[1] 陈向明:《质的研究方法与社会科学研究》,北京:教育科学出版社,2000年版,第288页。
[2] 同上书,第289—295页。

分解的部分整合成一个完整的、坐落在一个真实情境中的故事。情境分析强调对事物做整体动态的描述和生动全面的解释，注意从收集的资料中形成规则、概念和假设，寻找把资料连接成一个叙事结构的关键线索。情境分析的结构可以有多种不同的组成方式，可以按时间的先后顺序，也可以按照逻辑上的前因后果联系；可以把一次观察或一次访谈写成一个情境片断，也可以把几次访谈的内容写成一个故事，还可以把几个故事连在一起，组成一个综合个案。情境分析的步骤可以分为三个环节：

第一，通读资料。通过系统认真地通读资料，发现资料中的核心叙事、故事的发展线索以及组成故事的主要内容。资料中的核心叙事是情境分析中最中心、内容最密集的部分，代表了资料的整体意义。在核心叙事中应该有一条故事线，围绕这条故事线可以追溯故事发生的时间、地点、有关人物、事件、过程和事故发生的原因等。核心叙事可以是对资料中多个个案的一个汇总，用一个典型个案的方式表达出来；也可以以一个案例为主，以其他案例的内容作为补充。

第二，为资料设码。通过对资料的仔细阅读，把相关的片段用符号标出来。这和前面所说的登录很相似，但又不完全相同。情境分析的设码是寻找资料中的叙事结构，如引子、时间、地点、事件、冲突、高潮、问题的解决、结尾等。在寻找这些因素的同时，我们还应对它们之间的关系及其与其他因素之间的关系进行探讨，如什么是主要事件？什么是次要事件？它们彼此之间的联系是什么？这些事件可以如何系统地被组织起来？

第三，对资料进行归类。情境分析的归类不是按类属分类，而是按情境结构归类，归类以后对资料的处理也不像类属分析那样，把相同的内容放在一起，然后分门别类地陈述，而是在归类的基础上把内容浓缩，然后以一个完整的叙事结构呈现出来。因此在情境分析中，资料归类以后，研究者需要将有关内容整合为一个具有情境的整体。这个整体的各个部分之间应该具有内在的联系，包括时空、意义或结构上的联系。

3. 资料分析的具体方法

质的分析过程更多地依赖于研究者的直觉和灵感，因而常常难以表述。但在实际过程中，仍有一些具体的分析手段可以借鉴。

（1）写备忘录

"备忘录"是一种记录（同时也是思考）研究者自己的发现、想法和初步结论的方式，其主要目的是通过写作对自己的研究进行思考。

例如，对于前面提到的"举一反三"概念，由于我们往往忽视其中的含义，与"发散思维"相混淆，因此笔者将自己对该"本土概念"的理解写成备忘录，附于总结报告的最后,以便课题组其他成员参阅。

(2) 写日记、总结和内容摘要

写日记不仅可以随时记下自己的感受和想法,而且可以利用记日记的机会有意识地反省自己当天的活动。而写总结和内容摘要的目的是对资料内容进行简化,以浓缩的方式呈现资料的精髓。

总结的方式灵活多样,可以围绕某些主题进行,也可以按照内容本身的前后顺序(如时间序列、因果关系、情境程序)进行;可以就一篇资料的内容进行汇总,也可以就分散在数篇资料中,但在内容上有相似性的资料进行汇编。

(3) 画图表

图表是对线性文字资料进行的一种立体浓缩,可以通过三维直观的方式比较集中地、生动地展现资料中蕴含的各种意义关系。通常使用的图表有矩阵图、曲线图、等级分类图、报表、网络图、认知图、模型、本地人分类图、决策模式、因果关系图等。研究者可以根据研究的需要采用适当的图表,从而使分析结果更简洁、直观。

(4) 与外界交流

当研究者的分析走入"死胡同"的时候,与善解人意、善于倾听的朋友交谈,往往可以为自己提供一些意想不到的灵感和启迪。此外,研究者还可以阅读有关的研究文献,从中了解本领域内前人的分析方法,借鉴其研究的经验与教训。

可见,质的研究一般采用扎根理论的方法自下而上地建构理论,即从原始资料出发,通过归纳分析逐步产生理论。其主要操作程序如下:1) 对资料进行逐级登录,从资料中产生概念;2) 不断地对资料和概念进行比较,系统地询问与概念有关的生成性理论问题;3) 发展理论性概念,建立概念与概念的联系;4) 理论性抽样,系统地对资料进行编码;5) 建构理论,力求获得理论概念的密度、变异度和高度的整合性[1]。

下面,我们用案例 4-10 来做示例。这个案例中,研究者运用质性研究中的访谈法,对一名高考未被录取而选择职业学校的学生进行个案研究,发现职业教育的吸引力有限、对象有限。立足学生文化基础差、缺乏自信、纪律差等现实问题,职业学校应坚持与普通高中不同的教育模式,既教书更育人,关心每一个学生的成长,关心学生成长的每一个方面,将后进生教育作为教育亮点和增强职业教育吸引力的着力点。

---

[1] 陈向明:《质的研究方法与社会科学研究》,北京:教育科学出版社,2000 年版,第 332 页。

案例 4-10

质的研究 崭新的视角：从学生视角看职业教育吸引力的个案研究

李红卫

一、问题的提出

改革开放以来，我国职业教育的发展总体呈上升趋势，仅在世纪之交时出现过短暂的下滑。近年来，职业教育的发展受到党和国家的高度重视，各项利好政策不断出台，职业教育面临着前所未有的发展机遇。但由于种种原因，职业教育仍然是教育体系中的薄弱环节，社会地位仍然不高，接受职业教育仍然是学生迫不得已的选择。职业教育对学生和家长吸引力不足的问题引起了国家领导人的重视。2009年1月4日，中央政府门户网站以《百年大计 教育为本》为题，全文刊发温家宝总理在国家科技领导小组会议上的讲话。温总理在讲话中要求"研究具体的引导办法，增强职业教育的吸引力"。1月7日，《国家中长期教育改革和发展规划纲要》工作小组办公室启动向社会公开征求意见的工作，"如何增强职业教育的吸引力"即为20个重要问题之一。此后，职业教育吸引力成为社会各界热烈讨论的话题。"关于增强职业教育吸引力的问题研究"被列为国家"十一五"教育科学规划教育部重点课题。

从研究视角看，现有文献对职业教育吸引力的研究主要集中在如下方面：一是运用比较研究的方法，放眼世界，探讨发达国家增强职业教育吸引力的措施。如《澳大利亚对职业教育吸引力有影响的举措》《国际比较视野中的职业教育吸引力问题》《增强职业教育吸引力：欧洲的政策、理念与实践》。二是有学者从企业的视角研究职业教育吸引力。如《从企业角度谈职业教育的吸引力》。三是从政府角度，探讨国家政策、制度对职业教育吸引力的影响，这类文献较多。如《增强职业教育吸引力在于机制创新》认为，我国职业教育吸引力不足的制度性因素有投入不足和保障机制缺失，人事、财政、升学等制度供应不足和体制性利益冲突等。而从学生视角对职业教育吸引力进行的研究较少，很少有研究能深入到职业教育微观层面，如职业学校的校长、教师、学生、家长等。基于上述思考，笔者从对职业教育及职业教育吸引力最有发言权的当事人——学生的视角切入，运用质性研究的方法对职业教育吸引力作一个案研究。因为质性研究方法可以"在自然情境下，使用实地体验、开放型访谈、参与型或非参与型观察、文献分析、个案调查等方法对社会现象进行深入细致和长期的研究"。

二、相关概念界定

关于职业教育，先前我们只注意到其职业性和专业性，而未提及与这两个属性相比更具本质性的基层性。基于职业教育基层性这一本质属性，笔者认为，目前谈论职业教育吸引力，宜定位于中等职业教育。原因有三：第一，高职究竟姓

"高"还是姓"职",学界、实践领域的争议颇多;第二,中职教育的基层性要明显强于高职教育;第三,中职教育的吸引力要明显弱于高职教育,探讨如何增强中等职业教育吸引力,更显迫切。考虑到我国以学校形态职业教育为主的职业教育现状,本文所谈职业教育吸引力中的职业教育指职业学校教育,而不包括职业培训。

关于吸引力的定义,一种是"主位"型的,吸引力是依靠自身的某种性质、特点等把其他物体或别人的兴趣、注意力等引向自己的能力(《现代汉语规范词典》)。职业教育吸引力即指依靠自身职业性、专业性、基层性等特点把学生及其家长、企业、政府等引向自身的能力。一种是"客位"型的,吸引力是个体、群体及其家庭对某件事物偏爱的程度和相关行为。职业教育与培训的吸引力和社会认可表现在以下方面:增加受训者就业、生涯发展和晋升的机会;提供多样化、高质量的学习环境;能够满足不同学习者的需要和目标;公民或个体把职业教育与培训作为自我发展的选择;愿意对职业教育与培训进行投资。综前所述,职业教育吸引力有两个重要指标:一是学生及家长对职业教育选择的集中性,二是他们对职业教育的满意度。

三、研究方法

(一) 抽样

本研究采用的是目的性抽样,即根据研究的目的选择有可能为研究的问题提供最大信息量的样本。本研究选择的是一名高考未被录取而选择职业学校的普通高中毕业生小 N。之所以选小 N,有两个原因:一是小 N 虽然高考成绩不理想,但当时摆在他面前的出路绝不止上职业学校一条。他最终决定选择职业教育,是不是职业教育的某些特色或优势对其有吸引力值得研究。二是小 N 曾就读于普通高中,现又在职业学校学习,所以,职业学校教育与普通高中教育的区别,或者说职业教育的特点或优势,小 N 应该是有切身体会的。

(二) 收集资料

本研究收集资料的方法主要是半结构型访谈和结构型访谈。对小 N 的访谈共进行了三次,经小 N 同意,均作了录音。第一次访谈是半结构型的,时间是 2010 年 2 月 20 日,地点是在笔者的办公室,访谈过程约为一个小时。访谈之前,根据研究主题及自己的兴趣点,准备了一个粗线条的访谈提纲。如被访者的学习经历、选择目前这所职业学校的原因、对职业学校教育和普通高中教育的看法等。访谈时,虽然笔者对访谈结构和进程有一定的控制,但同时允许受访者积极参与,鼓励受访者提出自己的问题,或者按照自己的思路说下去。其间,笔者曾多次根据访谈的进展情况对访谈的程序和内容进行调整。第二次访谈是结构型的电话访谈,时间是 2 月 23 日,访谈过程约半个小时。这次访谈目的明确,问题清晰,一是澄清上次访谈时听得不清、理解上拿不准而又未及时追问的问题;二是弥补上次访谈时遗漏的问题或者在整理录音资料时发现有必要弄清的新问题。第三次访谈的时间是2月27日,电话访谈,访谈过程约十分钟。对小N放弃复读、留学及上民办大学的原因进行了进一步追问。

四、资料分析与研究结果

(一)研究对象的背景

小N,男,北京人,1990年出生。他爱好运动,尤其喜欢足球和篮球。2009年6月参加高考,成绩未上线。当年9月,小N进入北京某职业学校(中专校)学习,专业为会计,学制两年,一年学习专业课,一年实习。接受笔者访谈时,小N已完成了第一学期的学业。据小N讲,从小学到高中,他的学习成绩起伏波动很大。小学时,他的学习成绩一直不错。初二下学期,他的学习成绩开始下滑。高一时,他曾努力,想改变学习落后的状况,但效果不明显。高二、高三时总感到"提不起精神,甚至失去信心,觉得学不下去了"。父母时常督促,但适得其反,小N产生了强烈的逆反心理。与学习上提不起精神形成鲜明对照的是,小N在运动场上精神百倍,时常能找到"成就感"。

(二)小N选择职业学校的原因

一般来说,高考未上线学生可能有四种出路:一是复读,明年再考;二是上民办大学;三是出国留学;四是上中等职业学校。关于复读,小N说他赶上了"课改","下一届学生改教材了"。即使没有这些情况,小N认为复读的可能性也不大。经追问,他承认"学习成绩差"是自己不得不考虑的因素。关于上民办大学,小N讲民办大学"不正规"、"学费太贵"。关于留学,小N认为"不实际"、"没想过"。关于上中等职业学校,小N说最初是父亲的提议,父亲、母亲和小N一块到学校看过后,"感觉还可以"。父母没有强迫小N,让他自己拿主意。小N之所以选择目前这所职业学校,一是"离家近",二是觉得这是一所"老校",三是"喜欢会计这个专业",四是"喜欢职业学校的模式"。

(三)小N就读职业学校的体会

1. 喜欢职业学校的模式

小N认为职业学校和普通高中是两种截然不同的模式。在职业学校,做人是第一位的,然后才是学习。而在普通高中,一切都围着学习转,"不管你怎么闹、怎么玩,只要成绩好就行"。普通高中的教育"太单一,有些片面"。职业学校的教育比较全面,教学生如何做人,如何生活,如何工作,"关心学生的心理问题","教学生认清自己以后的路"。小N说学校很重视文明礼仪教育,教育方式有两种:一种是开设礼仪课,"一星期两节课,学一学期"。另一种是学校学生会设有礼仪部。"有一次,礼仪部的部长来给我们做示范,就是坐、站什么的。"在第一次约为一个小时的访谈过程中,小N一直保持着端正的坐姿,讲话自信却不张狂。

在谈话结束握手告别时,出乎笔者意料,小 N 微笑着怯生生地说:"对不起,李老师。在电话里听您的声音,感觉您比我大不了几岁,所以就称呼'你你'的,请原谅!"那天,小 N 留着小平头,上身穿灰色羽绒服,袖子上有蓝白相间的条纹,下身是条黑裤子,脚穿黑色旅游鞋,朴素大方,干净整洁,给笔者留下了深且好的印象。

2. 喜欢职业学校的老师

职业学校的老师大多能平等地对待每一个学生。普通高中的老师关心学生的成绩,关注学习好的学生。他们会根据学习成绩把学生分成三六九等。"成绩好的学生会在老师面前挺胸抬头,成绩不好的在老师面前说话没底气。"而在职业学校准备参加成人高考时,"所有任课老师都和学生一起努力,老师会帮助任何一个学生"。而在普通高中,如果"哪个学生成绩差,就有可能被老师放弃"。职业学校的老师,不仅关心学生的学习成绩,而且关注学生做人的基本修养、作为一个准职业人应具备的素质等。总之,职业学校老师对学生的关怀、照顾比较全面,相应地,对学生的评价也较为全面、客观和公正。

职业学校的老师大多能尊重每一个学生,会把学生当成人看待。如对待学生的恋爱问题,普通高中老师一听说学生恋爱,就很"反感",接着就是"严厉地批评","甚至通知家长,让家长来处理"。而职业学校的老师,首先认为处于青春期的学生出现恋爱问题是正常的,他们会站在学生的立场帮学生解决问题,他们会讲清后果,讲清利害,最后"让学生自己做决定"。又比如,小 N 入校后,进了系学生会,他体会到"老师尊重我,信任我,鼓励我按自己的想法去组织活动,去做一些事情"。

3. 在职业学校找回了久违的自信

刚进职业学校时,小 N 心理上有阴影,情绪低落,而且有些不适应,"还想着高中的模式,又是第一次住校"。但现在好多了,"我心态很平,生活充实,甚至比我那些在正规大学学习的同学还要充实"。小 N 说,他感觉他的生活、他的青春才刚刚开始。这句话给笔者留下了很深的印象。"我对未来挺有信心的。与那些在正规大学学习的同学比,我不比他们差,有些方面,我比他们实际。他们中有的同学很迷茫,对毕业后的发展没有明确的规划,每天就是学习、睡觉、玩什么的,得过且过,感觉不到有什么朝气。"当笔者问及职业学校做了哪些工作,使他发生了如此大的变化时,小 N 说职业学校的老师并未多说什么,而是踏踏实实去做。比如,学校鼓励学生参加成人高考,并安排最好的老师给学生作辅导。成绩出来后,小 N 考得很好,直接考取了本科。这意味着,如果不出意外,五年后,小 N 将拥有本科毕业文凭。"这使我对今后的学习、生活信心更足了。"又比如,在老师的积极鼓励下,作为系学生会文体部部长的他,独自策划了大专部新生联欢晚会。"晚会很精彩,同学开心,老师满意。"虽然晚会已经过去三个多月了,但现在提起,小 N 依然会沉浸在成功的喜悦中。"在职校半年来,我得到了许多锻炼,潜移默化之中,自信心又重新回到了自己身上。在普通高中时,我没有这种感觉。"在第二次访谈时,小 N 告诉笔者,读普通高中时,他担任过班级体育委员,没有组织过晚会,只是在班里组织的晚会上出过一个小节目,当时"不愿上台","感觉锻炼价值不大"。

五、结论

职业教育的吸引力在各国和不同的社会群体间是不同的。有学者将职业教育吸引力的这一特点概括为个体性,即职业教育的吸引力是因人而异的,因为即使职业教育办得再好,也不可能对每个人都有吸引力。从职业教育的本质属性——基层性来分析,职业教育也不可能对每个人都有吸引力。普通教育中的精英主动选择职业教育的概率几乎是零。计划经济时代确实出现过中专热,可当时中专的教育对象和目的与今天的中等职业教育差异很大。那时的中专毕业生拥有干部身份、不菲收入和较高的社会地位,可以说是社会的精英。现在,研究职业教育的吸引力,探讨增强职业教育吸引力的举措,必须接受这样一个事实:职业教育的吸引力有限、对象有限。从某种意义上讲,职业教育的对象只能是中考或高考的失败者。访谈之初,与某职业学校校长联系,希望能推荐几名中考成绩较为优异(成绩可上普通高中)而选择职业学校的学生,得到的回答是"我们学校没有这样的学生"。周正等对哈尔滨市 1 015 名中职生进行的一项调查表明:他们的中考分数普遍偏低,多数是由于考不上普高才走进职业学校的。

既然职业教育的对象主要是普通教育的失败者,那么研究职业教育的吸引力,就必须从这些学生的实际情况出发。首先,他们文化基础较差,如小 N 的高考成绩为 240 分(满分为 750 分),数学为 60 分(总分为 150 分)。当追问小 N 为什么说选择留学"不实际"时,他说自己的"英语成绩不好,很不好"。其次,他们厌学,对"只重视文化课学习"的普通教育模式十分反感。当问小 N:"是否选择复读,为什么会'犹豫'呢?"他说:"我不敢保证自己复读时能全身心投入。"再次,自信心备受打击,几乎丧失殆尽。小 N 之所以放弃复读,之所以未选择民办大学,除前面提到的原因外,"没有信心"也是一个重要原因。还有,纪律性差。"一切围着成绩转"的普通教育自然会放弃对这一部分"后进生"的教育责任,成为弃儿的他们,难免会沾染上各种不良习气。小 N 说"职业学校的学生比较复杂,不像普通高中那么单纯"。

一般来说,学生选择职业教育、职业学校的动机是毕业后能够找到一份好的工作。小 N 希望自己"毕业后能找份与专业相关的工作,最好能在银行工作"。的确,"受训者在劳动力市场中的就业机会和就业后的发展前景是职业教育发展的最关键因素",也是影响职业教育吸引力的重要因素,但面对这些被普通教育折腾得伤痕累累、对自己及前途毫无信心的学生,谈毕业后的职业发展,未免远了些。所以,当务之急,职业学校的老师要帮助学生从失败的阴影中走出来,重树自信,重燃希望。只有这样,职业学校的教育教学活动才能正常开展,学生的学习与生活才能步入正轨。

经过职业学校半年的学习,小 N 找回了自信,对未来充满了希望。从小 N 的经历看,职业学校教育要想取得成功必须做到:首先,职业学校的老师要尊重每一个学生,要平等地对待每一个学生,不管学生的学习成绩和纪律是好还是差。其次,要相信学生,把学生当成人看待,鼓励和帮助学生把自己合理的想法变成现实。再次,要多组织和开展校园文化活动,为不同才能、不同兴趣的学生创造锻炼自己、展示自己、发展自己和体验成功的机会。还有,也是最重要的一点,职业学校必须坚持与普通中学不同的办学模式:既教书更育人,关心每一个学生的成长,关心学生成长的每一个方面,教学生做人与做事并重,实践为主、理论为辅,努力做到动手与动脑二者兼顾。

小 N 认为,职业学校与普通高中的教育模式是截然不同的。普通高中是精英教育,成绩落后的学生会被无情地淘汰。而对职业学校教育而言,几乎就是一种后进生教育。这难道不正是职业学校的教育亮点和增强自身吸引力的着力点吗?小 N 讲,有相当一部分学生是听从家长安排来职业学校学习的,不仅他们自己甚至家长都已经失去信心。学生说:"自己还小,不上职校,还能干什么呢?"家长则对职校老师说:"学习无所谓,只要把孩子管住就行。"如果职业学校不仅管住了学生,而且给了学生信心和希望,甚至一技之长,这样的教育,学生和家长能不满意吗?而有吸引力的职业教育的首要特征就是"人民满意",人民满意的教育怎么可能对人民没有吸引力?

摘自:http:// blog. sina. com. cn/s/blog_4d6e9f510100ru6f. htm

唯物辩证法告诉我们,任何事物都有质和量两个方面,都是一定质和量的统一体,教育现象同样如此。一般教育科研课题的研究,常常是既有数量资料,又有非数量资料,因此定量分析与定性分析应综合使用,二者缺一不可。

第四节 案例研究

"案例",这个前几年在职业教育中还不太为人所熟知的词语,最近已经成为广大教师的"通用语言"。它正越来越密切地与教师教育研究结为一体,在教师的职业生涯中扮演越来越重要的角色。那么究竟什么是案例?怎么进行案例研究?本节将作详细介绍。

一、什么是案例研究

案例研究法乃由美国哈佛大学法学院创始。1870年,兰德尔出任哈佛大学法学院院长,鉴于法律条文的飞速增长和判例的日益重要,他提出用案例来组成法律教育中的课程,期望法学院的学生通过案例的讨论掌握法律的原理。他认为构成学习资料的案例来源于法律实践,来源于各级法庭的判决,因此兰德尔按年代编列法院的判决,作为法律教育的案例集。后来,又出现了按主题编写的案例集。实践证明,在法律教育中,案例教学确实能够有效地提高律师思维方面的技能。

1893年,哈佛大学约翰·霍普金斯医学院创立。在当时,临床学科的教学严重滞后,讲授法仍然是医学教育的主要方法,医学院的学生甚至在学习几年后根本都没有机会与病人进行任何的接触。为打破这一陈腐落后的教学方式,约翰强调在医学教育中实施案例教学。临床实践成为医学院学员研究的案例来源,另外病理学家、临床医生、医学教学人员和医学院学员共同参与研究病人的医疗记录即病例。

大规模实施案例教学并取得显著成就的当属哈佛大学工商管理学院。1908年,哈佛商学院开始引入案例法。1920年,哈佛商学院成立案例开发中心,邀请一帮专家专门从事收集和整理案例的工作,次年出版了第一本案例集,开始正式推行案例教学。此后,案例教学得到了飞速发展。哈佛商学院运用案例教学法培养了一大批企业管理人才。他们称职能干,备受重视。据说,现在美国500强公司中,有五分之一的总经理是哈佛大学工商管理学院的学员。由于商业领域严重缺乏可用的案例,哈佛商学院最初仅借鉴了法律教育中的案例法,在商业法课程中使用案例法。由此,人们开始有针对性地研究和收集商业案例。到今天为止,运用案例教学在工商管理学界最为彻底,案例经典的写作方式及对案例本身的研究也主要来自工商管理学界。

案例研究法在社会科学研究领域的应用,其源头大约可以追溯到20世纪初期人类学和社会学的研究。例如,英国人类学家马林诺斯基对太平洋上特洛布里安岛原住民文化的研究,就是案例研究的先驱[①]。从马林诺斯基之后,案例研究法逐步发展成为一套规范的研究体系,出现了许多有重大影响的研究成果。例如,美国社会学家威廉·怀特的《街角社会》,美国芝加哥大学社会学家托马斯和波兰社会学家兹纳涅茨基的《身处欧美的波兰农民》,以及我国著名社会学家费孝通的《江村经济:中国农民的生活》,等等,被认为是案例研究的典范。

案例研究对当代中国也产生了深远影响。毛泽东在谈到调查研究的方法

[①] 德尔伯特·C.米勒、内尔·J.萨尔金德:《研究设计与社会测量导引》,风笑天等译,重庆:重庆出版社,2005年版,第149页。

时,曾经形象地将案例研究法称为"解剖麻雀",即通过对一个单一个体深入、全面的研究,来取得对一般性状况或普遍经验的认识。毛泽东通过对湖南农民运动的考察,通过江西寻乌调查等案例研究,得出了对20世纪初期中国农村状况的一般认识,这对于他形成关于中国革命道路与战略的理论具有很大的影响。

教育领域对案例的研究远远迟于法律、医院、管理等领域。在西方,将案例运用于教师培训则是20世纪70年代的事情。我国从1990年以后,教育界开始探究案例教学法。由于有感于教育理论与实践的巨大差距,大家希望教师成为研究者来弥补这一鸿沟。而教师显然不是专业研究者,没有受过专业训练,也没有时间专门搞研究,毕竟教书育人才是正业。在这种情境下,教师如何去从事研究?如何展示自身的研究成了一个问题。显然,长篇大论的理论探讨非教师所长,而生动的鲜活的事例又是教师宝贵的资源,显然案例研究适应了教师的需要,由此进入教师和研究者的视野。

(一)什么是案例

从案例研究的发展历程,我们可以看到,案例在法学界指的是一个案件或一个判例,在医学领域被认为是各式各样的病例,在社会学领域它成了一个系统的研究,比如《街角社会》《江村经济:中国农民的生活》《湖南农民运动考察报告》。可见案例已被不同领域的人所关注,但对于何谓案例、案例的规范格式等,远未达成共识。我国学者郑金洲汇总相关的研究,认为在案例的理解上,有这样几个方面大致是人们认可的[1]:

案例是事件,是对一个实际情境的描述。案例讲述的应该是一个一个的故事,叙述的是故事产生、发展的历程,是对事物或现象的动态性把握。

案例是含有问题或疑难情境在内的事件。事件只是案例的必要条件,而不是充分条件,换句话说,事件还只是案例的基本素材,并不是说所有的事件都可成为案例,能够称之为案例的事件,必须包含问题在内,并且也可能包含解决这些问题的方法。

案例是典型性的事件。所谓典型,指案例必须是有典型意义的,要能够从这个事件的解决当中说明、诠释类似事件,要能给读者带来一定的启示和体会。

案例是真实的事件。虽然案例展示的是一个饶有趣味的故事,要和故事一样生动有趣,但案例与故事也有一个根本性区别,那就是故事是可以杜撰的,而案例是不能杜撰的,它反映的是真实发生的事件,是事件的真实再现。

说这么多,究竟什么是案例?让我们来看看下面这个案例。

---

[1] 郑金洲:《教师如何做研究》,上海:华东师范大学出版社,2012年版,第165页。

案例 4-11

问题出在哪里？——学校管理案例分析

地理教师张某是一位教学能力、教学水平较高的老教师，上课深入浅出，风趣幽默，很受学生欢迎。但是他自恃教学水平较高，将其作为"资本"，常有违反学校规章制度的现象，而且同事之间关系紧张，有时得理不饶人，一般教师和领导都有点"怕"他。

一天中午，张某急急忙忙推着自行车向校外走，在校门口正好碰到外出办事回校的人事干部，他对人事干部说："我有点事，如回不来，第一节地理课就无法上了。"说完没等人事干部回话，就一溜烟地骑车跑了。果然他第一节课没来上课，而且整个下午都没到学校。第二天，事情闹到新来的校长那里，新校长感到此事很棘手：教师们都在观望，看你新来的校长如何对待这"刺头"。校长果断地通知召开校务扩大会议。

会上，当人事干部介绍完昨天下午的情况后，新校长说："你们说说，对这样严重违反规章制度的情况，应该给予怎样的处理？"教导主任接话说："为了严肃纪律，消除影响，应给予旷工处理，扣去当月奖金，并在教工大会上点名批评。""听说这段时间张某在外做生意，昨天一定是谈生意去了，我同意教导主任的意见。"人事干部接着说。尔后，会议出现了冷场：副校长和工会主席欲言又止地低头抽烟，书记紧锁眉头若有所思，办公室主任眼睛直愣愣地盯着记录本。

看着这情景，校长有点沉不住气了，敲敲桌子说："如果没有其他意见，我看就这样……"话音未落，校长的话被书记打断："我看这样做不妥，我以为首先要找张某谈一下，弄清楚昨天下午他到底去哪里了，然后根据情况再研究如何处理。况且如何处理要根据学校制定的规章制度执行。"副校长掐掉手中的香烟也接话说："我同意书记的意见，张某平时是有违反纪律的现象，但昨天下午到底怎么回事，还须搞清，否则会给工作带来不必要的麻烦。""你们是怕张某！"教导主任急不可待地说。"还是做到有理有节为好。"工会主席心平气和地插话说。会场出现了僵持、尴尬的局面。

思考：

1. 会议出现这样的局面是新校长没有料到的，那么问题出在哪里？

2. 书记的意见显然与校长的观点相悖，此时书记到底该不该发表自己的意见？

摘自：http://llzx.xhedu.sh.cn/cms/data/html/doc/2012-03/19/30216/

确切地理解案例的含义，是开发案例、从事案例研究的基本前提。认识了案例的基本含义，还须要进一步明确一个好案例的标准，以便为案例的开发提供可资衡量、评判的基本参照框架。郑金洲总结美国一些学者的研究，归纳了一个好案例的标准[①]：

一个好的案例应讲述一个故事。像所有好故事的标准一样，一个好的案例必须有有趣的情节，要能把事件发生的时间、地点、人物等按一定结构展示出来。当然，其中对事件的叙述和点评也是必要的组成部分。

一个好的案例要把注意力集中在一个中心论题上，要突出一个主题，如果是多个主题的话，叙述就会显得杂乱无章，难以把握住事件发生的主线。

一个好的案例描述的是现实生活场景，应该反映的是近五年发生的事情，因为这样的案例读者更愿意接触。

一个好的案例可以使读者有身临其境的感觉，对案例所涉及的人产生移情作用。

一个好的案例应包括从案例反映的对象那里引述的事情。例如反映某个学校或某个班级的案例，可引述一些口头和书面的、正式和非正式的材料，以增强案例的真实感。

一个好的案例需要对面临的疑难问题提出解决方法。

一个好的案例需要对已经做出的解决问题决策进行评价。也就是说，一个好的案例不仅要提供问题及问题解决的方法，而且也要有对这种解决问题方法的评价，以便为新的决策提供参照点。

一个好的案例要有一个从开始到结束的完整情节，要包括一些戏剧性的冲突。

一个好的案例的叙述要具体、特殊，也就是案例不应是对事物大体如何的笼统描述，也不应是对事物所具有的总体特征所作的抽象化的、概括化的描述。

一个好的案例要把事件置于一个时空框架中，也就是要说明事件发生的时间、地点等。

一个好的案例要能反映教师工作的复杂性，揭示出人物的内心世界，如态度、动机、需要等。

（二）什么是个案研究

在中国，有许多社会科学研究者给案例研究下过定义，其中，风笑天教授的定义最具代表性。他认为：个案研究（案例研究。笔者注）即对一个个人、一件事件、一个社会集团或一个社区所进行的深入全面的研究。

同其他研究方法相比，案例研究的关键性因素又是什么呢？

根据德尔伯特·C.米勒和内尔·J.萨尔金德的看法，案例研究的关键要素包括：

1. 案例是一个有限系统，受限于时间和地点。

2. 案例可以是一个计划、事件、行动或个人。研究者须要通过多种方式收集资料，如观察、访谈、音频和视频、文献和报告等，也可以通过多种形式的资料

[①] 郑金洲：《教师如何做研究》，上海：华东师范大学出版社，2012年版，第165页。

如文字、图片、录音和电子邮件等来对个案进行深度描述。

3. 提供一个深度理解只需要少量个案,研究者不可能对很多个个案进行深度研究,因为没有这么多时间。

4. 研究时须要交代个案的背景,如当时、当地的社会、历史和经济情况。

5. 研究者还需要将个案置于更大的背景中来理解,如地理、政治、社会和经济条件。

我国学者王金红认为还应补充两个重要因素[①]:

6. 案例研究中的人物、事件、过程与背景主要是当前存在的状况,历史背景与历史文献主要用来丰富个案,提供更为深入和广阔的背景。

7. 案例素材本身只是研究的依据,不能掺杂各种理论观点和先验评判。研究者的发现和理论观点必须从案例中形成,而且,具有相同研究背景的其他人在对同一案例进行分析后应当可以得出基本相同或相似的结论。

二、案例研究的优缺点及适用范围

(一)案例研究的适用范围

我们在什么情况下会用到案例研究?为什么采用案例研究?为什么你没有采用实验研究法,或是调查法、历史分析法?其实每种研究都有其长处和不足。为了有助于人们加深对案例研究的理解,消除人们对案例研究的传统误解,美国学者罗伯特·K.殷仔细区分了不同研究方法之间的特点,比较了不同研究方法的适用条件(如表4-2所示)。

表 4-2 不同研究方法的适用条件

研究方法	研究的问题的类型	是否需要对研究过程进行控制	研究焦点是否集中在当前问题
实验法	怎么样、为什么	需要	是
调查法	什么人、什么事、在哪里、有多少	不需要	是
档案分析法	什么人、什么事、在哪里、有多少	不需要	是/否
历史分析法	怎么样、为什么	不需要	否
案例研究法	怎么样、为什么	不需要	是

资料来源:罗伯特·K.殷:《案例研究:设计与方法》,周海涛等译,重庆:重庆大学出版社,2005年版,第7页。

罗伯特·K.殷提出了在决定采用某种研究方法之前所必须考虑的三个条件:1)该研究所要回答的问题的类型是什么;2)研究者对研究对象及事件的控

---

① 王金红:《案例研究法及其学术规范》,《同济大学学报(社会科学版)》,2007年第3期。

制程度如何;3)研究的重心是当前发生的事,还是过去发生的事。

对照表4-2,如果所要回答问题的类型是发生了"什么事"这类探索性问题,例如,"研究这个成功的学校,可以学到什么经验?"这个问题的目的,是提出可供进一步研究的恰当的假设和命题,则上述五种研究方法(例如探索性调查、探索性实验、探索性案例研究等)都可以用来处理这种探索性问题。而当"什么事",实际上可以表述为一连串"有多少"的问题时,例如,"上次管理体制调整的后果是什么?"对于这类问题,调查或者档案研究的方法会更适合。但是,对这类问题,用案例研究,就会费力不讨好。再比如什么人、在哪里之类的问题,当研究的目的是描述某一现象出现的范围、程度或频率时,或者预测其未来结果时,统计调查或者档案分析的研究方法就比较有优势。

相反,"怎么样"和"为什么"之类的问题更富有解释性,适合处理这类问题的研究方法是案例研究法、历史法和实验法。这是因为,这类问题需要按时间顺序追溯相互关联的各种事件,并找出他们之间的联系,而不仅仅是研究他们出现的频率和范围。

确定你所要研究的问题类型也许是研究的最重要一步。假设你的研究所要回答的类型是"怎么样"和"为什么",那么,要确定采用历史分析、案例研究或者实验法中的哪一种方法,就须要进一步分析研究者对研究对象的控制范围、程度,看其是否能接近研究对象所处的实际环境。当研究者无法控制、无法接触研究对象时,历史分析法是最适合的研究方法。当研究者可以直接地、精确地、系统地控制过程时,才可以采用实验法。案例研究适合用于研究发生在当代但无法对相关因素进行控制的事件。

根据罗伯特·K.殷综合分析,案例研究最适用于如下情况:

研究的问题类型是"怎么样"和"为什么",研究对象是目前正在发生的事件,研究者对于当前正在发生的事件不能控制或极少能控制。

(二)案例研究的优点与不足

关于案例研究的优点和不足,有很多学者做了分析。根据张梦中教授的看法,案例研究同其他研究方法相比,主要的优势在于:1)案例研究的结果能够被更多的读者所接受,而不局限于学术圈,给读者以身临其境的现实感。2)案例研究为其他类似案例研究提供了易于理解的解释。3)案例研究有可能发现被传统的统计方法忽视的特殊现象。4)案例研究适合于个体研究,而无须研究小组。

案例研究也存在一些缺陷和不足,对案例研究的第一个疑虑是认为其缺少严密性:采用案例研究的学者要么马虎、粗心,要么并不按照系统的程序进行研究,要么使用模棱两可的论据或带着偏见进行研究,导致研究结论失实。对于案例研究的第二个疑虑是认为不能提供科学归纳的基础,即"你怎么能单从一个案例归纳出结论?"对案例研究的第三个疑虑是案例研究须要投入太多时间,而其研究结论多表现为冗长繁琐的文档。尽管人们对案例研究的上述疑虑可以减少到最低程度甚至消除,但是,要完成一个高质量的案例研究确实不容易。问题的关键在于,我们无法对研究者完成案例研究的能力进行筛选或测试[1]。

三、案例研究的过程

一般来说,案例研究的过程包括案例研究设计、拟定研究草案、筛选案例、收集资料、分析资料、撰写报告这么几个阶段,兹分述如下。

（一）案例研究设计

1. 定义研究问题

你所要研究的问题是什么?对这一问题的回答规定了案例研究的目的。通过搜集整理数据我们能得到指向这些问题的证据,并最终为案例研究做出结论。所以问题必须明确:要研究什么、研究目的、什么已经知道和什么还不知道。通常研究者还会对以前曾经进行过相关研究的资料进行审查,从而提炼出更有意义和更具洞察力的问题。

2. 提出理论假定

理论假定可以引导你关注要研究的问题,提供研究进行的线索。比如,假设你要研究组织之间的关系,那么你首先提出问题:为什么电脑制造商和电脑经销商会联合起来,共同提供该产品的售后服务?但是仅此还不足以指导你如何进行研究,只有明确提出某种具体的假设后,你的研究才会有正确的方向。例如,你可以想象,几个组织、企业之所以联合起来,可能是因为它们可以通过联合达到互惠互利的目的。这一假设除了反映重要的理论问题(导致合作的其他动机并不存在),还能告诉你到哪里去寻找相关的证据(去界定和证明各个组织获得的特定利益)。可见确定理论假设多么重要,它可以来自现存的理论或假设。

3. 界定分析单位

分析的单位可以是一个计划、一个实体(学校)、一个个人(如学生、教师)、一个群体、一个组织或一个社区等。每一个研究单位都可能与各种政治、社会、历史和个人等问题有着千丝万缕的联系,这既为研究问题的设计提供了各种可能性,也为案例研究增加了复杂性。

4. 连接数据及命题的逻辑

为了把数据与理论假设联系起来,在设计研究阶段时就必须对理论主张进行明确的表述。

---

[1] 罗伯特·K.殷:《案例研究:设计与方法》,周海涛等译,重庆:重庆大学出版社,2005年版,第13页。

5. 解释研究发现的准则

对于分析的结果,研究者就可以针对研究的命题提出一个解释,来响应原来的理论命题。

(二) 拟定研究草案

一般来说,案例研究草案应包括[①]:

(1) 对案例研究项目进行审查、评估(研究项目的目的及其前景,须要研究的问题,有关研究问题的相关研究成果等);

(2) 实地调查的程序(调查时须要出示的介绍信,接近访谈对象的方法、证据的主要来源渠道,应遵守的程序);

(3) 须要研究的问题(研究者在收集证据中必须牢记的特定问题,资料的呈现形式,能够回答特定问题的证据来源渠道);

(4) 指导撰写案例研究报告(案例研究报告的大纲、证据、资料的呈现形式,其他记录材料的使用和呈现,研究者的简介,等等)。

只要稍微浏览一下案例研究草案包含的这些内容,你就会明白它是多么重要。首先,它能使你的研究活动锁定在研究对象上。其次,制定研究方案将迫使你对相关问题包括案例怎么撰写等进行深入思考。从长远看,这些思考会使你的研究工作更有条理,不致在研究过程中出现重大失误。

(三) 筛选案例

案例选择的标准与研究的对象和研究要回答的问题有关,它确定了什么样的属性能为案例研究带来有意义的数据。研究者在案例选择的过程中必须不断地问自己在哪里寻找案例才可以满足研究的目的和回答研究的问题,以便找到最适合的案例[②]。作为职业教育工作者尤其是一线教师,可以在自己的教育教学实践中筛选案例[③]。

1. 在观察体验中寻找案例

教师以课堂教学为实践情境,以整个教学过程为探究过程,会从身边或亲历的平凡、平淡的事例中捕捉到新奇。这种捕捉是对与众不同的声音、行为以及思维方式的关注,是对课堂重点、难点、亮点、缺憾的敏锐洞察,是对事件本质的用心体验与及时反馈。因为案例必须是一个真实的教育事件,为了突出主题,教师可以在叙述中对案例作一定的详略处理,但不能杜撰或演绎案例。

2. 在分析评价中选择案例

与其费尽心机思考选择什么样的案例,不如经常问自己:我在教学中最大的

[①] 罗伯特·K.殷:《案例研究:设计与方法》,周海涛等译,重庆:重庆大学出版社,2005年版,第76页。
[②] 孙海法、朱莹楚:《案例研究法的理论与应用》,《科学管理研究》,2004年第1期。
[③] 乔晖:《案例研究:实践情境中的观察与思考》,《教育理论与实践》,2010年第4期。

困惑是什么？把教学中的真实困惑作为案例研究的切入点，从而把自身教学须要解决的问题作为关注点。只有这样，对教学行为（包括教学语言、教学内容呈现方式、教学情境的创设或者是教师启发点拨行为等）的观察、教学意识的考察、教学效果的分析才有立足点，这样的案例才能彰显研究意义。通过对课堂案例典型性的分析与评价，使案例具有一定的代表性，它所反映的问题应该是其他教师在教育实践中也很可能遇到的，或正困扰着其他教师的。

3. 在反思总结中形成案例

在课堂内外，我们都须要通过反思，将教育教学中的困惑与矛盾提炼成问题，将问题的不同方面有机地融合起来，作为对教育教学案例的整体认识。这种反思还可以表现为教师提出了别人还没有明确的问题，但更表现在教师运用了别人还没有运用过的策略和方法并很好地解决了问题，或在此基础上提出了新的假说。

（四）收集资料

案例研究中的资料有书面的关于访谈内容的记录、相关部门或组织愿意提供的文件、研究者的观察感受等。常用的资料收集方法如表4-3所示：

表4-3 案例研究中的资料收集方法

方法	优点	缺点
文献	稳定：可以反复阅读 自然、真实：不是作为案例研究的结果建立的 确切：包含事件中出现的确切名称、参考资料和细节 覆盖面广：时间跨度长，涵盖多个事件、多个场景	检索性：低 如果收集的文件不完整，资料的误差会比较大 获取：一些人为因素会影响文件资料的获得
档案记录	同上（同文献） 精确、量化	同上（同文献） 档案隐私性和保密性影响某些资料的使用
采访	针对性：直接针对案例研究课题 见解深刻：呈现观察中的因果推断过程	设计不当的提问会造成回答误差 记录不当影响精确度 内省：被访者有意识地按照采访人的意图回答
直接观察	真实性：涵盖实际生活中发生的事情 联系性：涵盖事件发生的上下文背景	费时耗力 选择时易出现偏差，除非涵盖面广 内省：受观察者觉察有人在观察时，会调整、掩饰自己的行为 费用：人力观察耗时多
参与性观察	同上（同直接观察） 能深入理解个人行为与动机	同上（同直接观察） 由于调查者的控制造成的误差
实物证据	对文化特征的见证 对技术操作的见证	选择的误差 获取的困难

在案例研究中,资料收集和分析是非常重要的环节。罗伯特·K.殷认为,案例研究中资料的收集必须遵循三条基本原则:第一是使用多种证据来源,第二是建立案例研究数据库,第三是组成一系列的证据链[1]。

从这三条原则要求来看,案例研究中资料收集的主要特点包括[2]:

研究资料的多样性。案例研究的资料种类包括文件、档案、访谈记录、观察记录、图像等实物。

收集资料技术的多样性。案例研究可以通过查阅档案、访谈、问卷、直接观察、拍摄照片或录像获得研究资料,以便形成案例素材。

研究案例的选择性。在案例研究中,研究者可能收集到许多相类似或者不同的案例,但是,并非所有收集到的案例都要应用,必须进行筛选,只选择最有价值的案例。

案例呈现的完整性。案例研究须要通过深入细致和全面的描述呈现研究素材,提供广阔、丰富和生动的细节与背景,让人有身临其境的真实感。

(五) 分析资料

案例研究需要对资料进行分析。根据罗伯特·K.殷的研究,案例研究资料分析的主要内容和特点是:有一套相应规范的分析过程。资料分析的基本构成是检验、分类、制表以及资料的其他组合方式,这是着手研究的重要环节。有一套具体的分析策略。案例研究的资料分析策略有三种,一是依据研究主题或理论假设,考虑研究资料是否符合需要;二是要考虑所提供的研究资料是否导致与之相反的竞争性解释,或者是否能够对以往的研究提出竞争性解释;三是进行案例描述,形成案例叙述的内在逻辑。有可供选择的具体分析技术,包括模式匹配、建构性解释、时序分析、建构逻辑模型以及跨案例聚类分析[3]。

为了确保高质量的案例分析,研究者还必须注意做到以下四个方面:分析应明确显示考虑了所有的研究资料;如果有可能,分析中应当指出所有主要的竞争性解释;案例分析要清晰地说明案例研究中最有意义的方面;案例研究中应当运用自己原先具有的专业知识。

(六) 撰写案例

案例的撰写没有一个统一的格式,即使哈佛商学院,也没有一个人人所遵循的模式化的"写法"。但从案例所包含的内容来说,我国学者郑金洲认为一个相

---

[1] 罗伯特·K.殷:《案例研究:设计与方法》,周海涛等译,重庆:重庆大学出版社,2005年版,第106 - 113页。
[2] 王金红:《案例研究法及其学术规范》,《同济大学学报(社会科学版)》,2007年第3期。
[3] 罗伯特·K.殷:《案例研究:设计与方法》,周海涛等译,重庆:重庆大学出版社,2005年版,第117 - 147页。

对完整的案例大致会涉及以下几方面的内容[①]：

第一是标题。案例总是有标题的,总是要借助标题反映事件的主题或概貌,让我们看一眼标题就大致知道发生的是什么事。有的老师不给案例定标题或只是简单地叫"案例",这就使标题要发挥的提供信息、反映主题的重要作用弱化甚至消失了。一般地说,案例有两种定标题的方式：一种是用事件定标题,即用案例中的突出事件作为标题,如反映课堂教学事件的"哄堂大笑以后",反映与学生交往行为的"闷葫芦会讲话了"等；二是用主题定标题,把事件包含的主题析离出来,作为案例的主题,如"职高生的消极情绪及其转化案例"、"职业生活为什么不幸福"。两种定标题的方式各有千秋,前者展示的事件,吸引读者进一步了解相关信息；后者反应的主题,让读者知道事件要说明的是什么。

第二是引言。也可以是开场白,一般有一两段话就可以了。主要描述一下事件的大致场景,隐晦地反映事件可能涉及的主题。引言可以起到一个"先行组织者"的作用,使读者有一个阅读上的"心理准备"。

第三是背景。案例中的事件是发生在一定的时空框架之中的,是依托一定的背景的,因而背景的交代十分重要。案例中对问题的分析与评判,方法是否得当,措施是否合理,离不开背景。

比如,在职业学校老师撰写的"教师可断家务事吗？——一次特殊的教育实践"案例中,对事件发生的背景是这样描述的：

案例 4-12

教师可以断家务事吗？——一次特殊的教育实践

2001 年,我担任关贸业务专业班主任。全班 52 名学生,女生 40 名,男生 12 名。在班级乃至学校各类活动中,女生明显强势。学习成绩上,女生明确宣布要将男生挤出前 20 名,果真成绩最好的男生在班级排名中从未进入前 20 名,而成绩倒数 10 名中男生却占了 7 位。迅速地,被女生戏称为"阴盛阳衰"的我班出现了一些我思想上毫无准备和预见的情况,男生对学习普遍没有兴趣,上学迟到、上课睡觉、旷课、早退等现象频频出现,男生整体性地走向"消极"和"颓废"。

在这个案例中,没有引言,背景部分作者用的笔墨不多,但给读者提供了了解故事内容的框架性认识。阅读这一部分后,读者可以知道故事发生在关贸业务专业班,谁是班主任。这个班出现"阴盛阳衰",男生整体"消极"和"颓废",暗

[①] 郑金洲：《教师如何做研究》,上海：华东师范大学出版社.2012 年版,第 166–171 页。

示下面的故事和问题可能发生在男生身上。

问题。案例区别于一般事例的最大特点就在于有明确的问题意识,是围绕问题来展开的。在论述中,须要讲明问题是如何发生的,问题是什么,问题产生的原因有哪些?

我们继续看这个案例对问题的描述:

案例 4-12

(接上)

班级进入高二年段,国庆假日后的一天,男生王某的母亲突然来到学校,说孩子昨晚离家出走。我对此讯息已有一定思想准备,因为该生一直以来在校表现不佳,本学期更是多次出现迟到、旷课现象,在我面前也几次扬言要退学或者离家出走。然而该生母亲随后告诉我的则令我大吃一惊——昨晚他们夫妻俩上演家庭内战,随后孩子加入,父子大打一场,最后孩子摔门而去,不知所向。当然,其父已然不是人高马大的孩子的对手,被彻底打败。双方激动之余均宣布脱离父子关系。伤心欲绝的母亲也告诉我,其实孩子并不全错,丈夫有赌博的恶习,夫妻间常因此产生矛盾。丈夫今年更是几次对妻子动粗,孩子早已内心不满。昨晚,看到父亲又因赌博输钱而迁怒于母亲,终于火山爆发上演父子大战。现在,孩子伤心出走,丈夫闭门痛苦哀伤,妻子则几近绝望。一年来我与这个家庭始终有所联系,也在 8 月份家访过一次。此次孩子母亲来校找我,我体会到了她的期盼和痛苦。

这个案例通过对一些事件的描述,揭示案例当中的问题:班里一学生离家出走了。通过王某母亲的描述,这孩子出走的直接原因是父子大打一场,间接原因是家庭矛盾,其父好赌且赌输了迁怒其母亲,当然之前还有许多征兆,多次出现迟到、扬言要退学或离家出走等。

问题的解决。问题发现以后,如何解决是关键。这部分内容须要详尽地描述,要展现问题解决的过程、步骤,以及问题解决中出现的反复、挫折,也会涉及问题解决的初步成效。这部分内容在一定程度上,是整个案例的主题,切忌把问题解决简单化、表面化。案例这种文本之所以与其他文本不同,一个突出的特点就在于它对事实记述的详细,对问题解决过程的细致描述。

上述案例是这样描述问题解决过程的:

案例 4-12

(接上)

我的措施如下:

首先,找到离家出走的学生。此事不难,他就睡在最要好的同班同学赵某家里。当然，我没有要求他马上回家，而是与赵某和他的家长说好，让王某在他家暂住一个星期。不过，我给王某布置了两个作业，前后有序。第一，写一份对此事的自我分析或认识；第二，写一封给爸爸妈妈的信。

其次，也是最难的，上门家访，释隙促和。说实话，赌博实为恶习，但当前在有些地方此风盛行。解决这个家庭矛盾并转变学生的关键其实就是"斩断"孩子父亲的赌博之手，促其赌海回头。

我没有马上上门家访。三天内，我在孩子母亲的支持配合下没有与该生的父亲联系一次。第四天，孩子父亲终于来到了学校。在一个单独办公室，我与他谈了整整两个小时。作为父亲，他的思想无疑已经有了深刻的认识，缺的只是控制自我的坚持和毅力。第五天，我上门家访。此次上门，我带去了孩子已经完成的两份作业，也给他们看了几篇我精心整理的孩子高一入学以来写的"周记"。有对昔日家庭温暖的倾诉回味，有对看到父母争吵的伤心困惑，也有对爸爸嗜赌不归的痛苦愤恨，更有对家庭前景的美好期待和渴望。夫妻俩看后都流泪了，尤其是孩子的父亲，我看得出其内心强烈的震撼与冲击。

最后，与学生王某谈话。我把这一周我做的事向他进行了说明。没有过多地批评，但清楚地表明了我对他一系列行为赞同或否定的态度。我对他提的要求最后归结为两点：其一，就像老师给你改正错误或缺点留有时间、机会一样，你也适当地给你爸爸改正陋习留点时间和机会。其二，表现出一个青年人尤其是男子汉应有的气量和立场。自己把握好自己，自己控制好自己，毕竟今后的路要自己去走。

"我"通过找到离家出走的学生、上门家访、释隙促和等一系列办法，使问题在一定程度上得到了解决。不但叙述了问题解决的过程，而且也介绍这些措施的初步成效。

反思与讨论。工商管理的案例大多没有这部分，常常是在思考题中反映案例作者自身的一些想法。而教育教学的案例，不像工商管理案例那样是由专业研究者写的，而是由工作、生活在教育教学一线的教师自己完成的，撰写案例的过程，也就是对自己解决问题的心路历程进行再分析的过程，同时也是梳理自己相关经验和教训的过程，因而，系统地反思自身的教育教学行为，对提升教育智慧、形成自己解决教育教学问题的独特艺术等都至关重要。反思与讨论主要涉及的问题有：问题解决中有哪些利弊得失？问题解决中还将发生或存在哪些新的问题？在以后教育教学中，如何进一步解决这些新问题？问题解决中有哪些体会、启示？等等。

上述案例中的老师是这样分析和反思的：

案例 4-12

（接上）

都说"清官难断家务事"，遇到这类事，尤其是家长的无奈和期待，作为教师不"出手"是不可取的。既然"出手"，就要讲究"出手"的时机、场合和手法，也要掌握"出手"的分寸、尺度，最后更要恰到好处而"收手"。

第一步让学生继续暂避他处而不立即回家有其必要。问题尚未解决当然要设置空间让双方冷静自省。向学生布置作业实为换一种方式和角度的"批评教育"，更着意于让学生对自我进行反思反省。孩子的父亲终于主动到校寻求帮助也是其中极为重要的一步棋。此时，作为教师的我就可完全站在主动者的位置上，随后的一系列"出手"之举就顺理成章，学生父母的配合和接受也就理所应当。第二步家访之举对孩子的父母来说自然有些意外，父母既已到校，老师又登门到访实为对他们的充分尊重。前脚跨入门厅，事已成功大半。此后展示学生的作业、周记，意为对孩子的表扬和肯定，家长不会感到此行就只是来批评管教的。最后一步与学生的谈心则是"收手"之举。两个要求，其一为提醒学生人的转变是要有过程的，不可急，这是教育的规律，也是人性特征使然；其二为提醒正处成年转型之际的学生要立身立命、自省成人，同时也为万一重演类似事件打好思想预防针。

问题学生的行为举止表现往往是社会、家庭问题在学生身上的外在显现。要改变影响学生发展的社会、家庭环境的确很难，但并不是不可为，至少可以有所为。我对此事能成功处理得益于这样几点因素：一是平日与该家庭保持联系所积累的他们对我的认可或信任。虽然学生王某是一个行为规范上存有诸多问题的后进学生，但我与他的师生关系良好，自然我的教育能够为他接受。二是把握了比较恰当的时机、场合与分寸，采取了有理、有利、有节的方法举措，进而扮演了一个成功的"说客"形象，绝非蒋干。综上所述，教育工作须要不断地积累经验，须要不断地自悟反思，更须要不懈地努力和充满信心。

反思与讨论并不见得要面面俱到，选择重要的方面或印象深刻的方面加以思考就行了。上述案例的分析反思不长，但点明了问题解决中有哪些体会和启示。

上述案例所包含的内容不是案例的形式结构，只是一个参考，不见得每篇案例都得照这几部分写，只要有相关内容，按一定逻辑结构组合就行。

正如"教学有法，教无定法"一样，教育研究没有万能的和一劳永逸的方法。大家可以根据研究问题的性质和目的，根据自身的能力和需要来选择研究方法。

第五章

职业教育研究成果的呈现

职业教育研究成果的呈现是职业教育科研工作的最后一个环节,也是最重要的一个环节。它是研究者对研究过程进行总结、提炼与反思,选择合适的形式将研究过程与结果撰写与公布出来,从而获得科研成就和社会价值的一种重要途径。研究成果的呈现须要做到概念准确、陈述清晰、归纳合理、概括简要、判断恰当,因此,它虽然是职业教育科研工作的最后一个环节,但与研究的整个过程都紧密相关。研究过程扎实科学,研究成果的呈现就会水到渠成、丰富厚实;研究过程浮躁马虎,研究结果的呈现就必然下笔艰涩、肤浅平庸。研究成果呈现的过程是研究者综合运用教育理论与实践智慧解释或解决教育问题,得出研究结论的过程,因此,它实际上是研究者研究功力和研究水平的综合体现。研究成果呈现的意义在于,不仅可以促进自己的专业成长,而且通过研究成果的发布、交流与推广,研究者可以将个体的教育感悟、经验、思想与他人分享,给其他教师以启迪,并由此促进整个职业教育事业的发展。那么,如何更好地呈现研究成果,使之发挥出最大的社会价值呢?这就必须要学会选择运用恰当的研究成果呈现形式,了解不同形式职业教育研究成果撰写的基本格式和规范要求。

第一节 职业教育研究成果的形式

职业教育研究成果是研究者对职业教育现象的解释、规律的揭示以及经验的提炼和总结。研究者通过研究或开发,对职业教育规律有了新的认识或者实现了教育技术的创新,但它们最初都只存在于研究者的头脑中,只有将研究者脑中的新认识、新思路、新想法等用恰当的形式表达出来,才能进行交流、传播与推广。职业教育研究成果的表现形式,既须要符合研究的一般标准,同时还要根据具体的研究方法的要求选择不同的呈现形式,如采用质的研究方法和量化的研究方法，其研究结果的呈现形式是不一样的。职业教育研究成果的呈现形式有很多种，如著作、论文、研究报告、教科书、经验总结、教育教学案例，甚至电脑软件、教具，等等。

按照教育科学研究的功能，可以把职业教育研究成果分为：基础理论研究成果、应用理论研究成果和开发（又称发展）研究成果。

基础理论研究是以认识教育现象和探索教育规律为目的的研究，其研究的结论可能是发现新的规律、创立新的理论、获得新的研究方法等。其具体形式是学术论文、研究报告、专著等。这种研究一般以深刻的理论性、严谨的学术性和前沿的创新性为特点。

应用理论研究是为了某种实用目的，运用基础研究的成果，开辟实际应用的途径。这类研究成果的表现形式是科学论著、基本方法、应用模型等。

开发研究比应用理论研究成果需求更明确，其成果可以投入教育实践中直接运用。例如，应用职业教育项目课程开发的理论与技术设计出的某一专业的以项目化课程为主体的专业课程体系和专业课程教材，包括诸如电脑软件、教具等，这就属于开发研究。这种研究不是为了获得某种知识，而是根据实践的需要展开知识，是将基础研究和应用研究成果与教育实践结合不可或缺的一种研究，其研究成果大多可以直接用于实践操作，这是教师研究成果的一个重要方面。

另外，对于职校一线教师而言，其研究主要是为了解决职业教育实践中的问题，因此，除了开发"产品"是其成果的重要内容外，其创造性的实践过程、方式也是研究成果的重要内容。这一类的成果可以采用文本形式叙述，也可能难以采用文本形式详尽叙述，而只能采用现场观摩、实践活动探讨等表现形式。

教师可以根据自己的实际研究水平与研究对象的需要，选择不同的成果表达方式。如，刚进入研究初级阶段的教师可以先从教育叙事研究开始，既与教师的实际紧密联系，又比较容易上手。撰写教育叙事，教师能够比较自然地运用自己熟悉的思维和表达方式来进行研究和交流。而对于有一定研究经验的教师，则可以更多关注理论探索的成果形式。

第二节 职业教育研究报告的格式及撰写

职业教育研究报告是职业教育研究成果的主要表现形式之一，也是一种相对而言有较高的学术化与规范化要求的研究成果表达形式。

一、研究报告的总体要求

研究报告的类型很多,不同类型的研究报告,写作的格式和内容存在一定的差异,但不论是哪种类型的研究报告,写作时大致都须做到以下几方面。

(一) 在尊重事实基础上创新

创新性是研究报告的核心价值之所在。研究报告价值的高低主要取决于其有多少创新点,也就是看研究报告是否能写他人之未写,提出与众不同的见解。如发现了新的问题,对问题有了新的认识、新的解决思路,采用了新的研究手段与方法,得出了新的结论,等等。写作研究报告时要根据研究的实际情况,重点突出自己研究中的创新点。无论是研究的内容、方法、思路、手段、结果都可以去挖掘创新。但写研究报告绝不能像写小说一样去虚构,研究报告必须绝对如实地反映客观情况,一切叙述、说明、推断、引用,必须恰如其分。研究中列举的数据和事例,都应该是真实的,绝不能虚假捏造,无中生有。报告中对教育现象的因果关系分析,对教育原理和规律的探索,也都要以事实为依据。研究报告中带有判定性的结论,必须在足够的、可信的、有说服力的事实基础上得出。研究报告的创新要在尊重事实的基础上,运用新的理念、新的视角、新的方法写出创新的意义来,引发读者新颖的感受和新鲜的思考。如,对同一事实材料以不同的理论观念去评价,就可能得出不同的结论来,给人以不同的启迪。

当然,研究报告也必须把研究问题时所需要的大量事实材料与撰写报告时应引用的最有说服力的事实材料区分开来。有些事实材料,如与研究的主题扣得不紧,应当忍痛割爱;有些事实材料,应当尽量制作成表格、图例以及其他直观形式,以使读者能用最短的时间了解。

(二) 在批判思考基础上借鉴

任何研究都是在前人研究的基础上开展的,只有了解了前人的研究基础才能明确自己研究的起点,才能避免与前人做重复的研究。教育研究报告引用、采纳他人的科学研究成果是正常的也是难以避免的,但必须在批判思考的基础上进行借鉴创新,做到"推陈出新"、"青出于蓝而胜于蓝"。应特别注意尊重他人的劳动成果。对他人的成果一方面应实事求是地评价,实实在在地引用;另一方面不应当把别人的成就"默默地"变为自己的文章。所以在研究报告中凡是引用他人的材料、研究成果或观点,都必须加以注释或说明,以使读者明确成果界限。这是一个研究者必须具有的基本的学术道德。

(三) 在不失个性前提下规范

每个作者都会有自己的写作习惯和风格,体现出不同的个性特征,但研究报告要求在不失个性的前提下务必规范。所谓规范是经过长期发展过程所形成的比较稳定的结构和程序要求。研究报告有多种不同的类型,不同类型的研究报告在写法上的要求不尽相同,研究者应该按照相应类型研究报告的规范要求进行写作,比如结题报告、调查报告、实验报告等,每一种报告都有各自明确的规范要求(各类型具体规范要求详见下文)。同时,规范还表现在研究报告都必须要讲清楚研究的方法、过程、结果以及自己的思考与发现。如研究过程中采取了哪些研究方法、运用了哪些研究工具和数字处理技术、引用了哪些文献、采用的问卷和访谈提纲的来源,等等。研究报告内容中必须备有足够的脚注,提供文献说明,以满足读者补充有关资料的要求。研究报告中的分析和思考要理性客观,既要鲜明地提出自己的观点,也要说清楚自身研究的不足,指明进一步研究的方向。对于结论的应用范围也应给予明确说明。

(四)在力避晦涩前提下严谨

严谨是保证研究报告科学性的前提。科学性是研究报告应具有的最基本的特征,是研究报告存在的价值基础。缺乏科学性的研究报告不仅无助于职业教育理论的拓展,更不能指导职业教育实践,甚至可能误导职业教育实践。严谨一方面体现在研究过程的严谨,一方面体现在研究结果的严谨。因此,职业教育研究者在研究过程中要采用科学的研究方法和研究工具,以客观事实为基础收集材料,通过科学的研究过程得出相对科学的研究结论。

严谨体现在研究报告的内容陈述上必须要逻辑严密。内容陈述不仅要言之有理,而且要持之有据,不能夸大其词,更不能虚构捏造。研究报告内容上的逻辑严密是整个研究思路清晰合理的写照,为此应当首先考虑整个研究工作的发展顺序,然后再考虑报告的表达方式。研究报告在语言表达上应做到概念准确、简洁明了,要尽量用教育科学术语,忌用晦涩难懂的语言。推论要肯定,忌用"也许"、"可能"、"假如"、"如果"这些非科学的不肯定的词语。特别要避免"一词多义"现象的产生,即同一个概念在报告的不同地方表达的是不同意义,这样会导致概念表达上的含混不清。

二、研究报告的基本结构

一篇规范的研究报告,其完整的结构通常包括前置部分(导语、引言)、正文部分和结尾部分。前置部分包括标题和署名;结尾部分包括注释、参考文献、附录以及致谢等。研究报告的正文部分在内容上通常都须要回答好五个基本问题:1)你研究什么问题?要对研究的问题进行清楚的界定。2)你为什么要研究这个课题?即这个课题是在怎样的背景下提出来的,研究这个课题有什么理论意义和现实意义,前人对这项研究已进行到什么程度、存在的不足及今后研究的趋势。3）你用什么方法去研究？要着重讲清研究的理论依据、目标、内容、方法、步骤,讲清研究的主要过程。4）你的研究取得了哪些成果？有什么创新？5）你如何解释研究中发现的问题？按照这五方面内容的要求,研究报告正文部分的基本结构大致包括以下 10 个部分：

1. 研究的背景；
2. 研究的意义；
3. 研究的现状与趋势；
4. 研究的理论依据；
5. 研究的目标和主要内容；
6. 研究的方法；
7. 研究的步骤；
8. 研究的主要过程；
9. 研究的成果；
10. 研究存在的主要问题及今后的设想。

这 10 个部分中,第 1—3 部分说明的是上述"你研究什么问题"、"你为什么要研究这个课题"这两个问题。第 4—8 部分回答的是上面提出的"你用什么方法去研究"这一问题。第 9 部分是研究报告的重点,具体说明研究取得的成果和创新所在。第 10 部分是对研究的不足和今后的研究方向作说明。

三、研究报告的写作要求

（一）前置部分

1. 标题。研究报告的标题可以用科研课题的名称,也可以另外选择题目。标题应力求新颖、简练、明确、完整、醒目。一般可以直截了当点明主题,或说明研究的问题是什么。如果对研究对象和研究内容有较多的限制,题目比较冗长时,可以采用正副标题的形式。教育研究报告标题应能准确地反映研究的性质和范围,要避免模棱两可的名词。

2. 署名。署名一方面是表明作者的著作权,另一方面是表明文责作者自负。比如课题研究报告,一般用单位 + 姓名(负责人或执笔人),署在标题的下面。在扉页上,标明课题组负责人、执笔人、课题组成员的姓名(课题组成员的署名通常按对该项研究所承担的责任或贡献的大小进行排列,有时因课题组成员过多而在题目下面难以一一排列,也可以在执笔人的右上角写上"﹡"号,然后在本页的最下方做一个脚注,写上课题组其他人员的姓名并在前面标上"﹡",用以同作者署名上的"﹡"号相呼应)。

(二) 正文部分

1. 课题提出的背景。这个部分内容的陈述，要求用两三段简洁的文字讲清选择这项课题进行研究的原因、理由，回答好"你为什么要研究这个课题"这一问题。有的研究报告，还可列出一个部分"课题内涵的阐释"，专门对课题的内涵作说明，或者列出"本课题核心概念的界定"。对核心概念的选择，应突出关键词的诠释。关键词源于英文 keywords，特指单个媒体在制作使用索引时所用到的词汇。这是图书馆学中的词汇。关键词，就是读者在计算机中输入搜索框的文字，也就是命令搜索引擎寻找的东西。课题核心概念的界定要用准确、概括的语句来揭示概念的要义或基本含义，不能用粗线条的语句来描述，也不要用纲领性的套话和俗语，而要用专业、准确、科学的术语，可以参考《辞海》中对相关条目的解释语言来进行描述。这部分内容主要回答"你研究什么问题"。

2. 课题研究的意义。意义包括理论意义和现实意义，既可以单独陈述，也可以归入"课题提出的背景"来陈述。和背景合在一起的好处在于能更充分地说明"你为什么要研究这个课题"这个问题。

3. 课题研究文献综述。说明的是这项研究的基础和背景。本部分要讲清课题研究的历史背景、前人工作、争论焦点、研究现状和趋势等。文献综述的写法没有固定的格式，可按国内、国外进行综述，可按年代顺序综述，也可按不同的问题进行综述，还可按不同的观点进行比较综述。不管用那一种格式综述，都要将所搜集到的文献资料归纳、整理及分析比较，阐明有关主题的历史背景、现状和发展方向，以及对这些问题的评述，应特别注意代表性强、具有科学性和创造性的文献引用和评述。

写文献综述时，切忌述而不评。不能只一味告诉别人一些文献资料的名称，而必须说明研究者对研究状况的见解，为不同研究的结论提供某些说明，最后清楚地表明这样一种事实：本课题研究领域的研究还不够充分，有待扩展。这样就给该领域的进一步研究提出了需求，也是研究者未来要实现的研究突破之所在。

以上这三个部分是一篇研究报告的引言，引言部分在报告中可以冠以明确的标题即"背景"、"意义"、"文献综述"等，也可以不加标题。研究报告开头把课题研究的背景、意义、已有研究讲清楚后，会使本课题的研究显得更有针对性。

4. 研究的理论依据。研究的理论依据是进行研究的理论指导。研究需要在一定的理论指导下来进行。这部分的陈述中理论依据要具体，要围绕研究的需要，有针对性地列出研究所依据的若干个具体的理论观点或若干项具体的政策,所依据的理论要具有科学性和先进性,所选择的政策要具有时代性。在陈述理论依据时,切忌将某一专家、学者的整篇著作或某一个文件、某位国家领导人的讲话全文当作理论依据。

5. 研究的目标。课题研究的目标体现的是研究的主攻方向,是研究者的研究最终所要达到的目的。在实验研究中,研究目标体现为"实验假设"。实验假设其实也是实验将要达到的目标。研究目标的陈述要求简洁明了,特别要注意两个问题:

一是研究目标不能空泛化。研究目标的确定一定要扣紧研究课题,要写课题研究的目标。例如,有的课题研究报告在"研究目标"中,提出要"培养学生的综合职业能力","培养经济社会所需要的一线技术技能型人才",使学生成为"具有丰富的知识、健康的情感、健全的个性和良好行为习惯的社会合格公民,在未来的社会生活中能自尊、自信,敢于迎接社会的挑战",这样的研究目标显得过于空泛、原则、不实在。有的提出,要通过研究,"探索职业学校语文教育的性质,研究语文教育对培养人的素质和创新意识的普遍要求,探索培养目标,探索职业学校语文教育的基本任务",确定这样的已经由国家和政府确定了的研究目标,显然太高、太大。

二是研究目标要与研究成果相关联。我们所确定的研究目标,最终必须落实到研究成果中去。看一个课题的研究成果合格不合格,能不能通过验收,主要看所取得的研究成果是不是已经达到了预期的研究目标。因此,在陈述研究目标时,不能一味求大求全,一定要考虑研究者的研究能力,看通过研究是否能实现这个目标。如果研究成果很多,但与研究目标关联性不大,依然会令人感到这个课题的研究目标没有实现,课题研究并不成功。

6. 研究的主要内容。课题研究的主要内容陈述的是课题研究的范畴和课题研究的着力点。对研究主要内容的表述应当紧扣研究目标,将研究目标具体化细分化,做到简明扼要,准确中肯。在陈述课题研究的主要内容时,有的将子课题表述成研究的内容,这也是一种简洁明了的表述办法。必须注意的是,课题研究的主要内容与课题研究成果同样有着密切的内在联系,课题研究主要内容的最终研究结果必须在研究成果中予以体现。

7. 研究的方法。课题研究的方法指的是该项课题在研究时所采用的教育科研方法。一项课题的研究,往往要采用多种科研方法。比如,采用实验法,同时也可能采用文献分析法、问卷调查法、比较研究法等。研究中主要采取的研究方法一定要交代清楚,要把研究对象的条件、数量、取样方式、研究时间、条件控制等问题表述清楚。

8. 研究的步骤和主要过程。研究的步骤一般可分成准备、实施研究、总结三个阶段,也有的分成四个、五个阶段,然后,在每个阶段中简要陈述做了哪几项工作。研究的主要过程这部分内容须要花费较多的笔墨来陈述。要通过回顾、归纳、提炼,具体陈述课题研究的主要过程,研究过程中采取了哪些措施、策略或基本的做法。研究的主要过程也可以与研究步骤合在一起陈述,在每一个阶段中具体陈述所做的几项工作、所采取的研究策略或措施等。撰写"课题研究的主要过程"这部分内容时,应注意不要用总结式的语调来撰写,不要将这部分写成经验总结或研究体会。

9. 研究的成果。"课题研究成果"这个部分是整篇研究报告中最为重要的部分,主要是回答上面提出的第 4 个问题"你的研究取得了哪些成果? 有什么创新"和第 5 个问题"你如何解释研究中发现的问题"。

一个研究报告写得好不好,是否能全面、准确地反映课题研究的基本情况,使课题研究成果具有借鉴和推广价值,就看这部分的内容写得如何。一般说来,这部分的文字内容所占的篇幅,要占整篇研究报告的一半左右。"研究的成果"内容的表述,要注意三个问题:

第一,研究成果涵盖实践成果和理论成果两方面。研究成果应当包括理论成果和实践成果两个部分。有很多一线教师在研究报告中这样陈述研究成果:我们通过研究,开设了几节公开课、观摩课,发表了多少篇论文,获得了多少奖项,在×××刊物和哪些论文汇编上发表了几篇文章,有多少学生参加什么竞赛获得了哪些成绩。或者是,我们通过研究,学生的学习成绩和学习能力获得了哪些提高,教师的科研水平有了多大进步,等等。这些是不是研究成果呢? 当然是研究成果。但仅仅是实践成果。一篇研究报告,单单这样陈述,是远远不够的。因为这样的陈述,别人无法从你的研究成果中学习到什么,这样的研究成果没有多少借鉴、推广价值。具有借鉴和推广价值的,往往体现在理论成果部分。有的教师认为,我们的课题研究没有什么理论成果,其实不然。我们所说的理论成果,就是我们通过研究得到的新观点、新认识或者新策略、新模式,等等。这些新观点、新认识、新策略、新模式,又往往与我们在"研究目标"或"研究内容"中所确定的要获得的成果密切联系。例如,有项"中等职业学校数学学困生课堂教学模式研究"课题所确定的研究目标是:要通过研究,"建构能激发职校数学学困生学习积极性的具有主体性、实效性、体验性、创造性的中职数学课堂教学新模式,研究探讨该模式应遵循的基本原则、基本操作程序和基本教学策略"。那么,在"研究成果"中,就应具体陈述所建构的新模式是什么,以及其基本原则、基本操作程序、基本教学策略等。这些就是研究的理论成果,这样的研究成果才会对他人有借鉴和参考价值。

第二,研究成果的陈述不能过于简略。有些课题在研究过程中课题组成员撰写了多篇论文,这些论文是课题研究的主要成果。在结题报告"研究成果"部分,就要将这些论文的主要观点提炼归纳进去。有的结题报告是这样陈述所取得成果的:研究成果详见某某杂志哪篇论文,这种陈述是不符合要求的。如果一个课题分为几个子课题来研究,在结题报告的成果表述中,也要将这几个子课题研究的成果进行提炼归纳。在提炼归纳时,应注意不要只是简单地罗列这个子课题的主要成果是什么,那个子课题的主要成果是什么,而应融会所有子课题的主要研究成果,归纳出几点一般性的结论。同时也应注意这些子课题的研究成果必须体现所确定的研究目标。

第三,有关课题的研究经验或研究体会不要在"研究成果"这个部分陈述。一般说来,一个研究课题在通过结题验收以后,课题组还须要进行总结。这时就要总结课题研究的经验,谈及课题研究的体会。而在结题报告中,则无须陈述这两个方面的内容。

10. 研究存在的主要问题及今后的设想。这部分内容要求对整个研究过程和结果中的问题进行讨论。既要对研究的结果做出讨论,又要对整个研究过程的利弊得失进行讨论,对所用的研究方法及发现的问题也可以提出来加以讨论。其关键是提出来讨论的问题要准确、中肯。今后的设想,可以承接上述研究中存在的问题,陈述准备如何开展后续研究,或者如何开展推广性研究等。

(三) 结尾部分

主要包括注释、参考文献、附录以及致谢等。

1. 参考文献。引用(注释)、参考他人的成果要标注出处,具体的标注规范可以参考《中国学术期刊编辑规范》。参考文献的质量表明了研究的起点是否够高,如果引用的参考文献不是同类研究中的标志性文献,那研究的质量就容易遭人置疑。同时,参考文献也可以帮助后续研究者开阔思路,告诉读者,研究这个问题须要参考哪些相关资料。标明参考文献也是一种学术道德,是对以往研究者的一种尊重,也是对自己的一种尊重——自己也有可能成为"以往研究者";标明参考文献可以防止剽窃、抄袭。

2. 附录。主要记录不便列入正文的一些原始材料。如,研究中的测量工具(调查问卷、检测试卷等),统计过的数据,一些典型的案例、照片等材料。值得注意的是,附录中的所附一定要和本研究密切相关,研究过程中所做的一些事情,如果与本研究关系不是很密切,建议不必附上。如研究课题是"职业学校语文课堂有效教学研究",那么其他学科的课堂有效教学的材料就不宜列出。

需要说明的是,我们可以把研究报告分成以上几个部分来写,但也可以根据内容需要合并起来写,如将研究的背景、前人在这方面的研究进展情况、存在什么问题、对问题的陈述、研究的目的和理论依据以及研究的学术和实践价值及现实意义都放在引言部分写。研究的结果和存在问题的讨论也可以一起写,一边列出结果,一边进行分析讨论。总之,只要讲清楚研究成果及其来龙去脉,研究报告的格式可以灵活些,不一定要千篇一律。

第三节 职业教育研究报告的类型

职业教育研究报告的类型有多种,主要包括:职业教育调查报告、职业教育考察报告、职业教育经验总结报告、职业教育实验报告等。

一、职业教育调查报告

职业教育调查报告是描述、记录某个职业教育现象的调查资料,并对其结果进行整理、分析的科研报告。要求说明调查的目的、对象和经过,说明调查的时间、范围与方式,说明调查的结果,对调查结果要经过整理、分析、归纳,得出一些新的认识。

调查的方式一般为问卷和访谈。如果采用问卷调查的方法,还须要说明问卷是如何发到被调查者手中的,又是如何回收的;问卷的回收率是多少;有效回收率是多少以及未回收的原因是什么。如果是访谈,那么应说明访谈者是谁,他们具有怎样的调查访问经历,如何对他们进行培训,等等。

无论是采用问卷还是访谈,研究者都要说明调查的基本情况和调查的主要内容。调查的基本情况包括调查的时间、地点、对调查数据或事实处理的方式方法以及此次调查的有利因素和不利因素。调查的主要内容一般作为附录将原始问卷和访谈提纲放在调查报告的后面。

职业教育调查报告的结构主要分题目、署名、导语、主体、结束语和建议等六部分。

1. 题目。主要反映被调查的内容,表达要简练准确。
2. 署名。个人调查只署姓名、单位即可。以集体或课题组形式完成的调查报告,要说明课题组成员、具体分工及文章的执笔人。
3. 导语。写明调查的目的,要达到的目标,调查的时间、地点、对象、范围、调查的有利条件、不利因素及意义或学术价值等,注意应简明扼要。
4. 主体。是报告中心部分。主要阐明调查的情况、内容、方法、过程、结果和问题等。常见结构有:1)按调查问题顺序写,逐一将问题阐述清楚。2)按调查的内容、方法、过程、结果、问题等项目依次写。3）将调查的内容分成几个方面，加上小标题来写。写调查报告的结果，最好运用一般和典型相结合、数据和事例相结合的方法。

5. 结束语。是在对调查的对象、问题、情况等做出科学分析后得出的结论性意见，若主体部分已经做出了判断或结论，此部分可以省略。

6. 建议。提出一些改变现状、解决问题或促进其改革和发展的建议、对策和措施等，以便有关部门在制定政策时参考。这部分要抓住主要问题，分成几条表述。

简单的调查报告写作可分为：1）调查的目的和意义。2）调查的时间、地点、对象和范围。3）调查的内容和方法。4）调查的经过和结果。5）调查的结论和建议。

二、职业教育考察报告

职业教育考察报告的写法与调查报告相似。职业教育考察报告是根据职业教育实践的需要和预期的目的，运用观察、测量、采集、询问、座谈等调研手段对有关职业教育问题进行研究后写出的书面报告。它是由职业教育研究人员亲临现场，如实地记录和描述对某一研究课题的观察与所得到的事实材料和研究结论。

职业教育考察和职业教育调查的区别在于：考察强调研究者必须进入现场进行观察、了解；而调查既可以是进入现场的考察，也可以是间接的调查。因此，可以说考察报告是调查报告的特例，其写作结构和要求可以仿照调查报告。

三、职业教育经验总结报告

职业教育经验总结报告是对已经取得一定成效的教育教学经验进行科学的梳理、归纳、总结后所撰写的研究报告。经验总结报告可以是对某一阶段全部工作的回顾，也可以是专题经验总结。

教育经验总结报告的主要内容包括：所要总结的教育教学经验的产生过程，其实施中的指导思想和优越性，实施的范围和具体建议等。

教育经验总结报告的类型有：纪实型报告，即选取教育教学中较为精彩的一堂课、一次活动的有效做法等进行实录，然后进行分析，得出结论；举例型报告，即通过一个实例，介绍某种做法，阐述某种观点；归纳型报告，即对教学实践的经验、体会进行归纳总结，概括几条规律性的结论；探索型报告，即对教育教学中的有关问题，或提出见解，或介绍有关的做法和经验，对问题进行探索。

教育经验总结报告的结构一般为引言、正文和结尾三部分。引言主要介绍一些背景情况;正文介绍具体的经验,既要有典型的事例,又要通过分析加以理论概括;结尾部分,要求从大量的事实中引出结论。

经验总结报告正文的具体写法有:

总分式,即先写体会与效果,然后分几个方面介绍有关做法或经验。

分总式,即先写在某一方面的具体做法,并分成几个方面逐一介绍,然后写关于这种做法的体会或效果。

总分总式,即先写在某一方面的总的体会,再写具体做法,最后以总结的方式写取得的效果;或先写取得的效果,再写具体做法,最后以总结的方式写体会。

散述式,即按照某种线索将"做法、效果、体会"或"体会、做法、效果"以平行的方式构成文章,使三者成为并列的关系。这种写法,通常不加小标题,而用"一"、"二"、"三"表示。

经验总结在写作形式上比较多样,有以时间为顺序的,也有以事件为基础的;有描述性、概括性的,也有论述性的。不管是哪种写法,写作时都要注意:一是要善于概括,以小见大;二是要归纳合理,观点鲜明;三是要以事实说话,有理有据;四是事例和人物要具备典型意义;五是要与时俱进,具有时代感;六是要有一定的启迪性和创新性。

四、职业教育实验报告

职业教育实验报告是反映职业教育实验过程和结果的书面材料。从方法论的角度看,调查报告、经验总结都是"从果到因"的研究,即从大量的事实数据中寻找出规律。而教育实验则是"从因到果"的研究,即先有假设,然后通过实验验证,最后确定规律。因此,教育实验更重要的是要通过实验事实确认教育中必然的因果关系。

虽然教育实验报告的撰写是在实验处理后着手进行的,但实验研究者在设计实验方案时就要有所准备。实验报告中的内容有相当一部分与实验方案是一致的。

教育实验报告一般包括实验情况汇报和实验结果与分析两大部分。具体写法为:

1. 标题。标题要具体简洁、鲜明确切。一般直接用课题名称,指明所要研究的主要变量,使人对所研究的问题一目了然。

2. 引言。引言力求简单明了地阐述以下几个问题:1)课题的提出;2)实验的理论假设;3)实验的理论根据。引言应开门见山,有吸引力,文字不宜太多。

3. 方法和过程。研究方法的介绍一般可以按实验研究过程的进展顺序逐一展开,其主要内容有:1)实验研究中所出现的主要概念的定义和有关名词的解释;2)实验对象的选择和组合。怎样选择被试,包括被试的条件、数量、取样方式,在取样方式上要着重交代是怎样配等组的;3)实验措施和实施及无关变量的控制;4)实验的具体内容;5)实验研究所采用的设备及测量工具等;6)实验资料的收集和处理的方法等。这一部分内容的介绍应该注意条理清楚,交代明确,以便别人能够按照这些介绍去重复实验。

4. 结果和结论。这是核心部分,其主要内容有:1)实验过程中所收集的原始资料经过初步整理、分析后的结果。如测量结果的统计表、统计图等。2)对整理后的实验资料,运用统计手段,推出实验研究的结论(实验理论假设的证实或否定)。这一部分是事实材料的客观归纳,切记要以事实和数据严谨地提出结论。也就是说,除了数据,也可以结合典型事例,使人更好地理解实验结果,使实验更有说服力。研究结论中所提观点要求用词准确,概念表述科学,分析有理有据,可对本实验研究的误差、显著性的分析等进行必要的反省,对研究成果的可靠程度和适用范围作进一步的说明。

5. 分析和讨论。分析和讨论是实验者根据研究所得的结论,结合自己对教育理论与实践的认识和了解,通过分析、思考,对结论产生的原因所作的理论解释或对结论的质疑及对策等。这一部分可根据方案中的理论依据加以说明阐述,并明确地表述自己的认识。

6. 附录。附录有三方面内容:1)参考文献;2)原始资料;3)测量工具。

标题、引言、方法和过程为实验情况汇报,这也是实验方案中的内容。结果和结论、分析和讨论、附录为实验结果与分析,这是实验报告不同于实验方案的内容。一个完整的实验报告必须包括上述内容。有时一些项目可以合并撰写。有的实验报告就是分三个部分所写的,即课题的提出、实验结果和分析、小结。

案例 5-1

中职国家助学金政策实施情况的调查报告

佛朝晖

中等职业学校国家助学金政策(以下简称"助学金政策"),自 2007 年实施以来,在促进中等职业教育发展、培养中等职业技术人才方面取得了积极成效。但由于地区差异,各地实施效果不同。加之政策实施环境等因素的制约,助学金政策在实际实施中存在着不同的问题。为此,笔者所在的课题组对各地助学金政策实施情况进行调研,了解现状、分析原因并提出完善政策的建议,以供参考。

一、助学金政策的基本内容

2007年5月9日,国务院第176次常务会议讨论通过了《国务院关于建立健全普通本科高校、高等职业学校和中等职业学校家庭经济困难学生资助政策体系的意见》(以下简称《意见》),《意见》首次将中职学生纳入资助体系。2007年6月,教育部、财政部联合印发《中等职业学校国家助学金管理暂行办法》《中等职业学校学生实习管理办法》两个配套文件,并从2007年秋季学期开始在全国正式实施中职国家助学金政策。助学金政策的出台和实施,以前所未有的资助力度进一步推进教育公平,体现以人为本、构建和谐社会、促进教育公平的需要。助学金政策不仅为每一个适龄或非学龄段的贫困学生铺设了接受职业教育之路,而且还为求学者提供了谋生之路,使"教育一人,就业一人,脱贫一户"成为可能,对实施科教兴国战略、推进人力资源建设、为创新型国家提供人才支持,具有重大而深远的意义。

政策的主要内容可以从资助对象、资助力度、资助体系、财政分担、管理体系、监督与支持体系六个方面来看。从资助对象和覆盖面来看,政策资助的对象是具有中等职业学校全日制正式学籍的在校一、二年级所有农村户籍的学生和县镇非农户口的学生以及城市家庭经济困难学生;从资助力度来看,资助面由在校生总数的6%提升到90%,资助金额由每生每年1 000元提升到1 500元;从资助体系上看,助学金政策以政府资助为主导,公共财政为主体,社会各方参与,多种资助并举的方式来实行;从财政分担看,按《意见》,国家助学金根据各地财力及生源状况,由中央与地方按比例分担,并鼓励各地加大资助力度;从管理体系来看,资助工作实施国家—省—学校三级管理、三级落实,按照对资助对象的发动—申请—评审—审批—发放等5个程序实施;从监督与支持体系来看,教育部建立了全国统一的中等职业学校助学体系信息管理系统,各地以建立资助学生档案,保存3年备查,严格收支审计等方式强化对国家助学金的管理,并且接受广大新闻媒体和社会的监督。

二、研究方法

(一)调查目的

本次调查自2009年5月开始至11月结束,调查的目的是了解当前受助的中职生个人、家庭背景和政策实施的实际效果,即是否达到政策设计的初衷。如是否减轻学生家庭负担,使他们安心求学;是否鼓励更多的人读中职,扩大中职招生生源;是否有利于改变社会对职业教育的偏见等。

(二)调查对象

为了解各地助学金政策实施情况,笔者向东、中、西3个地区的6市(区、县)发放学生问卷和教育局问卷,其中东部地区包括北京和浙江,中部地区有安徽,西部地区包括云南和重庆。与此同时,笔者所在的课题组还分别赴浙江、天津、北京、内蒙古、黑龙江、宁夏、安徽、山东、云南进行实地调研。

发放问卷的中职学校共6所,其中技工学校1所、县职教中心1所、中等专业学校1所、职业高中3所;发放学生问卷561份、教育局问卷6份,其中学生问卷中的有效问卷509份,约占91%。东部地区发放问卷201份,有效问卷198份,约占98.5%;中部地区发放问卷160份,有效问卷152份,占95%;西部地区发放问卷200份,有效问卷159份,占79.5%。在整个有效问卷中,女生347人,占总数的66.2%,男生162人,占总数的33.8%;一年级学生213人,占总数的41.8%;二年级学生288人,占总数的58.2%。访谈对象涉及教育局长、中职学校校长、负责国家助学金管理的主要人员、受助学生和家长。

(三)研究方法与过程

调查主要采用问卷和访谈的方式。问卷采用自编问卷,包括学生问卷和教育局问卷。学生问卷内容包括学生个人与家庭背景,助学金政策实施情况即助学金的宣传、申请与发放,助学金的使用情况,对待助学金政策的看法与期待。教育局问卷内容包括教育局基本情况,助学金政策实施情况即助学金申请发放的管理、助学金政策执行中存在的问题、政策执行的效果、对助学金政策的看法和改进建议。访谈内容涉及对助学金政策的了解、实施效果、存在的问题和建议等。

问卷与访谈提纲的设计过程为:初次调查,分析初次调查结果;邀请专家对问卷提出修改意见;根据初次调查的反馈和专家意见修改问卷和访谈提纲;进行再调查,收集数据,用 Excel 统计与分析数据,最后形成调查报告。

三、调查结果与分析

(一)受助中职生基本信息

1. 受助学生的农村与城市户口比例

受助学生中,农村户口占84%,县市非农村户口占12%,城市家庭特困户占2%,其他类型的户口占2%。东部地区县镇户口比例占18%左右;中部地区县镇户口却很少,仅1%,99%都是农村户口;西部地区县镇户口比例为10%,90%为农村户口。可见助学金发放的对象主要来自农村,中、西部地区农村户口比例最高。

2. 受助学生父母学历与职业

根据问卷统计结果,受助学生父母文化程度偏低,以小学和初中文化为主。其中,54%为初中文化,32%为小学文化,13%为高中文化,大学文化仅为1%。

学生父母的职业以务农和外出打工为主。其中父亲为农民的占48%,外出打工的占25%,在当地工厂工作的占13%;母亲为农民的占50%,外出打工的占

18%,在当地工厂工作的占10%。父亲是公务员的占3%,是企业主的占7%;母亲是公务员的占3%,是企业主的占6%。父亲从事其他职业的占4%,母亲从事其他职业的占13%。

3. 家庭收入状况

家庭收入状况中,东、中、西三个地区差异较大,具体如下表所示。

东、中、西部中职学生家庭月收入比例统计表　　　　单位:万元

家庭月收入 地区	0.10以下	0.10~0.50	0.50~1.00	1.00以上	不清楚
东部	24%	53%	6%	7%	10%
中部	86.8%	12.5%	0.7%		
西部	59.1%	31.4%	1.3%	0.6%	7.6%

(二) 助学金的宣传、申请与发放

1. 学生了解助学金的途径

根据调研,学生了解助学金的途径很多,如广播电视、报纸、网络、同学、招生教师和家长等,但是最主要的途径是通过中职学校招生教师的介绍,占64%;其次是通过广播和电视的宣传,占17%;再次是通过同学之间或上届同学的介绍与交流,占9.1%;通过其他途径了解的比例比较小。这也说明教育部门在政策宣传中采用多种途径,最重要的途径是中职招生教师的宣传。

2. 助学金的申请与发放

根据问卷统计情况,中部和西部地区的学生在申请助学金的时候都经过填写表格—附上出生地证明—向学校提交申请的过程。99%的学生都认为申请过程简单或比较简单,学校对初审的结果几乎都进行公示。几乎所有学生的助学金都发放到银行卡中,银行卡不收取成本费。对于助学金是否按月发放,中西部学生问卷显示都是按月发放,但是东部问卷中有一半回答是按月发放,另一半认为不是按月发放。这可能与助学金的管理与拨付过程比较长有关。

在助学金金额上,100%的中部和西部的学生都选择了1 500元。而东部中职学生在选择时却有所不同,其中,选择1 500元的占49.5%,选择1 500~1 800元的占25.3%,选择2 000元的占4.8%,选择500元左右的占20.4%。这主要是东部的一些地区采取了地方补助的政策,例如,北京和天津的中职学校对城市户口的学生每人每年补助500~800元不等。

(三) 助学金的使用情况

问卷中对学生平时生活费的分配、使用和助学金的使用进行询问,并将二者进行对照。如下图所示。

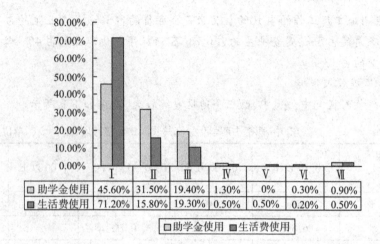

学生平时生活费、助学金使用对照图

注：Ⅰ去食堂吃饭；Ⅱ买文具和书；Ⅲ买日用品和衣服等；Ⅳ请同学吃饭；Ⅴ去网吧上网；Ⅵ买游戏卡；Ⅶ其他。

可见，中职生生活费和助学金主要用于一日三餐、买学习用品和日用品上，前三项的比例分别占生活费比例的97.3%和助学金比例的96.5%。但是有1.3%的学生用助学金请同学吃饭。

（四）对助学金政策的看法与期待

1. 对助学金政策的看法

从总体上来说，中职生对助学金政策表示"很感恩"的占56.6%，占总数的一半以上，认为"助学金政策很好"的占36.9%，认为"这是政府应该做的"，占4.1%。但是有极少数人认为"无所谓"或"不好"。

2. 对今后助学金政策的期待

中职生对今后助学金政策调整有不同的需求，认为应向比较困难的学生倾斜的占20.3%，认为应增加助学金数额的占35.6%，认为应逐步免除中职生学费的占34.6%。仅有9.5%的学生认为可以维持现有政策。

四、讨论

（一）助学金政策目标是否实现

助学金政策的目标有二：一是帮助贫困学生，减轻家庭经济负担，获得上学机会，实现教育公平；二是扩大职业教育生源，扩大职业教育的社会影响，促进职业教育的发展。

1. 助学金政策帮助贫困家庭的学生继续升学，促进教育公平

中职生绝大部分来自农村和低收入家庭。问卷调查中显示，中职生父母的职业以务农和外出打工为主，家庭经济收入低，这一现象在中西部尤其突出。被

调查的中职生中，父亲为农民的占48%，母亲为农民的占50%；外出打工的人中，父亲占25%，母亲占18%。家庭月收入在1 000元以下的家庭中，中部地区占86.8%，西部地区占59.1%，而东部地区为24%。实地调研中，有关负责人介绍说："呼和浩特市中职生中贫困生多，来自农村的占40%以上，城市户口的学生中也是低收入、单亲、残疾家庭孩子多，有一个学校30%以上学生是单亲家庭。"内蒙古、黑龙江、宁夏和安徽的很多教育行政管理人员和校长都认为，这个政策促进了教育公平，关注了民生，扩大了职业教育招生。正如问卷中所显示的，56.6%的学生对助学金政策十分感恩。内蒙古自治区教育厅一位负责人说："中职国家助学金政策试行两年，全部到位，家长、学生欢迎，很感恩，很珍惜。"

2. 助学金基本满足学生生活需求，减轻了家庭经济负担

在实地调研中，一位西部地区的中职校校长介绍说，他们那里物价水平不高，学生每月生活费在300元左右。内蒙古赤峰市某区职教中心学生就餐情况说明了每天每人花费的餐费：学校在校生有3 616人，平均每天餐费共计12 500～13 000元，人均每天3.8～4元，早餐每人约1元，午餐约1.5元，晚餐约1.3元。根据问卷统计结果，43%的学生每月生活费在100～150元，36.1%的学生每月花费150～300元，也就是说，近80%的学生实际每月生活标准在150元左右。

可见，中职贫困生数量较多，需要对其进行资助，1 500元/年的补助金额基本满足学生的生活所需，改善了贫困生的生活质量，基本解决了中职学生家庭经济负担。

3. 中职招生规模扩大，但助学金政策不是影响学生选择读中职主要因素

2009年，学生选择到中职学习的积极性得到鼓励，全国中职招生达到860万。据调查，助学金政策不是学生选择读中职的主要原因，学生选择读中职的主要原因是兴趣爱好、家庭经济条件差和成绩不好。其中，"由于自己兴趣爱好而读中职"的为32%，"家里经济条件不好，父母希望自己早点工作而读中职"的占30.5%，"由于学习成绩不好而读中职"的占29.30%，"初中学校教师动员"的占6.3%，而"因为上中职有国家助学补助金"的很少，仅占1.9%。同时，问卷统计结果也说明，学生了解助学金政策的主要途径是中职学校教师在招生时的宣传。可见，虽然中职助学金政策不是学生选择读中职的主要原因，但是中职助学金政策通过多种途径的宣传，扩大了中职的社会影响，对生源的扩大发挥了一定的助推作用。

(二) 助学金政策实施中存在的问题

通过调研，我们发现，政策执行过程中仍然存在一些问题，主要表现在助学金的管理、助学金的教育与扶贫效果和助学金的监管上。

1. 助学金申请、审批与发放程序复杂

据调查,助学金的申请对于一些贫困偏远地区、知识水平低的学生家长来说是一件难事,家长不知道要哪个部门证明,盖了很多公章,甚至包括某传达室的章。管理中月报的制度比较繁琐,增加行政管理成本。内蒙古自治区的一所中职学校反映,"每月月报制度太繁琐,要占去行政70%~80%的精力,须要借调人专门做这件事"。"助学金发放不及时",这是调研中大部分局长和校长都提到的问题。经济状况好的学校或地区采取提前垫付的方式,其他学校和地区只能集中发放。

2. 教育与扶贫效果不佳

助学金政策应达到"教育与扶贫"的双重目的,成为"弱势群体和职业教育"的双重福音。但是在实际实施中,产生了一些有悖于两种目的的效果。一是学生乱花助学金,用于上网、请客,甚至去歌厅。这种乱花钱的现象不利于学生成长和学校的管理,容易使学生滋生乱花钱的不良习惯。二是平时表现差的学生与一些优秀的学生一样享受助学金,不能体现助学金的激励功能。三是助学金政策使少数学生认为职业教育是"别人花钱要我学",减少了学习动力,甚至一些受助者对助学金不以为然,少有感恩情怀。四是绝对平均分配助学金没有区分学生家庭经济背景,每年1 500元的助学金对于富裕家庭的学生来说可有可无,而对于十分贫困的学生来说却解决不了多大的困难。

3. 助学金监管不力

申报中还存在双重学籍申报现象,即学校在申报国家助学金人数的时候,对双学籍学生通过双渠道进行了申报,导致校方多申领助学金,而实际并未发放给学生。如甘肃省平凉市崆峒区职业中学通过制造双重学籍、虚报学生人数等途径套取国家助学金。对于联合办学和跨区域办学的学生助学金的发放也存在异地流失、学生信息反馈推迟,造成助学金流失和浪费的现象。一些地方还存在截留国家助学金的现象,如贵州部分中职变相截留国家助学金,新生上课一个月就去勤工俭学,将国家助学金充抵学费。

五、建议

(一) 助学金政策应逐步过渡到中职免费政策

职业教育是一种惠及面广、促进就业、强技富民的实用性教育,它更直接、更明显地影响到国民素质和从业人员水平。因此,职业教育是当前我国教育发展的战略重点之一,尤其是农村职业教育,政府在大幅度增加对家庭经济困难学生资助力度的同时,还可以考虑实施免费职业教育,让初中毕业后的每一位公民都享有接受"补贴性"或"全免性"职业教育的权利和机会。调研中34.60%的学生建议,资助政策应逐步走向免除中职生学费。我国一些发达的省、市或地区提出或尝试职业学校免费。比如,重庆市永川区宣布在全国率先推行义务职业教育;宁波市鄞州区也实现了免费职业教育;成都市自2009年9月1日开始向10万中职学生发放面值为1 200元的教育券资助,用以抵扣学费;上海市中职校实行专业奖励,涉农专业免除学费,农民工同住子女,可享受专业奖励政策;四川省有8 000名藏族聚居区学生到内地免费读中等职业学校。

(二) 分区分类指导,向贫弱群体倾斜

助学金政策应兼顾公平和效益,实现分类指导,向贫弱群体倾斜。我国地区差异大,助学金政策不能一刀切,应按照经济发展程度和学生家庭经济条件等划分不同的资助标准。如,中央和省都应按照发达地区、欠发达地区和不发达地区,确定不同的资金配比、资助额度和措施,同一市、区也要根据各自的情况在资助政策与额度上有所区别。目前,有些地方已根据实际情况采取了不同的分配措施。2009年5月,北京市调整了中职学校二等助学金认定的范围,并规定二等国家助学金为每人每年1 800元。广东省广州市将中职国家助学金分成三个档次,分别是9 600元、3 600元、1 500元,其中一档9 600元仅仅针对广州市的两个县级市的200名以内的极其贫困学生,二档3 600元主要针对城市低保家庭,同时对外地生源也发放国家助学金。

(三) 建立多元资助体系和投入模式

在实践中,我们已经建立了由助学金、奖学金和学业贷款等组成的资助体系,但是远没有发挥其应有的作用。由于学业贷款风险大,建议缩小助学金和贷款在整个资助中的份额,提高奖学金的比例。也可以按学生人数投给学校,学校将部分助学金用于优秀学生奖励或特困生的生活补助,同时发挥助学金的激励与扶贫功能。在投入上,国家助学金的主要渠道来自中央政府和地方财政,但是中等职业教育主要为当地解决学生就业和学习问题,为企业输送技术工人,当地社会和企业也应承担相应责任。地方政府和中职学校要通过校企合作、工学结合和半工半读、顶岗实习的方式调动企业积极性,形成一个由中央政府、地方政府、社会组织和企业组成的综合性中职资助体系投入模式。

(四) 实行灵活的管理和有效的监督

助学金政策应简化申请、审批和发放的程序,及时发放,加强监管,杜绝违法行为。一是根据地区特点实施灵活的管理方式。如没有银行自动取款机的地区,可以考虑采取发现金、打入校园卡、由家长代领等方式。二是加强监管,严格学籍管理,规范受助学生信息档案,建立全国的信息系统,杜绝双学籍申报、以退学学生和流失学生名义冒领等情况。此外,还可以利用群众和社会舆论加强监督力度。

参考文献(略)

原文刊载于《中国职业技术教育》2010年第5期,收入本书时略有改动。

案例 5-2

台湾高等技职类大学的学生工作对高职院校的启示
——赴台湾朝阳科技大学和龙华科技大学的考察报告

应金萍　陈建明

高职教育经过十年的快速发展,已经从外延的扩张走到内涵发展的道路上,《国家中长期教育改革和发展规划纲要(2010—2020)》指出:高等教育承担着培养高级专门人才、发展科学技术文化、促进社会主义现代化建设的重大任务。提高质量是高等教育发展的核心任务,是建设高等教育强国的基本要求。牢固确立人才培养在高校工作中的中心地位,着力培养信念执着、品德优良、知识丰富、本领过硬的高素质专门人才和拔尖创新人才。《浙江中长期教育改革和发展规划纲要》中把素质教育单列成章,指出紧紧围绕解决培养什么人、怎样培养人这一教育核心问题,坚定不移地推进素质教育,切实增强学生服务国家服务人民的社会责任感、勇于探索的创新精神和善于解决问题的实践能力,实现德智体美的全面发展。如何利用新的十年发展契机科学开展高职院校的学生工作,成为教育工作者的一个课题。

笔者多年从事高职院校的学生工作,2010 年 11 月 2 日我校组团去台湾地区及香港特别行政区进行为期八天的学生工作考察,其中在台湾考察了台湾朝阳科技大学和台湾龙华科技大学,并与在这两所学校进行交流学习的我校 23 位学生进行了交流,从考察和交流的情况看,台湾技职类大学尽管是私立大学,校园面积也不大,但他们在文化营造、文化传承、关心学生、以学生为本以及学生培养方面所体现出来的高度敬业精神,却对高职院校的学生工作有很大的借鉴作用。

一、走近台湾技职类大学考察:初识中的惊讶

我们考察团共五位同志,都是第一次考察台湾的高等技职教育,原来有所耳闻,出去之前也做了功课,查阅了相关材料,但当我们实际走近台湾与内地相似的技职院时,我们还是感到惊讶。

(一)台湾技职类大学的创业精神——植根

我们此次考察的主要是第九级的朝阳科技大学,在台湾 170 多家大学中排名第 22 位,商学管理比较突出。另一所是第十级的龙华科技大学,属于工学类,校友在电脑界也很有名气,很多在做研发。我们考察这两所学校都看了学校的介绍片,听取了学校领导对学校的介绍,其中我们感受较深的是他们的创业精神,在教育市场上的探索与立足,以及不断开拓内地市场,努力寻找学校发展的突破点。朝阳科技大学的科研水平很突出,龙华科技大学连续三年入选台湾"教学卓越计划"。

（二）台湾技职类大学对中华传统文化的态度——传承

到台湾考察最惊讶的莫过于师生那种彬彬有礼的态度，台湾同胞非常好客，参观、见面的礼仪很重，非常守时，引导安排周到细致，他们总是深深地弯腰表示感谢，文明程度很高，中华传统的礼仪在台湾的大学得到很好的保留和传承。我校去台湾交流的 23 名学生也都一致表示平时说得最多的是"谢谢"，就是在食堂用餐也会由衷地表示感谢。如朝阳科技大学教师在校内先行向学生问好及全校老师和领导开展的"劳作教育日"活动，让学生能相互问候，表达礼节，我们在考察中随时都能碰到相互鞠躬问好的师生。台湾提倡"一叶一花一世界"文化行为教育，人文精神的传承表现在对中华传统文化的关注上，甚至表现在厕所的文化营造上：放一点绿色植物，女厕所里置放卫生巾，每一个便池都张贴一则幽默小品或人生格言。

（三）台湾技职类大学的师资——德高

我们碰到的两所学校的教师基本都是有海外背景的博士生，很多教师在行业中有兼职，师资比高职院校整体水平高。如龙华科技大学聘请的教师 60% 以上都具有业界实务经验及产学合作应用型研究能力。让我们感动的是，交流的每个学生都有认养家庭，认养的教师会带学生去旅游、去家里吃饭；我们在教师的办公室门口也看到了每个教师接待学生的时间，以及目前教师的行踪；每个系部的门口都有交流区域，我们不时看到师生在交流。如龙华科技大学规定师生互动时间为每周 6 小时，担任导师者则为每周 8 小时，还有网络平台实施师生互动机制。

（四）台湾技职类大学的新生教育课——实效

交流学生告诉我们他们去的时间正合适，参加了外出两天的新生交流活动，学生说被学校的文化和高年级学生的热情所融化，也深深被学校所吸引。朝阳科技大学的劳作课是必修课程，现分为四年制新生修习的"基本劳作教育"与两年制新生修习的"团体劳作教育"。小组长不但每天带领新生参与校园整洁维护，还要进行评分，若该课程不合格则学生不能毕业，要重修。

（五）台湾科技类大学的社团活动——重视

私立学校校区不大，教学区域也挺紧张，但对学生个性的培养还是非常投入地在做。如龙华科技大学建立了天空操场，为每个社团腾出了独立的活动场所，还有整天开放的健身场所。交流的学生对我们说，学校社团很多，老师对社团活动非常支持。学校非常重视学生参加社团活动，通过社团活动来培养学生为人处事、待人接物和文明诚信的礼仪以及审美能力、集体意识和奉献精神等，并把学生参加社团活动的次数、时间、表现作为德行评价的主要依据。

（六）台湾技职类大学的校园文化——精细

两所大学的校园都不大，但每个细节都很到位。如朝阳科技大学的校史陈列室全天开放；教师办公场所尽可能压缩，留给师生交流的区域则比较宽敞，如图书馆中有各种各样的研讨教室，学生及学生团体可以免费借用，图书馆中也有电视收看场所，也有两人收看区域，更有各类教师接待学生咨询的安排。龙华科技大学的校园小品做得精致，在学生宿舍，我们看到公共接待区域的精致安排，能感受到学校文脉的沉淀。

二、赴台湾教师与交流学生交流：感动中的不安

台湾高等技职教育发展比内地高职院校早，体系也更加完善，我们实地考察时确实有很多的惊讶，在初始的惊讶中进一步走近了台湾的教师和去交流的学生，他们带给我们的不仅仅是惊讶，而是惊讶中有感动，感动中看到了差距、不足，因此时有不安感。

（一）创业创新如何真正让学生受益——目标的契合程度

台湾龙华科技大学的"三创教育"，教师方面有培训创新及专利种子教师，设立创新与创意管理学课程，专题制作制度成熟，学生方面有革新三创课程规划，强化三创师资及教学质量，精编三创课程教材，举办观摩参访活动等。我们高职院校的创新创业也在如火如荼地开展，创业型人才培养模式也在不断深化，但在台湾考察中，我们感动中的不安是：他们的三创教育与企业界有非常强的衔接，很多已经运用到企业的生产经营中去了，真正提高了学生的职业能力。而我们的创业型人才培养如何能让学生真正受益呢？确实还有很多方面须要探索。

（二）教书育人如何成为每个教职员工的价值追求——价值的认可程度

在台湾的日子，我们不时地被那里的老师感动着，他们如此敬业、如此投入，如此在乎学生的需求，用交流学生的话来说就是，课后辅导真正做到甚至超过"不厌其烦"的程度，平时就像一家人一样，有大量在一起接触的时间和机会，包括休息日。而在我们高职教师的教育教学实践中，依然存在着重视技术技能的教育而忽视思想道德教育、人格培养和综合素质的提高。对高职教师本身来说，压力很大，学历提升压力、职称晋升压力、课改科研压力、实践提高压力等交织，因此在实际中教师自身提高和学生发展会在一定程度上产生冲突。一部分老师把育人当成负担，或仅当成责任，而不是作为一种价值追求，一些老师忽视学生需求，很少花时间与学生沟通，学校的评价也往往把所谓标志性成果作为衡量老师的尺度，大学的价值在逐步丧失。我们的不安在于，如果我们高职院校长此以往，不用心培养学生，那我们培养的目标和主体在今后国际化竞争中能立足吗？教育强国的路会变得遥远。

(三) 学生的人文精神如何强化——人文的缺失程度

爱因斯坦说:"只用专业知识教育人是很不够的,通过专业教育,他可以成为一种有用的机器,但是不能成为一个和谐发展的人,要使学生对人生价值有所了解,并且产生热烈的感情那是基本的。他必须获得对美和道德上的鲜明辨别力。否则,他运用他的专业知识只能像一条受过很好训练的狗,而不像一个和谐发展的人。"我们感动于中华文化在台湾的传承,感动于台湾校园中浓浓的中华文化和人文精神,那内地的人文教育传承传统文化如何实施,如何让学生成为具有人文精神的高技能人才?

(四) 素质教育如何真正发挥作用——效用的实现程度

台湾朝阳科技大学在通识教育方面强调三点:学生通过对自身生活经验的深度诠释,能接纳人文素养的教育,达到身心统合;学生经由主体自觉性的实践,明确人之所以为人的价值方向;透过受教者对所属生活世界与种种法政、制度的批判性理解,增进学生对自然的理解及科技运用能力,使其能与自然和谐相处。以校训为品德教育的目标,以校园"礼貌运动"、"劳作教育"为载体,将"礼"、"勤"作为品质教育的起点,朝阳科技大学的通识教育走出了一条路子。内地的素质教育从1995年开始,国务院也曾颁发了《关于深化教育改革全面推进素质教育的决定》,对人们的教育观念产生了很大的影响,各大学的校园文化氛围有很大变化,但在素质教育的课程体系建设、机构设置和制度保障等方面进展不大,文化素质教育也很难在高职院校深入推进。

三、返回后的比较:反思中的建议

返回后,对比内地和台湾的学生工作情况,我们进行了积极的思考。我国高职院校经过十年的发展,正在逐步形成学生工作的特色,在接下来十年的内涵建设中,如何总结过去,借鉴发达国家和地区学生工作的经验,为国家培养高素质高技能人才?我们提出以下建议。

(一) 与办学理念相贯通的素质教育体系——体系与融合

台湾的通识教育给我们提供了有意义的借鉴,他们强调:在教育方面,从教导学生以作为一个"人"为思考的起点,培养学生透过自我认知,学习判断与抉择、认真思考与承担,以有利于专业知识学习、提升人文风采等为基础,实践"全人"教育的理念;在研究方面,成立研究组群、举办教育工作坊、定期召开通识教育的学术研讨会,以提升学术研究水平;在服务方面,协助各系院人员担任导师,并积极辅导学生,利用社区资源,进行社会服务。在他们的课程规划上,分为三个区块:人与自己的和谐关系、人与社会的和谐关系及人与自然的和谐关系,希望通过上述课程的规划与实践,构建一个德智体群美五育并重的教育,并以体验式的教育方式,让学生在专业提升、品格涵养、人文素养和健康人生等方面具有涵容能力,进而完成一个人与人、人与社会、人与自然能相互融合的全人教育,最终能够提升学生的就业能力。

不管是通识教育还是素质教育,最终必须作为一所大学的办学理念,并在大学内部建立起与之相应的人才培养模式,使其得到从教育目标、教育内容到一系列教育制度方面的支持,这样的素质教育才真正在人才培养中发挥作用。因此对高职院校而言,要理清办学理念,建立适合学校发展的人才培养模式,做好素质教育的顶层设计,教与学高度融合,真正发挥素质教育在人才培养中的作用。

(二) 与办学特色相协调的人文精神培养——持续与发展

加强高职院校的人文教育是一项系统工程,涉及教育观念、培养目标、教学内容和教学过程等一系列问题。如何建立高职院校人文素质教育的长效机制,更好地培养高素质高技能人才?这就须要建立高职人才培养目标完善机制,突显人文素质培养目标;构建高职人文素质课程教育机制,提高学生人文知识。高职人文素质课程体系由两个方面课程群来建立:一类是人文素质核心课程群,另一类是人文素质支撑课程群。核心课程群由三大课程系列来组成:一是思想政治理论课为主线的课程系列,着重培养民族精神和时代精神。二是以职业生涯规划为主线的课程系列,着重培养职业理想和职业精神。三是在专业课程中渗透人文精神和职业精神的教育,注重挖掘专业教育内容中的人文内涵,让学生在获得专业技能和知识的同时获得人文知识,让专业课程成为人文素质课程的有效载体和重要组成部分;增强社会实践的体验机制,提高学生人文精神;加强高职校园文化建设机制,提高学生人文情怀。

(三) 与培养目标相适应的师资队伍——关键与成效

一个大学确实不在于大楼,而在于大师和大爱。在台湾交流的学生不时感动的是台湾老师带给他们的那种精神。因此学生工作最需要的是高水平高素质的师资队伍,学校在培养、引进教师时要把师德放在首位,学生工作队伍建设要加强培养,保障待遇,科学管理,提高专业化水平,着力建设一支深受学生喜爱的高水平的思想品德课和思想政治理论课任课教师、辅导员和班主任队伍。不断完善学生德育导师制、教师育人职责考评机制,坚持全员育人、全过程育人。从不同学段学生的认知特点和成长规律出发,各有侧重地开展行为养成、道德认知、情感体验、理想信念等教育,发挥课程主渠道作用。思想政治理论课要进一步完善学科育人体系,充分开发每门课程蕴含的德育资源和功能。加强德育与智育、体育、美育的有机结合,与学生生活和社会实践有机衔接,使德育更贴近实际、更贴近学生生活、更贴近学生的情感世界,更加生动,富有感染力。

（四）以学生为本的服务水平——关怀与保障

以学生为本，就是要将满足学生需求、促进学生发展、实现学生价值作为工作的目标和核心，要构筑以学生为本的校园文化环境等各方面的措施和实施方案作为基本保障。平时也能不时听到和看到不少文章，但在台湾交流的学生感受到的是一种无处不在的情怀，其以一个完整的体系和弥漫的氛围，将以学生为本的服务理念诠释得淋漓尽致。因此，以学生为本应体现在学校工作的方方面面，显性因素和隐性因素共同着力，以潜移默化的方式最终完成整个过程。在教学管理上，最大限度地满足学生选课的自主性，实现培养方式的灵活性、科学性和合理性，充分调动和发挥学生学习的主动性、积极性，全面开发与建设具有科学性、实践性、职业性和前瞻性的专业核心课程，完善学生学习评估机制。在学生管理上，最大限度地实现学生自我教育和自我管理，这不仅体现了学生的主体性，更能培养学生的自主能力，使学生学会自我调节，并对自己的思维运动和行为过程进行自我控制。在学生服务上，从软件和硬件两个角度着手，要优先考虑学生所需，而不是学校管理的方便。在这一点上，台湾学校有些做法值得借鉴，如设置短期课程，对一些学习成绩差的学生进行"补救教学"，也有的设置老师"答疑时间"协助学生处理一些学习上的问题，等等；图书馆树立以读者为中心的理念，在环境设置和资源开放上下功夫，并设置教师每周一小时于图书馆担任学科指导教授做法等形式为学生服务；充分利用校园环境的每一个角落，给学生提供能够随时找到的休憩和交流场所，而不是固定在有限的教室、宿舍和餐厅里。这些做法如果能够推而广之，以学生为本也就真正落到了实处。

参考文献（略）

原文刊载于《职教论坛》2011年第27期，收入本书时略有改动。

第四节 职业教育研究论文的撰写

一、职业教育研究论文的格式

职业教育研究论文一般都遵循提出问题→分析问题→解决问题的思路来写。提出问题是指出是什么，分析问题是指出为什么，解决问题是指出怎么样。根据这个基本思路，就形成了论文的基本格式：开头（引论）→正文（本论）→结尾（结论）。

引论通常包括以下内容：说明本论文的意义，也即为什么要研究这一问题；交代研究的背景，即前人有关该课题的研究情况；提出问题，即作者本人将从哪一个角度予以哪些补充、纠正或发展。有时候还可以扼要地介绍问题的结论,便于读者把握全文中心、引起阅读兴趣。引论部分写作的要求是简洁明了。

本论是研究论文的主体部分,要特别强调的一点,就是小标题的设计。各部分的小标题可以在一定程度上反映出文章的内容和各部分之间的逻辑联系,它们能给读者提供阅读理解的框架。小标题设计得好,可以吸引读者注意。所以,对小标题的内容和表达形式要有精心的考虑。在本论各部分内容的关系上可以有并列关系和递进关系两种,其和文章论证的逻辑顺序是一致的。各部分内容在表达形式上往往具有句型结构的一致性,这种一致性可以增加各部分之间的内在联系。

结论是研究论文的结尾部分。其写作要求是干净利落。结论主要有以下几种:

1. 结语式。对全文所论证的内容加以综合、概括、总结、提高,提出自己对问题的总体性看法和结论性意见。通常用"综上所述"、"总之"等作为结尾的起笔。

2. 展望式。文章结尾表达作者对今后发展的展望。通常用"笔者相信"作为起笔。

3. 解释式。在结尾时对本论的论证作进一步说明,使文章的观点更加明朗。

4. 探讨式。在结论里,作者还可提出须要进一步探讨的问题。

二、职业教育研究论文的撰写

研究论文撰写的一般步骤为:选题—谋篇构思—论文写作—推敲修改—署名、摘要、参考文献和致谢。

(一) 选题

选题是撰写论文的一个极其重要的环节,是论文成败、质量高低的关键。因为确定了选题,就确定了写作的范围和方向,也就确定了文章的中心思想和表达方式。因此,选题制约着作者思考的角度、材料的取舍和内容的安排等。有人用种子来比喻选题:"种下的是一些不发芽的种子,付出的必然是无价值的劳动。"说明如果选题不当,必然会造成写作者时间精力的浪费。所以,应慎重选题。

选题应做到:

1. 新颖醒目

即能体现研究创新的、能给人以新思路的题目。选题要做到新颖可以从三个方面着手:

首先,是别人没有涉及的。选取别人没有涉及的题目,相对来说,难度较大。

这就要求作者:一是要对本学科领域的最新研究成果比较熟悉,学术信息比较灵通。这就要求平时多读多看,使自己的知识水平能高人一筹,甚至成一家之言。二是要善于多动脑筋,勤于思考。如,职业学校的办学效益与合理规模研究;职业学校的教材选用制度探讨;中、高等职业教育合理比例研究;职业学校教师效能研究。

其次,对于别人谈过的问题,可以转换角度来谈。所谓"横看成岭侧成峰",人家横着看,谈的是岭,你就竖着看,谈的是峰。这样的文章,别人读了,会对某个问题有个全方位的认识,仍会感到新鲜。

再次,在他人研究的基础上进行讨论商榷。这一方面是指看了别人的文章,认为别人的观点还不全面、不深刻,需要在广度和深度上加以补充和提高;另一方面是指不同意别人的见解,与其进行商榷。

题目的醒目则须要多锤炼推敲。通常研究论文的标题要从以下三个方面去考虑:1)学术文章应注意准确性,做到表里如一,名实相符,千万不要像广告商那样夸大其词;2)从读者心理分析,要注意满足读者求知欲望,激发读者阅读的兴趣;3)从语法、修辞角度去推敲,力求简洁,用字求稳,并注意文采。

2. 角度宜小

刚开始搞教育科研的人,选题时,必须注意把题目选得小一些。因为小的选题,构思容易,段落层次易于安排和控制,材料涉及面小,便于掌握和使用。如果论题过大,涉及的面就宽。面宽,要么是谈不全面,顾此失彼;要么是什么都谈而又什么都谈不深、谈不透,结果是蜻蜓点水,浮光掠影。一个针尖容易穿透好多层布,而一个手指头连一层布都穿不透,就是这个道理。初学写作者往往不懂这个道理,以为选题越大越好,显得自己有水平,其实,选题过大,写出来的文章往往面面俱到,面面皆空。选小题的办法是:1)直接选定小题目;2)在大题目中选定小题目,也即将大题目中包含的系列小题目,进行分别研究。如,职教师资问题的研究,可分解为:新教师的培养问题,教师的继续教育问题,老、中、青教师的传帮带问题,学科带头人的培养问题,专兼职教师的结合与管理问题,教师职业道德问题,班主任的培养与提高问题,师资的管理问题,教师的职业生涯发展问题,教师的心理健康问题,等等。

从小的选题开始写作,这样,便于抓住本质,切中要害,从各方面把它写深写透,写出自己独特的见解来。当然,所谓选题的大和小是相对的。同一个选题,对甲作者来说,可能会感到大,而对乙作者来说,可能不会感到大。大与小,要根据作者自身的不同情况来定。一般来说,初学者所选的题要尽可能小些,而有了一定经验和认识水平、占有了较充足的资料后,选题可以稍大些。

需要说明的是,选题不是标题。选题与标题有什么区别呢？首先,选好的论题不一定就是文章的标题,但文章的标题一定要体现出论文的选题,只是在表述上有较大的灵活性而已。再就是,选题必须在论文写作之前就定下来,而标题则可以在论文写作之前拟出,也可以在论文写完之后拟出。好的研究论文的标题应该概括简洁、观点鲜明或者问题突出,在语言表达上要有一定的冲击力,能一下子吸引读者的注意力。

（二）研究论文的谋篇构思

论文的写作过程实际上是一个思考问题、收集材料、积累观点、再深入思考的过程。撰写论文时,不能急于动笔,而要首先进行"谋篇构思",即将所有资料和数据进行通盘考虑,做到全局在胸,通过对收集的材料进行筛选、分析、整理,逐步理清写作思路。充分的谋篇构思,可以节约很多具体的写作时间。如果不经过谋篇构思就贸然动笔,很可能以后要花很大精力修改,甚至推翻重写。所以,谋篇构思实际上具有"磨刀不误砍柴工"的效果。

谋篇构思是一种思维过程,是在通盘考虑的基础上,为自己的思考和想法寻找一种恰当的表达方式。文章表达方式中最主要的是组织方式。文章的组织要考虑几点：一是文章的重点是什么。为了突出重点,应把主要观点放在最显要的位置上。二是论文结构比例安排的匀称。论文结构比例的匀称是指论文正文各部分的篇幅比例应与内容的重要性大致相当,并要避免长短过于悬殊。例如,并列的分论点,其分别论述的篇幅就不应一大一小。三是论文层次顺序安排的逻辑连惯性。一篇论文,其层次安排要根据一定的因素考虑,这些因素包括研究论文的类型、事物内部的本质联系、作者所要强调的内容、人们认识事物的逻辑顺序等。构思要着眼整体布局,不要过于纠缠细节问题。

拟定写作提纲是谋篇构思的具体化,它对于保证论文的写作质量至关重要。提纲的形成一般是先大后小,先粗后细,先观点后材料,逐步细化,就如同建筑的设计蓝图,又像画家作画,先勾出大的轮廓,再勾稍小部分,然后再画细节。提纲越是细致,写作就越容易完成。有了提纲,文章才能按顺序从容地写下去。

编拟提纲主要做些什么呢？最关键的是要规划好论文的结构层次,将全文分几个部分写,先写什么,后写什么,分几段,每段讲什么内容,重点是什么,各部分主要选用哪些材料。一般来说,3000字以下的论文编一级提纲,论文较长最好编二级提纲。提纲宜细不宜粗,如写得过粗,就起不到提纲的作用,写作时难以把握,容易出现"跑题"、"放羊"、顾此失彼的情况。

（三）研究论文的写作

写好提纲后写初稿时,首先应着眼整体布局,不要过于纠缠细节问题,一开始不要考虑文字的修饰,应尽快把文字连起来。文字上的修饰是次要的,主要是逻辑上的顺序,尤其是意义上的连贯。文字上的修饰可以等写作基本完成后再进行。

研究论文的写作要遵循一般议论文的原则,即要有正确、鲜明的论点,充实、典型的论据,还要有恰当科学的论证过程和方法。论点是论文的灵魂和统帅,是论文的核心。论文的谋篇布局、论据的选择和论证的过程都要围绕论点来展开。论据是用来证明论点,为论点服务的,它是用来形成和支持论点的事实材料和理论依据(资料、数据、案例等)。没有充分有力的论据,就没有准确科学的观点,或者说论点便成了空中楼阁。论据是论文的基础,是论文的结构材料。一般来说,论据材料主要源于三个方面:一是作者本人在研究实践中得来的,称之为直接材料;二是作者从文献研究中得来的,称之为间接材料;三是作者从实践研究和文献研究中经过思考、分析、推理、创造得到的材料,称之为发展性材料。论据材料应是必要、充分、真实、准确的,既具有典型性又具有普遍性;既要有前人研究文献中记载的典型材料,又要有新颖的反映作者观点的材料。论证是利用论据形成论点、证明论点的方法和过程,是联系论点和论据的桥梁和纽带。论证的过程就好比一座建筑的设计与施工,没有好的施工蓝图和施工技术,即使建筑材料再好也难成为一座好建筑,不会组织论证的文章,即使材料再好也难成为好文章。

(四)研究论文的修改

文章成稿后,精心修改是不可或缺的重要环节。所谓"反复推敲出佳句,精心修改得华章"。修改论文要从内容和形式两方面考虑,重点应放在推敲观点、审视结构、提炼语言、点化标题、规范格式上。

修改时应首先考虑大的方面问题再考虑小问题,先考虑整体问题再考虑局部问题。

1. 全局性的问题包括:论文中是否表达了自己与众不同的观点,对自己的观点是否提供了有力的事实和足够的论证,论文是否反映了本研究的突出贡献等。

2. 局部性的问题包括:数据是否清楚,前后是否呼应,概念表达是否准确,用词是否确切等。

3. 细节性问题包括:错别字、标点符号、公式、图表、参考文献、页码等。

研究论文修改的过程也就是不断对自己提出上述问题并逐一解决的过程。经过对草稿进行补充、删除、更换、移动等种种加工后,文章的篇幅应该根据其用途保持在合适的长度。

（五）摘要和关键词的写作

1. 摘要

即内容提要。以高度概括、简练的语言扼要地介绍论文或研究报告的主要内容,文字要求清晰易读,长度以 300 字为宜。摘要的作用一是便于查找所需资料。由于科研论文的数量增长极快,读者不可能在查找资料中——详读,通过阅读摘要就可以尽快把握论文的主要内容,以便决定是否须要进一步详读全文。因此,摘要应在准确概括全文的基础上尽量引起读者的兴趣和注意。摘要的另一作用是用以制作资料卡片或资料的电脑管理,当然它们的最终目的也是为了方便读者的资料查找。

国际标准 ISO214—1976 指出：摘要是一份文献内容的准确压缩,不加解释和评论。中国国家标准规定：摘要是报告、论文的内容不加注释和评论的简短陈述。摘要是读者判断论文价值,判断论文是否值得阅读的依据。

摘要写作的成功诀窍是要力求最为准确和简要地表达全文的核心思想和主要观点。要突出作者的新思想、新观点,并使之醒目化。有的作者常常不在摘要中体现重要的研究成果,而到论文最后经分析推论才指明,这是错误的写作方式。

2. 关键词

也称主题词。它是从文章的题名、摘要、正文中抽出的,并能表达全文内容主题、具有实在意义的单词或术语。其作用主要是便于资料文献的计算机储存和检索。在文献的计算机储存中,一般都把关键词作为检索线索之一储存进去。当读者须要查找有关文献资料时,主要考虑几个与其检索内容有关的词并输入计算机,计算机便会找到有此关键词的论文提供给读者。每篇论文选取关键词一般为 3-5 个。关键词位于摘要之后,正文之前。一些教师通常在论文完成后随便从标题中选取几个词语来做关键词,比如,在题为"职校专业课教学的问题与对策"中,将关键词确定为"职校"、"专业课教学"、"问题"、"对策"四个,这样选择关键词无法反映文章的主要内容和观点,因为标题中带有"问题"、"对策"的文章不计其数,同时,这两个词也不能反映作者的主要研究内容和观点。合理选择关键词要根据文章的内容和观点,比如,在"职校专业课教学的问题与对策"中,作者提到了职校专业课教学中的一种重要的教学方法"行为导向教学",并且作者介绍了其内涵和具体操作方法,在文章中所占篇幅也比较大,那么,"行为导向教学"这个词即使在标题中没有出现,也理所当然是文章的关键词。所以,关键词应该从文章的核心概念或术语中提炼。

应当说明的是,研究论文的写法应该根据内容的需要,只要能通过富有逻辑的论证阐明学术观点及其创新见解,怎么合适就怎么写,我们不能想当然地认为写论文有一成不变的公式。

第五节 职业教育叙事的撰写

职业教育叙事是以叙事或者讲故事的方式记录自己在职业教育教学生活中发生的各种真实生动的教育事件和发人深省的教育故事。通过自己在实践中的亲身经历、内心体验来表达对职业教育的理解与感悟。它通常不会像研究报告和学术论文一样直接阐述职业教育理念，也不会直接提出职业教育对策，而是通过一个个故事来展示讲述者在职业教育过程中的经历和在故事中的所思所感，从而让读者从故事中去体会和理解讲述者的教育理念与教育策略。

一、职业教育叙事的特点

（一）真实性

职业教育叙事所叙述的是已经发生过的职业教育事件，是真实可信的职业教育故事。它不像教案是预先设定和计划的，也不像小说是艺术虚构的事件。在职业教育叙事中，叙述者既是说故事的人，也是他们自己故事里或别人故事中的角色。叙述者将自己放到故事中，用自己的视觉去观察和体验，对事件中的某个角色（学生等）做出较为科学与合理的行为和心理的"假想"，从而使故事的人物角色"更饱满"。

（二）故事性

叙事谈论的应是具有典型意义的特别的人和特别的冲突、问题或使生活变得复杂的教育事件，所以叙事不是记流水账，而是记述有情节、有意义的相对完整的故事。通常有与所叙述的职业教育事件相关的具体人物、事件发展的情节。阅读者可以从这些故事情节中看到教学影像，清楚地把握教学中出现的问题，并用内省、比较的方法去解释报告中的问题解决。这种影像化的故事情节提供给阅读者身临其境的感受，对于职业教育者而言，这种感受对教学观念、方法改进的影响会更具体更深入，因为具体经验对于学习起着非常重要的作用。

（三）反思性

职业教育叙事的目的是希望从职业教育事件中发现职业教育问题，并思考职业教育事件背后所隐含的教育意义，为自己和他人提供更多的参考。所以，职业教育叙事不能简单地停留在"叙事"上，而是要通过叙事来表达对职业教育的理解和感悟。因此，反思性是职业教育叙事的重要特点。职业教育叙事中的叙事是手段而不是目的，其目的是通过反思获得某种教育理念。由此看来，职业教育叙事阐述职业教育理论和观念的方式是归纳而不是演绎。

二、职业教育叙事的类别

根据不同的分类标准,职业教育叙事可以分为不同的类别。

（一）从叙事的内容来区分

主要包括：

1. 片段叙事。对个人职业教育教学实际中某个印象深刻的片段的叙述,显示事件发生的细节,借以阐明教师对导致良好或者不好教育教学效果的反思。

2. 生活叙事。对职校教师教育生活故事的叙述,借以显明其中所蕴含的教师的生活体验以及对职校教师教育生活的细微关涉,职校教师日常生活与教师成长、教育状态、教育经历密切相关,职校教师的成长不光在课堂,同样也体现在日常的教育生活之中。

3. 传记体叙事。对职校教师成长过程,乃至职校教师生涯的整体叙述,借以显明职校教师生命成长的历程,是对平凡教师人生中细微的个人生命颤动的揭示。

（二）从叙事的主题来区分

主要包括：

1. 单主题叙事。就某一个主题展开的个人教育生活的叙事。

2. 多主题叙事。就多个主题综合起来,展开个人教育生活的叙事。

3. 整体性叙事。讲述教师的整体生活,包括个人家庭生活、日常交往、教学工作、班主任工作、学习研究以及其他可能对教师个人成长产生重要影响的经历,从中梳理出日常生活所遭遇的各方面对教师的影响,整合起来构成一个完整的叙事。

（三）从叙事的层次来区分

主要包括：

1. 教育教学日志或日记。直接记录日常真实教育生活情景。

2. 反思性叙事。在记录日常教育生活片段后加进认识、反思与感悟等,即不局限于记录,而且能把自己的心得体会加以提升。

3. 研究性叙事。对叙事主题加以提炼,对多种原始教育生活材料搜集整理,从而对日常教育生活加以反复梳理而进行的教育叙事。

（四）从叙事的主体来区分

包括：

1. 他传体叙事。通过教师讲叙给他人,由教师与他人对话来完成对教师教育生活故事的梳理、提炼。

2. 自传体叙事。教师自身对自我教育生活故事的梳理与叙述,通过对个人成长或成长的某一方面的梳理,然后去发现这一阶段对教师教育生活的重要性,或梳理某一时间段教师对个人教育的观念性转折。自传体叙事的实质是"从个人生活史、从个人生命经历中透视整个世界",因而"充满生命的体验和生命的感动,容易牵动人心"。

三、职业教育叙事的结构

不管是哪种类别的职业教育叙事,其主要内容结构通常为:背景、问题、细节、结果、诠释。

(一) 背景

背景主要交代事件发生的时间、地点、人物、起因等,要让阅读者明白事件发生的环境和条件。但只要根据主题选择性地说明,无须面面俱到,关键在于说明事件发生有何特别原因和条件。

(二) 问题

每个职业教育叙事都必须有一个鲜明的问题、矛盾或冲突。这些问题、矛盾或冲突中蕴含着一个或多个职业教育的核心理念和观点。讲述者不能杜撰问题,但可以根据所要反映的主题对实际情节进行选择,以凸现焦点、突出问题。

(三) 细节

职业教育叙事中对问题的叙事要有逼真的情景与生动的细节,对事件产生、解决过程中的环境,事件中人物的活动和心理,要有细致的描写。要突出刻画冲突情节,做到引人入胜。描写一般采取叙议结合,即描叙+分析的方式。

(四) 结果

指问题解决结果。对问题解决结果或效果要有明确的交代。让读者知道结果,将有助于加深对整个职业教育事件的了解。

(五) 诠释

指对职业教育事件多角度的分析与受到的启示。作者对于职业教育事件所反映的主题和内容,包括职业教育教学的指导思想、过程、结果,以及利弊得失的看法和分析。诠释是在职业教育事件基础上的议论,可以有感而发,以进一步揭示事件的意义和价值。

四、职业教育叙事的撰写

(一) 职业教育叙事的撰写要求

1. 事件的典型性。每个"职业教育叙事"所叙述的职业教育教学事件必须具有一定的典型性,蕴含一定的职业教育教学理念、教学思想。教师平时要注意培养自己的问题意识,注意关注和收集教学中的"关键事件",通过一个个关键事件的"叙述"达到反思自我、启迪他人的目的。

2. 事件的冲突性。所叙述的事件要具有一定的冲突性。职业教育叙事所选择的职业教育事件不是师生日常生活的"流水账",而是包含着矛盾冲突的教育情境。正是通过这些冲突的化解来表达职校教师对职业教育的理解,否则,职业教育叙事就失去了意义。

3. 叙述的生动性。既然是叙事就要有一个从开始到结束的完整情节,有人物的语言动作,要揭示故事中人物的内心世界。这就要求职校教师要掌握一定的写作技巧,使叙述具体生动,文笔清新优美,而不应该是对活动的笼统描述,也不是抽象化、概括化说明。这是职业教育叙事不同于教学之前的"教学设计方案"(或"教案")和教学之后的"教学实录"(或"课堂实录")的地方。后两者都不记述人物的内心活动。

4. 突出的教育性。职业教育叙事虽然采用了故事性的叙述手法,但讲故事本身只是手段,其目的在于通过故事来表达讲述者对于职业教育的理解,因而,职业教育叙事既要有对故事细致入微的描述,又要有洞悉职业教育事件的深刻阐释;既要把日常的职业教育现象详尽地展现在读者面前,为读者创设一种身临其境的感觉,又要解析隐藏在教育现象背后的教育本质,使平凡的职业教育故事蕴藏不平凡的职业教育智慧。

(二) 如何写好职业教育叙事

1. 经常有意识地收集让人感到有趣或震撼的职教教学事件资料或存在新问题的职教教育事件资料。收集的资料可以是教师个人经历或别人经历的;可以是课堂上的,也可以是课外的;可以是对学生教育方面的,也可以是在学校活动、学习工作以及自我发展中遇到的事。

2. 采取多种方法收集职教教育教学事件资料。如记日记、写教学日志、做事件观察记录、对观察对象开放式地访谈等。日记可提供个人对即时事件的描写、感受;日志可提供对事件的回顾,如发生的过程、处理的方法、反思和评价;事件观察记录既可以由研究者自己进行观察时撰写或拍摄录像,也可以由研究者草拟思路,由参与者撰写或拍摄录像。事件观察记录主要记录教学情景的发展变化,当事人的态度、情绪与行为反应,学生的反应和学习的结果。课堂观察记录可提供描述性记录、理论备忘录(由观察而联想到的相关理论观点)、观点摘录、一己之见和推论等;对观察对象开放式地访谈,可通过与参与者的对话,了解参与者的内心世界,深入揭示参与者个人思想和社会背景方面的信息。

3. 注意收集与职教教育教学相关的背景资料。如与所叙事相关的日期、作者、任务、背景事件、政策、观点氛围等信息,这对于研究者对叙事背景的交待和阐述具有重要意义。又如图片资料与反映事件结果的实物和文字资料,与所叙事主题或问题有关的理论资料。

4. 注意思考和寻找身边平常事件中蕴含的规律、问题、新观念和真理。善于发现职教教育教学活动中出现的新问题,并不断地对与问题有关的因素进行观察,进行理论学习和理性思考。

5. 注意对资料的整理和分析。每经过一段时间,就要对收集来的所有故事和叙事素材进行比较,分析每个故事的主题,然后将这些互不相同的主题重组成一个完整的事件发展过程。

在充分积累的基础上写作职业教育叙事时,首先要能够提出问题,明确想要研究和希望表述的问题。其次,要按问题的产生—问题解决的过程—解决的结果这一主线,将问题细化,把问题清晰地表达出来。再次,要对不同类型关键事件(成功型事件、挫折型事件、启发型事件、感人型事件)的重点方面进行重点描写。

案例 5-3

班级管理工作中的幕布效应

今天"带"学生去丁山影剧院观看电影,为了能够全面了解班级纪律状况并考查学生的自觉性,我并未像往常一样亲自"押队"、发票、点人、近距离就座,而是谎称有点事情要晚点到电影院,要求隔壁班级的班主任代为管理队伍行进秩序,由班长在影院门口发票、点名并向我电话汇报点名情况,学生自行按票面座位号就座。

其实我一直在远距离尾随观察着。一向以纪律好"著称"的我班学生,在行进过程中已经让我感觉松垮了许多,但为了我的实验我只能隐忍,进入影院后,我挑了较高处包厢里的一个座位就座,能全面观察他们,而他们却发现不了我。渐渐地,一些问题暴露了出来:那几个我平日最操心的学生已如我所预料的那样,一进影院便到自己好朋友边去寻找座位了;以往看电影及其他学校集体活动时最安静的方阵今日却也躁动不安;最令我意想不到的是我的得力助手——班长 Y 同学不仅没有去安顿班级秩序,反而也跻身于讲话行列。这一场我自导自演的检验,也许"受伤"的只有我!

但是在观察的过程中,我发现了两件"有趣"的事情:1) 由于我班坐在中区的倒数两排,每次影院中有学生去上厕所,安全通道的幕布被拉开,总有很大的光束照到我班观影区,这时在光束照耀中的学生会不自觉停止讲话,并紧张地四处张望,试图搜寻到我的座位,并确定是否被我发现其不自律状况,但当幕布一关,他们就立即停止了搜索,回复原状;2) 纪律委员——J 君,观影开始阶段他多次要求班级同学安静地观看电影,眼见劝说无果,虽不再提醒他人,但他在整个观影过程中自始至终没有喧哗,他周围一片也是最安静的区域。

是什么导致我的"纪律闻名班"一瞬间轰然倒地呢?仅仅是因为我的"缺席"还是有其他的原因呢?或许这就是影剧院那幕布遮挡下的"罪恶"吧!那就姑且命名为"幕布效应"吧。我一定要找出原因、寻出对策,让学生在幕布下依然能够注重自己的行为。

江苏省宜兴丁蜀中等专业学校　王复盛

案例 5-4

和你一起去道歉

清晨,早读课刚刚开始,就接到宿舍管理员的电话,叫我到宿舍区处理班上的学生。我们10海员班张×同学又犯错误了,这次不好好打扫卫生,还顶撞、辱骂管理员老师,甚至发生了肢体上的冲突,使老师非常生气。听得出来电话里管理员老师强烈的不满,我深感事情的严重和影响的恶劣。对这种容易冲动不服输的学生怎么办呢?难道让他当场道个歉就能简单处理好事情吗?不行,我得冷静下来,马上处理!

我把张×同学叫到了办公室,尽量控制自己的情绪,让他陈述事情经过。他情绪激动,声调很高:"今天我已经打扫宿舍了,他硬说我没值日,还要扣我分,平时他就看我不顺眼,他还把我的胳膊给弄疼了。老师,你看……"我示意他别把胳膊露出来,平静地说:"我相信你没有说谎,但现在事情过去了,我们现在是否能静下心来想想,在整个事件发生的过程中,我做对了哪些?错在哪里?不急,慢慢想,想好了我们再说话。"其实我急得很,但他的火气仍很盛,很不理智,必须冷处理。这种年龄的学生最易冲动,又处于叛逆期,故在其冲动时要避其锋芒,不发火。一句话:面对叛逆,冷静比冲动重要,这需要涵养。

五分钟过去了,十分钟过去了,张×同学由焦躁变得安静了,脸色也由盛气变为愧疚。十五分钟后,他终于开口,说:"老师,我想,在这件事上,我有错误,一是不该不服管理,二是更不该骂老师,影响了班级形象。""刚才不是很有道理嘛!觉得别人在找我们的碴儿。"他挠挠脑袋,不好意思地笑了,刚才的剑拔弩张再也不见了。"那对在哪里?""我不认为我没打扫宿舍!我今天打扫宿舍的啊!"

反思整个过程,我心里有了数,估计是管理员老师认为他打扫得不到位,双方语言不和,沟通出现了问题。管理员老师正在气头上,事情紧急,于是我决定先让他跟老师道歉再说。

在向管理员老师道歉这件事上,我征询他的意见:"要我帮忙吗?""老师,我自己惹下的麻烦我自己解决,你不用跟我去丢人!"看看,顷刻之间,又成了多么懂事的学生!"行!那把你道歉的结果告诉我!现在就去,我在办公室等你回来。"

过了好久,张×同学垂头丧气地回来了。事情出现了波折,管理员老师在气头上,没有接受他的道歉。"看看,一旦将事情搞砸,要想重修旧好,该付出多大代价。所以平时说话、待人接物都得注意啊,你说做人难吧?"听了我半认真半玩笑的话,张×同学更显得内疚,但嘴上还是小声地咕嘟:"他不接受道歉!我也没办法!"

我趁热打铁:"老师为什么不接受,你想过吗?你伤了老师的心!我觉得对老师的态度有三种:一是尊敬地仰视,二是朋友般地平视,三是不屑地俯视。你觉得自己属于哪种?辱骂老师,甚至有肢体冲撞,你这样对待老师,老师会怎么想呢?"张×同学更加内疚:"老师,我真的是错了。"看着他急得束手无策的样子,我知道他现在是不知道怎么处理自己犯下的错了。"你现在很在乎老师接受道歉的态度,但你关注自己的态度了没有呢?你道歉的态度是否还要更诚恳一点呢?"听了我的话,他又面带难色,我明白,又是面子心理在作怪。于是我拍了一下他的肩膀,说:"没事的,走,我带你一起向管理员去道歉,顺便看看你的值日情况。"

到了宿舍区,我领着他一起向管理员老师进行了诚恳的道歉,取得了老师的原谅。到了宿舍,发现并非管理员冤枉他,确实打扫得不干净,于是,我拿起拖把,和张×同学一起打扫起卫生来……

后来,我将这件事拿到班会上,让同学讨论评价张×同学后来的做法如何。同学都认为:在学校,要学会做人,对待他人心怀友善,与老师做朋友,要学会多交流多沟通,注意交往礼仪、沟通技巧,绝不再为自己一时冲动而伤害别人,损坏自己的形象,即使面对冲突,也要学会微笑,这样对方也会面带微笑,取得和谐,这是校园文明人的基本要求。

事后,张×同学给我发了一条短信:"老师,谢谢你带着我一起去认错,谢谢你和我一起打扫宿舍,谢谢你理解我的内心,给我留了面子,以后我一定要学会做人,学会沟通,认真做事,不给你丢脸。"

江苏省通州中等专业学校　吴爱国

案例5-5

傲气女孩破茧成蝶

任何一所职业学校都会有这样一部分学生:他们或因肢体残缺,或因父母不全,或因家庭变故等变成了特殊学生。如何关注这些特殊学生?如何为这些特殊学生创造成长发展的条件和机会?如何给这些特殊学生以特别的爱?这是职业学校班主任都要面对的现实问题。

问题的发现:周记

2008年9月,送走一届高三毕业班后,我又开始接了一个新高一起点班。

与前一届一样,仍是计算机专业课程班,入校成绩远远超过我的前一届学生。因为前一届学生我带班取得了不菲的成绩,所以,我对这个班充满了希望和激情。

开学一个月,我照例布置学生完成"周记"的写作,这一次的题目是"适合自己的教育是最好的教育"。"周记"这方法不仅能培养学生的写作能力,更能让班主任了解班级和学生情况。

一篇周记就这样摆放在我的面前,其中写道:

"这个学校根本不适合我,我觉得对我来说最好的教育应该是高一等的教育,也就是重点普高的教育。我是冲着招生时的优惠政策——学费三年全免才到这个学校来的,可是我现在发现学校是骗人的。"

这是惠写的。惠,一个有些高傲的女孩,以中考576分的成绩名列班级第一,以绝对的优势被我选为学习委员、英语课代表,学习十分认真,书写十分端正,生活极其简朴,对自己的期望很高,基础扎实,是我比较看重的一个优秀学生。我没有想到她会有这样偏激的心理:她不光看不起职校,而且对职校持敌对怨恨态度。

这是我极不愿意看到的周记,一时之间恼怒、悲哀、失望、困惑等一系列情感交织在一起,我的心沉了下去。

以前我一直认为品学兼优的好同学用不着老师多操心,而忽视了对优等生心理的调适。我对她们严格要求,告诉她们人外有人、天外有天,挫她们的锐气,戒她们的骄气,提醒她们谦虚内敛,奋发努力,不断前进,可我却没有想过这些好学生也有偏激的想法。

惠现在就处于这种状态,心理压抑、心态不平和,这势必将对她的身体和心理产生极大的危害,作为一名教育工作者,我必须帮她走出心理困境。

问题的根源:一个特殊家庭

刚好班级有几个与她初中同校同班的学生,我就向他们了解惠的情况:惠,在初中时成绩非常优秀,经常在班级或年级考第一、第二名,考上重点普高原本是没什么大问题的,但却不知中考为什么考得不好。

为解开这个结,我与惠深谈了一次。从谈话中,我了解到了惠特殊的家庭:老家在盐城,父母都在常州打工,上面有两个姐姐,都未结婚,下面还有个弟弟,正读初三。本指望能考上不用缴纳择校费的重点高中,但没想到考试时发挥不好,分数只达到了一般普高的择校线,要缴纳不菲的赞助费才能入校。她父亲不想再让她读书了。那段日子,她终日以泪洗面。碰巧她母亲了解到,职校也能上大学,而且像惠的成绩上职校还能享受优惠,于是就做主给她报了名。为此,他父亲还把他母亲狠狠地骂了一顿。

谈到这,倒使我想到了家长会的一件事:开完新生家长会时,我曾收到一张没有署名的意见反馈,上面写着,"读职业学校,收费太贵,还不如回家养猪"。当时我只以为是成绩不好的哪位学生家长写的,这么一联系起来,结合家校练习册的字迹,这应该是惠的父亲写的。

这么看来,惠周记中反映出来的问题的根源主要来自她的家庭。同时,我进一步了解到,惠来到学校后,发现所谓的职校优惠待遇只是免去高一年级的学费2 300元,高二、高三的学费都不能免,加上自己每个月的生活费,她父亲对学校的怨言越来越多。好几次,她父亲都不肯给她生活费。在这样的情况下,惠对学校有了不满。

通过这次深谈,我了解到了惠矛盾复杂的心情。我说,普通中学能把学生送到大学,我们职校也能把你们送到大学,以你中考的分数到一般普高都要出赞助费,更何况重点普高。所以既来之,则安之。我相信凭你现在的成绩一定能考上理想的大学。

看到惠脸上坚毅的表情,我相信这个女孩会很快从偏激的心理困境中再走出来的。对于惠的成绩,我也充满信心。

问题的再发现:两次谎言

知晓惠的脚扭伤这一消息是在周一上班时,还未到教室,我在路上碰到值班老师告诉我,惠昨天下午从教室下楼梯时把脚扭伤了。当晚自修时值班老师把惠送到了附近的医院,医生说要开刀,手术费要一万多。当时惠听说后一惊,就坚持要回家治,老师尊重惠的意见回到学校。就这样她疼了一晚上,今天在宿舍等我把她送回家。

我听后急急忙忙跑到宿舍,惠正坐在床边等我,要求我把她送回家,说是她父亲知道了,让她回去治疗。我一看她的脚踝,肿得厉害,看她的脸色,很痛的样子。心里想不好,于是立即联系校车,不顾自己个子小,就把惠背上了校车。

路程不太远,已到了惠的家,惠家租的房很简陋,是那种红瓦的平顶房。她父母都不在家,她二姐刚好上完夜班在家里。简单交代一下后,我就赶回了学校。

因为是在学校扭伤的,加上惠的入学成绩优秀,家庭条件又不好,我就到学校政教处询问学校能否补助一些医药费,学校也同意考虑。

等到惠重新回到学校时,已临近期中考试。因为缺了一个月的课,惠这次期中成绩并不理想,名列班级第18位。考虑到她缺课多,我没有多分析,也没有想其他原因,只鼓励她要在期末考试中夺回第一。

不久,学校组织学生去电大考计算机等级证书,惠排在第一批考,上午考完后就可以回家。可在晚上,我接到她母亲的电话,惠没有回家。

于是我联系到了与惠一起考试的班长,她告诉我惠与其他同学一起去了通宵网吧。另外她又告诉我一个让我吃惊的真相:惠的脚不是在学校扭伤的,而是周末来校时与其他同学在溜冰场扭伤的。

这时我感觉事情严重了,就把事情的真相都告诉了惠的母亲,请她务必来学校一趟。

第二天早读课时,我当着全班学生的面找她谈话,问她考试完后到哪里去了,惠很冷静地告诉我,去了同学家。见到她这样脸不变色心不跳地撒谎,我觉得非常愤怒,立即言语严厉地批评了她。这时,刚好她母亲来到教室门口,可能是我的愤怒刺激了她,惠一看到她母亲站在门口,没跟我说一声,就冲了出去。

等我再找惠交谈时,我已经和惠的母亲达成了共识:一定要把她从歧路上拉回来。我说:"你的母亲很伟大,支持你读书,为了你,早饭都没吃就赶来了,为了省钱,自行车骑了十几里路来看你。你知道,她腰不好,腰椎盘突出,但为了你们一家的生机,还出去打工,你现在这样做,对得起她吗?你只想到自己委屈,来了职校觉得上当了,可你现在的成绩在班级里好吗?记住,人要有傲骨,不能有傲气。如果你不想读,可以跟你母亲回家;如果要读,就一定要争气。"

本来按照学校的处理方法,惠应当由她母亲带回去,考虑到她母亲的殷切之心,我还是让惠留了下来。但我心里想,对这样一个特殊家庭的特殊女孩,要真正走到她内心深处,要做的不仅仅是语言上的关爱,更多的应该是行动上的努力。

问题的解决:给予特别关爱

1. 解决问题的对策和方案——关爱什么?如何关爱?

其实惠现在最缺、最需要的是:第一,端正的学习态度;第二,良好的心态调适;第三,特殊家庭现状的改善。

(1) 与惠长谈一次,使她尽快摆脱干扰学习的种种阴影,克服困难,力争在期末考试时达到一个新的水平。同时计划每两个星期和惠交谈一次,每个月和惠的家长互访一次,确保对惠的跟踪、观察,及时发现问题、解决问题。

(2) 在这周的班会课上,根据"适合的教育是最好的教育"这一话题,我谈了学校对我们课程班的重视,希望大家通过自己的努力考上理想的大学。特别是惠,我对她提出目标——争取上对口单招中最好的大学。

(3) 我联系学校食堂,反映惠的实际困难,要求学校食堂免费供应惠的伙食;联系学校为惠募捐助学金,极力解决惠生活上的后顾之忧。

2. 对策和方案的实施过程——想方设法,力求周密

(1) 在后半个学期中,我对惠的家访次数远远超过计划,惠的母亲也两周来学校一次询问惠的情况。我把惠的情况向各任课老师作了详细介绍,要求老师们多关心惠,为她学习一路开设绿灯。

（2）期末时，我特别召开了"适合的是最好的"主题班会，我特别让惠做主持，收集了很多有关适合和最好的例子，真正让惠感受到学校对她的关心。

（3）通过我的积极争取，惠的伙食是免费供应的，学校食堂的老师还语重心长勉励惠在各方面都要力争优秀。惠的家境不好，但她是很要强的，不会随意接受师生的捐助。为了解决她家庭特困的问题，我给她申请了困难补助和助学金奖励，基本解决了她的上学费用。为此，惠的母亲对我和学校非常感激，这份感激是让我一个普通老师一生都感到自豪和难忘的。惠更是坚决表示，一定要以最出色的表现回报学校。

3. 实施效果——如愿以偿，几近完美

除第一次期中考试明显"失常"外，惠总是名列班级第一，从未跌出过全年级的前三名，各科成绩极其稳定。2011年的对口高考，她以848分全校总分第一的成绩考取了南京晓庄师范学院。高中三年，她年年被评为"三好学生"。进入高校，她更加发奋图强，第一学年就获得了8 000元的一等奖学金。这结果，是她对关心她的人的最好回报。

反思与讨论

1. 这个事例告诉我们：要宽容学生在成长过程中所犯的错误。虽然教育不是万能的，但我们要充分相信教育的力量。"精诚所至，金石为开"，"春风化雨，润物无声"，巧妙解开学生犯错的原因，定能如惠一样破茧成蝶。

2. 对于特殊学生应该因材施教，给予特别的爱，并努力使这份特别的爱化为学生前进的动力。当然，完美的结局是我们教师最希望实现的目标。成功造就人才的喜悦，也是此时此刻才更能享受得到。但是，像惠那样成功的案例毕竟是少数。事实上惠的学习基础是十分扎实的，惠的母亲对学校和老师的教育总是积极配合与支持，这对她的腾飞也起到了关键的作用。而更多的学生可能会缺乏这些必要的条件，因此，教师给予的这份特别关爱很有可能得不到辉煌的成果。尽管如此，我们永远不能放弃爱的情感教育。

3. 任何社会总会有这样一批特殊学生，这是我们不愿看到的。虽然，绝大部分的老师和社会各界人士都在尽力献出自己力所能及的一份爱心，许多困难学生也正在他们的帮助下健康成长，然而，我们又有多少力量能完全彻底地解救他们呢？这些问题更应得到全社会的关注和重视。

4. 这份特别的"关爱"给予的方式应该是多种多样的，况且，特殊学生各自还有着不同的实际问题，很难说一种方式、一次给予就能解决所有问题，应充分预想到这项工作的艰难性、持久性。

江苏省武进中等专业学校　王小红

第六章

职业教育研究的管理

当今社会,任何一个国家或地区的政府和社会组织,在制定职业教育发展政策、选择职业教育发展路径的时候,都会遇到一些自己无暇顾及或者没有能力顾及的问题,比如说要不要发展职业教育、发展什么类型的职业教育等根本性问题;他们也都须要了解一些信息,比如目前的人口、职业教育在校生数等数据。这就需要分布在职业院校、科研院所等组织里面的职业教育研究者贡献自己的聪明才智,通过自己的调查研究提出解决问题的策略。研究者通常都是以承担研究课题或者项目的形式开展职业教育研究的,职业教育研究既是个体的行为,也是非个体的行为。所谓个体的行为是指职业教育研究者根据自己的兴趣爱好选择研究的问题,然后用自己擅长的方式分析问题、解决问题。这种研究行为纯粹是个人性的,其研究内容、研究进度、成果形式、结束与否等方面不受外部因素的约束。所谓非个体的行为,是指研究者根据政府或者其他社会组织的要求开展研究工作,研究什么和怎么研究都由别人说了算。有时候,这两种行为是可以融合在一起的,也就是说,研究者能够把自己的偏好和课题指南划定的范围有机地结合起来。大多数情况下,研究者的研究偏好和政府部门(或非政府部门)的要求并不是一致的,这就需要研究者把个人的研究兴趣和专业背景与课题发布者的要求结合起来,尽力做到"双赢",既达到自己的研究意图,又通过研究为政府决策提供了服务。

职业教育课题发布者(或者职业教育研究项目委托者)为了保证研究符合自己的要求,满足自己的需要,也会加强对职业教育的管理工作。职业教育研究管理是一个复杂的、系统的动态过程,是目标管理和过程管理的结合,只有重视对研究过程的各个环节的管理,才能使职业教育课题研究的目标得以实现。可以说,职业教育研究的管理是保证课题能否按时完成的关键环节。同时,加强职业教育研究课题的管理,还有助于消除以往普遍存在的"重立项、轻研究,重形式、轻实质"的弊病,把职业教育研究落到实处,从而提高课题研究的质量和价值。

还需要强调的是,完整的职业教育研究过程不仅包括职业教育课题的管理,还包括职业教育研究成果的推广和使用,毕竟课题研究的目的不在研究本身而是在于应用,借用一句大家耳熟能详的话来说就是:"我们的目的不是在于研究职业教育,而是在于改造职业教育。"

中国的职业教育研究管理部门大致有五类:一是政府教育行政管理机构(比如教育部、教育厅)中的负责职业教育管理的职能部门,它们会定期不定期地发布一些研究项目供研究者研究,或者直接委托某一个研究机构承担某一个课题的研究;二是各级教育科学规划管理部门(比如全国教育科学规划领导小组办公室,各省教育科学规划领导小组办公室等),它们定期发布教育类课题指南并负责对课题研究的日常管理;三是各级各类职业教育研究(教学研究)机构(比如教育部职业技术教育中心研究所、江苏省教育科学研究院职业教育与终身教育研究所等),它们也会承担部分的职业教育研究管理工作;四是一些社会团体和组织(比如中国职业技术教育学会、江苏省职业技术教育学会等),它们会定期(每两年一个周期)发布职业教育课题,供职业教育研究者选择;五是职业院校自身对课题的管理。职业院校为了提高办学质量,提高教师队伍的素质,一般都会鼓励和支持教职员工做职业教育研究,并为此制定一系列规章制度加强对科研工作的管理。上述这些机构、团体、组织不仅负责职业教育研究的日常管理,也承担职业教育研究成果推广的责任。

第一节 职业教育研究过程的管理

上已述及,职业教育研究是由若干环节构成的系统的动态过程,也就是说,每一项职业教育研究都是一个时间的流动,具体到一个研究课题(或者一个研究项目)来说就包括课题的申报、立项、开题、中期检查、结题等环节。每一个环节都有特定的内容和规范,只有每一个环节都做扎实了,才能保证职业教育研究的质量。

一、课题的申报

为了加强对职业教育研究的管理和指导,各级教育行政部门、职业教育科研机构、职业教育学术团体、职业院校等单位经常组织对职业教育研究课题的立项评审。这些机构有的会事先在征求各方面意见的基础上,发布课题申报指南;有的会把职业教育发展的热点难点问题设计成招标课题,供研究机构投标。不管是哪一种方式,职业教育研究管理部门都会出台课题申报的相关规定,规范职业教育研究者的申报行为。职业院校、职业教育研究机构、职业教育教学研究部门会组织各自单位的研究人员申报。有的单位还会以课题申报的数量作为考核相关机构工作业绩的指标。职业教育课题申报一般都有如下的规定。

1. 申报人员资格，即规定具备什么条件的人才能申报；
2. 申报课题的选题范围和要求；
3. 课题申报时间和报送形式；
4. 课题申请书的填写要求。

资料链接6-1

2013年度江苏省社会科学基金项目申报公告

《江苏省社会科学基金项目2013年度课题指南》（以下简称《课题指南》）经省哲学社会科学规划领导小组批准，即日发布并开始受理课题申报。现将课题申报事项公告如下：

一、申报省社会科学基金项目的指导思想是：坚持以邓小平理论、"三个代表"重要思想、科学发展观为指导，以学习宣传贯彻党的十八大精神为主线，认真落实省委十二届四次全会决策部署，充分发挥哲学社会科学思想库作用，着力研究阐释十八大提出的新思想新观点，着力研究解决当前我省经济社会发展面临的新矛盾新问题，着力研究探讨哲学社会科学学科前沿和江苏历史文化发展问题，努力为全省工作大局服务，为建设文化强省、社科强省服务。

二、申报省社会科学基金项目，基础理论研究要有学术积累，突出原创性和开拓性，着力推出引领学术创新的研究成果；应用对策研究要重点关注江苏现实问题，具有针对性和可操作性，着力推出有决策参考价值的研究成果。

三、课题申报范围涉及17个学科领域，研究内容不在《课题指南》范围内的，申请人可自选题目。跨学科课题要以"尽量靠近"原则选择为主的学科申报。

四、项目类别为重点项目、一般项目、青年项目，资助经费分别为6万元、4万元、4万元。项目类别由申请人根据选题研究内容自行确定。申请人应按照《江苏省社会科学基金项目经费管理办法》规定，编制合理的经费预算。

五、课题申请单位须符合以下条件：在相关领域具有较雄厚的学术资源和研究实力，设有科研管理职能部门，能够提供开展研究的必要条件并承诺信誉保证。

六、课题申请人须符合以下条件：重点项目申请人须具有副高级（或相当于副高级）以上专业技术职称；青年项目申请人（包括课题组成员）年龄不得超过39周岁（1974年后出生）；申请人必须从事实际研究工作，课题参加者须征得本人同意，否则视为违规申报。

七、申请人要按照《课题指南》的要求进行申报。基础理论研究选题，一般只规定研究范围,申请人可按要求自行拟定题目,还可根据个人研究兴趣和学术积累申报自选课题;应用对策研究选题(由研究内容决定),一般要求按照选题核心研究内容申报,不能改变题义,题目的文字表述可自行确定。应用对策研究不受理自选课题。

八、申请人同年度只能申报一个课题,课题组成员不能同时参加两个以上(含两个)课题的申请。正在研究和没有结项的各类省社会科学基金项目负责人不能申请新项目。已经获得国家社会科学基金、自然科学基金、教育部、省教育厅、省科技厅等部门立项课题,不得同题材重复申报、重复立项。曾经承担国家、省社科基金项目,成果鉴定为不合格或被中止、撤项,以及列入项目清理范围的项目负责人不得申报(自中止、清理、撤项之日起三年内)。省社科基金项目结项率低、清理项目数量比例高、项目管理不规范的高校(单位),将实行限报。

九、申请人要按照《江苏省社会科学基金项目申请书》(以下简称《申请书》)的要求如实填写申请材料,并保证没有知识产权争议。凡在申请中弄虚作假者,一经发现并查实后,取消三年申报资格,如获准立项即作撤项处理并通报批评。

十、项目完成时限,基础研究一般为三年,最终成果为专著或系列论文,专著须鉴定通过后方能出版,违反规定擅自出版者视为自行终止相关资助协议。应用对策研究要根据研究问题的紧迫性和时效性确定,一般在二年内完成研究任务,最终成果为研究报告,其核心观点或重要对策建议须刊登于省委宣传部《宣传工作动态·社科基金成果专刊》后,才能结项。

十一、项目申报所需材料(包括《课题指南》《申请书》及《活页》等)从我办网站下载(网址:http://jspopss.jschina.com.cn/),申请书须计算机填写、A3纸双面印制、中缝装订、所在单位审查盖章。

十二、各有关高校、单位的科研管理部门受理本校、本单位的课题申报。省级机关的申报课题由我办直接受理。各单位要加强对项目申报工作的组织和指导,认真审核申请书的内容,并签署明确意见,确保申报质量。

十三、本年度课题评审采取异地专家通讯初评和会议复评相结合的办法,通讯初评采用活页匿名方式进行。项目申报评审不收任何补偿费。

十四、受理申报时间:2013年6月25日至7月25日。申报单位须于截止日期前把审查合格的《申请书》(含活页)一式3份(含1份原件)、《课题申报一览表》报送我办,逾期不予受理。

二、课题的立项

(一)课题立项评审的原则

职业教育研究管理部门决定职业教育课题是否立项都会遵循一定的原则,立

项原则比较具体地规定了一项课题具备哪些条件就可以立项,大致有以下几点:

1. 科学性原则。教育的目的是为了促使人的全面发展。我们教育研究的目的也应该是全面贯彻国家的教育方针,使学生的身心健康发展。因此,教育科研课题从研究目的到研究方法、手段,再到研究人员的研究态度都要注意科学性。

2. 客观性原则。课题评审机构在评审申报的课题时,要仔细分析研究者提供的材料、研究的意义和研究人员的主、客观条件,实事求是地对教育科研课题进行评价,排除主观偏见。

3. 可行性原则。课题评审机构在评审申报的课题时,要先对课题进行预测。给予立项的课题应该是可以推广、可以出研究成果的,而且可以在教育中重现,并能反复验证。课题管理机构还要在调查研究的基础上,对课题进行可行性评价,即该课题方案设计是否符合研究者的实际情况,在研究过程中是否会碰到难以解决的问题等。

4. 有效性原则。教育科学研究的目的是为了解决教育中的理论问题或实践问题。因此,在评审时还应该注意另一种情况,那就是课题研究中提出的命题假设不一定就是正确的,但它是为了解决问题提出来,应该是有效的。实际上这个看似推翻常规看法的研究假设有更高的研究价值。

5. 可测性原则。课题管理机构为了客观评审课题,制定的评审指标体系的每项指标必须具体,而且可以测量,以便评审时能按标准进行逐项评价、打分,客观地衡量其达到的程度。

(二) 课题立项评审的标准

为了使职业教育课题管理科学有序,减少研究中出现的人、财、物浪费等现象,各级职业教育研究管理机构一般要制定课题的立项评审条件或标准。课题评审立项的组织者根据这些条件和标准,对参加申报的所有职业教育课题进行评审,决定是否给予立项。

1. 课题必须有价值

研究课题的价值在于该课题是否将对职业教育理论和实践有所贡献,有无进一步研究的价值,这是衡量一项职业教育课题是否值得立项的重要因素。职业学校教师主要从事职业院校的教育教学实践活动,职业学校教师参与教育科学研究最好与自己所从事的教育教学工作相结合,重在解决教学工作中面临的实际问题。这种根据自身工作实际,在实践中发现问题、研究问题的课题是比较有价值的。

2. 课题必须有新意

欲立项的职业教育课题应该有新意,即有一定的新颖性、独创性和先进性。

职业教育研究课题有新意主要表现在研究内容新、研究思路新。有新意的课题应该是那些别人没有研究过的，或者是职业教育实践中新出现的问题。而那些在职业教育领域早已人尽皆知的理论、观点，以及那些人云亦云的、赶时髦的研究课题往往是重复课题，一般很难被立项。

3. 课题承担者必须有一定的主观条件

课题承担者的主观条件是指研究人员本身所具有的内在条件。从事职业教育课题研究的人员必须具有一定的理论知识、研究能力和实践经验，还要有充足的时间和充沛的精力从事该课题的研究。当然课题研究人员的信心、毅力、态度等，也应该是课题立项评审时必须考虑的因素。

4. 完成课题必须具备一定的客观条件

课题研究的时间和经费是完成课题必须具备的两个硬指标，有无充足的研究时间和研究经费作保证，也是评审一项课题能否立项的重要标准。此外，课题研究所必需的仪器、设备、工具、实验室，课题研究所需的各种信息、资料、情报也是一项研究须要具备的客观条件。

资料链接 6-2

课题评价的指标体系

表 6-1　课题评价的指标体系

评审内容	权重系数 1.00	评审标准			
		A级（高限100分）	B级（高限80分）	C级（高限60分）	D级（40分以下）
研究价值	0.20	有重要创新性或应用性	有比较重要的创新性或应用性	创新性或应用性一般	基本属于重复性工作
研究基础	0.15	已有丰富的相关成果，熟悉研究现状，所列参考文献具有代表性	已有比较丰富的相关成果，比较熟悉研究现状，所列参考文献比较有代表性	已有一般相关成果，一般了解研究现状，所列参考文献有一定代表性	没有相关成果，不了解研究现状，所列参考文献没有代表性
研究设计	0.40	目标明确，内容充实，思路清晰	目标比较明确，内容比较充实，思路比较清晰	目标基本明确，内容基本充实，思路基本清晰	目标不够明确，内容空泛，思路模糊
研究方法	0.15	方法适切	方法比较适切	方法基本适切	方法不当
研究条件	0.10	完全具备	比较具备	一般条件	不具备

（三）课题立项审批程序和方法

各级职业教育研究管理机构一般还制订课题评审的程序和方法，以便对课题是否给予立项进行评审。评审的程序和方法有多种，有的采用通讯评审的办法对众多课题进行评审；有的经过初选后进行面试，回答有关专家的问题后确定是否给予立项。下面列出的是一种常用的课题评审程序和方法。

1. 课题负责人向课题评审机构递交课题申报书

写好的课题申报书是课题评审的依据，课题研究负责人应在规定的时间内把申报书递交给职业教育研究管理部门或课题评审机构。

2. 课题评审机构对申报的课题进行资格审查和分类

课题评审机构依据课题负责人递交的申报书，对照课题申报的相关规定，对申报人员的资格进行审查。对不具备申报资格条件的课题，给予否决。对符合申报资格的课题进行分类后，提交专家委员会进行评议。

3. 组建评审专家组

在适当的时间，课题管理部门召开课题评审会议。重要的是要组建课题评审的专家组。专家组一般由5—7名熟悉职业教育规律和职业教育方针政策，在职业教育行政管理、职业教育教学及教研、科研领域具有较强的政策研究能力、突出的工作业绩及专业研究成果，为各地职业教育改革、创新、发展做出显著贡献的教育工作者组成（一般由专家库随机抽取）。

4. 评审组集体评议

先由有关专家分别审阅课题申请书，并提出评审意见；然后进行集体评议，在集体评议的基础上，采取无记名投票的方式逐项进行表决，赞成票须超过到会人数的三分之二以上（含三分之二）方可提名立项。有的采用通讯评审的办法对众多课题申请进行评审，即将一式多份的课题申请书分别寄给该方面的若干专家，请他们按照有关标准进行逐项评价、打分并写出是否同意立项的意见，然后将评审结果寄回。在收到各位专家的评审意见后，组织者将评审结果汇总，计算总分，然后自己独立地或者再组织有关专家组成评审小组综合考虑其他有关因素，在专家评审意见的基础上确定立项课题。一般评审立项的原则要求、方式方法都是公开的，申请者要想比较有把握地使课题得到立项，关键是根据立项的要求选好课题，保证充分的承担本课题研究的条件，并在申报书上清楚地反映出较好的研究思路。最后由课题立项工作的领导机构终审确定。

5. 课题评审领导机构终审确定

课题评审领导机构根据专家签署的评审意见，对获立项提名的课题作最后的审核，确定立项的课题，并给予公布。

三、课题的开题论证

（一）开题论证的意义

课题开题论证是指申报的课题被批准立项后、正式开始系统研究工作之前的一个重要步骤，由课题主持人向专家评审组报告课题研究的全面构思和整体设计，请专家组进行论证、指导，以便进一步完善课题研究的设计，以利研究任务顺利完成。

课题开题论证是课题研究管理中的一个重要环节，对课题研究的顺利开展有着十分重要的意义和作用：

1. 有利于课题组进一步把握研究方向、明确研究目标、理清研究思路。
2. 有利于课题组更好地规划、部署研究工作，确保研究工作有目的、有计划、有重点、有步骤地开展。
3. 有利于课题组成员开阔眼界、打开思路、各明其职、各显其智。
4. 有利于研究者按期获得阶段性成果和按时完成研究任务。
5. 有利于课题管理单位对课题研究过程进行管理和评价。

如果开题论证马虎，目标就会模糊，方向就会偏离，思路就会混沌，重点抓不牢，难点难突破，预期成果就难以达成，整个任务就完成不了，所以说开题论证至关重要。如果开题论证没能通过，课题组就必须重新准备材料，进行第二次开题，第二次仍无法通过，那就只好由课题管理单位撤销课题的立项。

（二）开题论证的准备

第一是写好材料。准备好课题研究的开题报告和实施方案。开题报告和实施方案都要打印装订，做到人手一份，提前一周寄送专家。开题报告不能图省事，不能把申报书翻版一下就算了事。因为两者的目的不同，各自论证的重点也就不一样。申报书的目的在于立项，所以它论证的重点是研究的意义、价值等；而开题论证的目的是怎样完成研究，所以它论证的重点是如何完成此项研究。

关于课题研究的实施方案，也不能把它和开题报告混为一谈。这里顺便说一下两者的区别。开题报告主要写怎么想起做的、为什么要做、人家做了吗、我们做什么、哪些人做、怎么做、有没有条件做等，具体来说大致包括十个方面：

1. 课题研究的背景。
2. 课题的核心概念及其界定。
3. 国内外同一研究领域现状。
4. 课题研究的意义、价值。
5. 课题研究目标、内容。
6. 研究的重点与难点。

7. 研究的思路、过程和方法。
8. 课题研究的分工。
9. 预期研究成果。
10. 课题研究任务的可行性分析。

而课题研究的实施方案重在回答三个问题：做什么、谁来做、怎么做。做什么就是课题的目标、内容；谁来做，就是指人员的分工；怎么做，就是指研究的原则、思路、过程、方法、措施等。所以，它的重点内容应包括：

1. 研究的目标、内容。
2. 研究的主要原则、思路、措施。
3. 研究的具体过程（日程表）。
4. 研究的人员分工。
5. 研究方法的具体应用，如调查法，是问卷还是访谈，用什么方式和手段，调查什么，谁来完成。
6. 相关资料数据的积累要求等。而对课题研究的背景、意义、国内同一领域的现状、可行性分析等就可以简略些。

第二是定好方案。课题组长要做好开题论证活动的方案，主动向单位负责人请示，商定好开题的时间、地点等事宜。

第三是搞好联系。主动与课题管理单位或托管单位联系，汇报开题论证的方案，包括时间、地点、拟请专家等，征得课题管理单位或托管单位的批准和支持。

第四是请好专家。在征得课题管理单位或托管单位的同意后，要提前一段时间（一个月至三个月不等）与拟请专家联系，最后确定开题论证的时间和方式。

第五是安排好工作。课题组成员都有各自的课务或其他工作，这些都得提前协调好安排好，确保全员到会，准时到会。因为开题论证会对于每个课题组成员来讲，都是个难得的学习机会、很好的提高机会。

（三）开题论证的一般形式

1. 会议开题

会议开题，即以召开同行专家会议的方式对课题研究报告、实施方案进行认真评审，对研究的规范性、科学性、可行性、有效性进行全面论证，对研究工作给予详细指导。

会议开题需要课题负责人做许多会议的组织协调工作，成本较高，投入较大。但这种形式对课题组来讲，收获也最大，效果也最好。因为，课题组成员都能够与专家们近距离接触，都能够亲耳聆听专家们的指导，都能够充分得到专家们对研究设计、实施方案的论证,都能够面对面地与专家交流,这样,有利于课题组成员研究水平的提高,有利于课题研究的方向更正确、目标更明确、思路更清晰、重点更突出、方法更恰当、过程更完整、效果更明显、成果更丰硕。

进行会议开题,课题负责人要提前一个月确定会议时间、地点,提前约请专家,并将课题研究报告、实施方案提前一周寄发每位专家,以便专家提前熟悉材料,确保论证的深度和广度,发挥会议开题的更大效能。

会议开题,先由课题主持人作开题报告,然后进行专家咨询、论证。会议要留有足够的时间让专家论证发言。因此,一次开题会议不宜安排太多的课题。一般来讲,一天不要超过四个课题,半天不要超过两个课题。

会议开题要当场形成开题论证意见,由专家组组长综合各位专家的发言后拟定,并当场宣读。

2. 通讯开题

通讯开题也是请同行专家进行评审、指导的一种方式,不过它是背对背的书面形式。具体程序是:在获得课题管理单位或托管单位批准后,课题组负责人将开题报告和实施方案寄发给每位专家,专家们在评审后写好评点意见将它寄给专家组组长,再由专家组组长汇总形成总的意见后寄回给课题负责人。

这种开题方式的优点是:省事省力省费用,开题成本低。缺点是:课题主持人不能当面汇报并作有关解释,课题组成员也没有机会与同行专家进行面对面的交流,向他们请教,专家之间也没有交流机会,产生不了思维碰撞的火花。这样,不利于课题组更好地打开眼界、拓宽思路,指导效果可能会比会议开题差一些。

(四) 开题论证会的一般程序

1. 课题所在单位分管领导介绍出席会议的专家和领导。
2. 单位负责人讲话。
3. 专家组组长主持开题会。
4. 课题主持人做开题报告。
5. 各位专家向课题组人员提问,课题负责人或课题组成员回答。
6. 专家点评。
7. 专家组综合点评意见,确定是否同意开题,形成书面鉴定意见(课题组成员回避)。填写或打印课题开题论证意见,专家签字,专家组组长宣读论证意见。
8. 课题主持人或单位领导表态。

在以上八个步骤中,第四、第五、第六是重点和关键。这三个重点步骤的质量决定了课题开题论证会的整体水平和效果。

（五）开题论证专家组的构成

开题论证是一桩严肃的事情、重要的工作，所以对专家组的构成都会有严格的要求。江苏省教育科学规划课题、江苏省教改课题、江苏省职业技术教育学会课题都对专家组的组成作了明确规定，如：人员要从专家库或学术委员会中挑选，人数一般要5—7人，专家组全部成员原则上须具有高级专业技术职称，而且专家组成员中必须有所属领域的学科专家。省级课题还要考虑专家的区域性，不能都是来自同一区域的专家，不能搞近亲繁殖。这就为开题论证的质量提供了有力的智力保障。

（六）开题论证的一般指标

开题论证的指标多种多样，一般有"十看"：一看概念界定是否精准；二看研究思路是否清晰；三看研究目标是否明确；四看研究内容是否具体；五看研究重点是否突出；六看研究过程是否完整；七看研究方法是否得当；八看人员分工是否合理；九看预期成果能否量化；十看保障条件是否有利。当然还包括对同一研究领域现状的把握程度以及可能的创新之处有哪些，等等。

（七）开题论证意见的填写

开题论证意见是专家组对开题报告和实施方案的总的评价，它是在各位专家论证的基础上由专家组组长综合而成的，包括肯定的方面以及有关的建议。论证发言的时候专家们应畅所欲言，充分发表各自的看法，真心帮助课题组搞好该课题研究，而真正形成书面文字的时候就只能择其要点，以肯定为主、建议为辅。

资料链接6-3

江苏省教育科学"十二五"规划立项课题研究开题论证

表6-2　江苏省教育科学"十二五"规划立项课题研究开题论证

课题名称	区域推进校企深度融合的实践研究——以××市为例	课题编号	B-b／2013／03／017
研究单位	江苏省××中等专业学校	主持人	×××
立项单位	江苏省教育科学规划办	立项时间	2013年3月
研究周期	2013年3月~2015年5月	开题论证时间	2013年11月17日
论证意见	本课题于2013年11月17日在江苏省××中等专业学校联通楼第一会议室开题，专家组成员在查阅资料、听取汇报、充分评议的基础上，形成如下意见： 一、课题选题有价值，体现时代性。区域推进校企深度融合是加快发展现代职业教育的需要，是培养高级技术技能人才的需要，是推进区域经济社会发展的需要，尤其立足区域、关注中观层面来研究职业教育的一系列热点难点问题，非常有意义。			

续表

论证意见	二、借鉴了国内外成功经验,做了大量的前期调研,问题意识强,注重实践,研究思路清晰,目标明确。 三、内容具体,框架丰满,方法得当,过程完整,分工细致,尤其加入了教育主管部门的领导和企业的人事科长等,队伍强大。 四、研究有基础,注重理论学习,注重文献检索,课题组成员都有省市级课题研究的经历。 五、各项保障有力,预期成果能够量化。 专家组一致同意该课题开题。 同时建议: 1. 要多关注细节,关注案例。 2. 要多关注企业的动因、政府的协调。			
论证组成员	姓名	职务、职称	工作单位	签 名

注:此表一式两份,报市教育局教研(教科)室一份,自留一份存档。

(八) 开题论证后必做的几项工作

1. 认真整理好专家的评审意见并存档。
2. 及时召开课题组会议,认真讨论、修改完善开题报告和实施方案。
3. 在规定时间内向课题管理单位或托管单位提交修改后的开题报告和实施方案。
4. 如有题目或人员变更的,应及时写好申请并上报,办理好审批手续。
5. 全面启动课题研究工作。

四、课题的中期检查

(一) 进行课题中期检查的必要性和意义

职业教育研究课题的管理一般可分为申请阶段、执行阶段、验收阶段、申报奖励或成果推广阶段。研究进入中期阶段,已做过大量的调查、分析、论证、实验等工作,这期间涉及的问题较多,同时研究工作中期又是攻坚的关键阶段。中期检查是指在课题研究周期过半或三分之一时进行的旨在对课题意义、研究水平、进展程度等进行的考核与评估。在检查过程中可以及时发现问题,适时对课题的参加人员、研究方案等予以调整或修改甚至中止,以保证课题的有效实施。通过课题的中期管理,对课题研究进展作好切实检查,确切了解其完成质量及进展情况,及时了解影响进展的原因,以便在管理方面及时调整,促进课题保质保量完成,真正发挥科研管理部门对科研课题的保障、支持与监督职能,同时也保证了课题研究在执行过程中的质量控制,提高研究经费的投入绩效。

课题中期检查主要包括三个方面的内容:一是检查课题实验工作是否按计划进行;二是评估实验中实验方案的科学性、可行性;三是中期研究成果等。中期检查的步骤一般是课题管理部门事先下发通知及中期检查表,课题组先进行自评,写出自评报告,填好中期检查表。随后由批准立项的课题管理部门派出评估小组,采取听汇报、听课、看资料、看环境、看成果、座谈等形式,实地进行评估,也可进行通讯检查或进行集中交流检查。通过中期检查,合格的课题要继续按方案、计划进行,不合格的要进行必要的调整或是作撤项处理。中期检查是审视课题研究方案、研究计划可行性、总结实施情况的必要过程,是顺利开展职业教育课题研究的关键。中期检查后,应根据需要及时进行课题研究的交流,主要探讨课题研究的成果、经验、困难乃至困惑等,经过碰撞交流,可以改进研究工作。

课题中期检查是对职业教育研究实施过程中所进行的研究活动的效果和前景进行评判和预测,使课题管理机构能够及时了解课题进展及预期成果,为进一步决策提供依据。对课题研究的中期评估,可以及时中止和撤销一些立项时选题不当的课题和明显无力完成的课题,避免不必要的损失;对于进展正常的研究课题,可继续资助,并及时总结以往发生的问题和教训,为下一步的工作提供指导。但现有的职教科研课题管理政策更多集中于科研课题的立项评审和结题验收,对课题的中期检查实施相对较少。目前我国仍存在重立项评审、结题验收,轻中期检查的现象。

(二) 课题中期检查的基本内容

课题开题后,如何确保其顺利进行,达到预期目标,这是中期管理的实质内容,因此寻找恰当的监督管理方式十分重要。如有些职业院校实施课题年度查促制度,即对学校所有的科研项目进行一次全面检查、督促。查促的内容包括项目进度是否按照研究方案所规定的时间进行,经费使用情况,下一步要做些什么工作,项目进行中有无困难需要管理部门协调解决等。中期检查一般会严格按照课题研究方案所规定的研究进度和阶段性指标进行检查,督促其按期完成研究任务,对于检查环节发现的问题,要及时采取措施。

中期检查时,每个课题主持人要认真汇报课题研究的进展情况,已经取得的阶段性成果,目前存在的主要困难和后段研究的具体安排,同时展示研究过程中重要的原始材料。通过这一途径,课题管理部门能及时掌握课题的研究动态,针对实际提供必需的服务;专家组抓住课题研究的重点、疑点、难点接受咨询,增强

课题研究的后劲;课题组之间可以进行学术交流。中期检查结果亦可作为结题鉴定的重要依据,其基本内容总结如下:

1. 检查了解研究工作的进展情况,包括开题报告、研究方法、实验手段、理论分析、书面总结等工作的进度计划和要达到的预期目的,准备采取的措施和方法。如某课题管理部门为了严格课题中期管理,制定了如下措施:对于那些即将到完成期限而又未按照计划完成的课题负责人提出警告,责令其在规定时间内完成,对确实存在困难的,设法为其完成课题提供便利条件和有关支持;对于那些超过期限还没有完成的,有些则终止研究工作,收回课题经费;对于课题立项后半年内未启动或一年内无进展者,以及在研究工作中不如实履行研究计划者,有些会撤销其课题并收回研究经费,且在规定时间内不允许申报各级各类课题。此外,还会对课题主持人给予批评教育,并把课题完成情况与课题负责人的职称评定、晋升及年终考评等挂钩,从而保证立项课题按时完成。

2. 课题研究取得了哪些阶段性成果,是否能体现新的见解并具有创造性,即前人没有专门做过,或虽有前人研究,但目前尚无理想的结果,要体现所研究课题与众不同的方面。

3. 研究工作中存在的问题,包括研究力量、实验条件、经费开支、课题研究的广度和深度、是否能按期完成、存在哪些困难,等等。

4. 课题组填写的汇报材料是否规范、中期汇报是否切入要点。

5. 听取研究者对课题研究管理工作的意见。

资料链接 6-4

×××课题中期检查评估

表6-3　×××课题中期检查评估

评价项目	评价指标	评价结果
课题研究方法	课题的具体研究方法(如行动研究、比较研究法等)	
	课题研究方法的有效性	
	是否制作研究性网站,网站的内容是否反映研究过程的情况	
课题进展状况(阶段目标实现情况)	课题的基础性工作是否已经开展(如文献调研等),开展的情况如何(如深度、广度等)	
	课题是否开展了专题研讨,开展的情况如何	
	有关课题的资料整理工作是否已经开展,以及课题研究中资料的具体积累情况	

续表

评价项目	评价指标		评价结果
课题进展状况(阶段目标实现情况)	课题的实验工作是否已经开展,开展的情况如何		
	研究过程出现过什么问题,解决问题的对策是什么,是否合适		
	哪些课题内容已按时或提前完成		
	哪些课题内容未按时完成,原因何在		
	哪些课题内容根据国内外新发展作了必要调整和变动		
	中期成果情况如何,是否达到预定目标		
	课题研究能否如期完成		
	课题进度如何,是否合适		
	课题小组合作情况的评价		
	是否进行了阶段性的自我评价,以及对评价结果反馈情况如何		
课题管理	课题规划与计划	课题计划编制情况如何,是否合理及完善	
		课题的组织情况如何,是否合理及完善	
	课题的管理机制	是否建立健全了课题科研自评体系,如有,请具体介绍一下该评价体系	
		是否建立健全了课题常规管理机制,定期检查情况如何,是否将课题研究融入教育教学的各个环节,促进了课题研究	
		是否建立健全了促进教师科研积极性的机制(如把教师的科研与对教师工作评价、职务晋升、考核挂钩),具体介绍该机制	
	课题人员管理	课题负责人的工作情况,是否负起全责	
		课题组成员是否按计划投入力量,投入的情况如何	
		课题负责人的阶段业绩	
		课题组成员的阶段业绩	

续表

评价项目	评价指标		评价结果
课题管理	课题经费管理	课题经费是否落实	
		经费使用是否合理	
		是否已经落实了下年度的经费使用计划	
	科研活动的管理	课题组成员的例会情况	
		课题组成员在交流中的参与程度	
		课题组成员参与有关学术会议的情况	
	设备管理	仪器设备配置情况	
		实验室及其仪器设备的调配及管理情况	
		实验室及其仪器设备的使用情况	
课题研究促使学生进步的情况	学生的求知欲、学习态度提高情况		
	学生对知识的理解、技能的掌握方面的提高情况		
	学生的合作能力、分工协作能力改善情况		
	学生信息素养能力提高情况		
	在学习过程中的体验和情感情况如何		
	学生的创新精神和实践能力发展情况		
教师	教师在研究过程中研究能力提高情况		
	教师在研究过程中教学水平提高情况		
	教师在研究过程中业务素养提高情况		
	教师对科学研究方法的掌握情况如何		
	主要负责教师能否对整个过程实施有效的控制,如何控制		
	主要负责教师能否对整个过程实施有效的教授以及教授情况		
	主要负责教师对整个过程实施援助的情况如何		
	主要负责教师对整个过程实施引导的情况如何		
	教师的信息素养能力提高的情况		

续表

评价项目	评价指标	评价结果
总体评价	对前一阶段课题研究活动的综合评价	
	前一阶段课题研究活动中存在的主要问题	
	下年度研究工作安排	
	目标的预计,以及对下一阶段研究活动的建议	
学校教育科研管理部门意见		公　章 年　月　日
职业教育研究管理部门审核意见		公　章 年　月　日

五、课题的结题鉴定

(一) 课题结题鉴定的意义

作为课题过程管理的总结和评价环节,结题鉴定主要是做好成果管理,确认成果的价值,激励科研积极性。这是课题研究过程中必不可少的一个环节,是课题管理部门和课题负责人所在单位对课题负责人的基本管理要求,也是课题研究本身的需要。它为课题主持人和课题组研究人员提供了听取同行评议、反思自己研究过程和研究行为的机会,有利于发现研究中存在的问题或是产生的新问题,为更深入的研究开辟道路。

结题鉴定可以进一步提高课题主持人的科研信度,得到课题管理部门的信任;也可以使课题管理部门不断地发现好的或者潜在的研究成果,发现优秀研究人员,了解课题主持人的研究能力和组织能力以及他们的研究领域、研究方向和研究专长,从而为建立专家库和学科基地打好基础;还可以为课题管理部门下一阶段的课题研究和管理提供参考。

课题结题鉴定不仅仅是通过某种方式宣告课题研究工作的完成,同时也是课题研究的总结、研讨、理论阐释,以及提出新问题的过程。课题负责人通过结题可以进一步形成、提炼课题研究经验,推广和应用课题研究成果。大部分应用研究课题结题鉴定要结合成果报告会、学术交流或成果观摩等活动形式,可以加强课题研究者之间的交流,促进课题成果的推广应用,发挥职业教育科研促进职业教育教学改革、提高教育教学质量的作用。

(二) 课题结题鉴定的主要形式

根据课题性质的不同，结题鉴定工作分别由相应的科研主管部门来负责实施。如省级教育科学规划课题结题鉴定工作原则上是由省教育科学规划办组织进行。根据需要也可由省教育科学规划办委托市和高校科研主管部门对所属单位的一般资助课题和自筹经费课题组织鉴定。由于各级各类职业教育研究课题的管理办法不同，结题方式自然也就存在差异，但其本质都是同行专家评议。一般分为以下三种：

1. 会议鉴定。以召开同行专家（课题鉴定专家组一般由 5～7 人组成）会议的方式对课题的研究过程、成果进行鉴定，以确定课题是否按立项目标和计划开展，是否完成了预期研究。会议鉴定需要课题负责人做许多会议组织工作，成本高，投入大。但这种方式，对于负责人而言，收益也最大。会议鉴定过程中，课题负责人、课题组成员以及参与研究、实验的人员可以面对面地与专家交流，能充分得到专家对课题研究设计、研究方法、研究过程、研究成果等方面的评价，有利于课题组进一步提升研究成果的理论与实践价值，为其进一步开发、推广以至评奖做好充分的准备。

课题负责人应该提前一个月确定会议时间，并将鉴定材料送达每位专家，在专家审阅后，召开鉴定会议。在开会前专家要做好鉴定意见的准备，在会议上充分评议。会议鉴定时，专家们先听取课题负责人简要汇报课题研究工作的过程和研究成果，然后围绕课题研究工作提出质疑，并请课题组予以回答，最后专家组综合各种情况写出鉴定意见，并由专家组组长代表专家组宣布课题是否通过鉴定。具体的会议结题鉴定程序如下：

◆ 由课题负责人或单位领导介绍参会人员，包括专家、领导、课题组成员等；

◆ 成果鉴定专家组组长主持鉴定会，介绍评审鉴定要求；

◆ 课题主持人陈述研究过程和研究结果（以研究报告为主），请各位专家向课题负责人提问，负责人或课题组成员回答；

◆ 专家组审读课题成果、查阅课题研究过程资料，质疑并点评；

◆ 专家组综合点评意见，形成书面鉴定意见（课题组成员回避），填写或打印课题鉴定书；

◆ 专家组组长宣布鉴定结果；

◆ 课题主持人表态；

◆ 鉴定结题后，课题组将修改研究报告、成果公报、佐证材料等并报送课题主管部门存档备案；

◆ 课题主管部门颁发课题结题证书和课题成果鉴定书。

同行专家鉴定课题成果的主要依据是"五性"。一是科学性。鉴定课题成果是否符合职业教育科学理论，遵循教育规律；是否符合逻辑，令人信服；论点、论据、论证是否正确。二是创新性。鉴定课题成果是不是"独、特、新"。独，即常说的"填补了空白"；特，大家都有的，但我有自己的特色；新，在别人的基础上有所创新，得到新论题、新观点、新见解、新看法、新技术、新结论等。三是理论性。课题研究总结出的观点、理念、理论达到了什么水平，是否成为当代教育科学的最新成果，是否探求了教育现象发生、发展、变化的规律，能否用来指导新的实践。四是效益性。课题研究的结果有什么社会效益和经济效益，研究成果有什么指导价值和推广意义，研究的成果是否管用。五是规范性。具体操作是否规范，文字表述是否严谨准确等。

课题成果鉴定书的基本格式。不管是会议鉴定还是通讯鉴定，同行专家都要写出书面鉴定意见。其主要内容可以归纳为"三看一建议"。"三看"即一看研究内容、最终成果是否按原设计完成，完整地表述已完成的研究内容，评价是否达到研究的目标；二看研究结论的科学性和成果影响大小，实在地表述研究结论和研究成果，全面、客观、公正地评价课题研究的结论和成果；三看研究的依据、思路、操作、方法是否科学。"一建议"即以正面为主，提出建设性意见。

2. 通讯鉴定。通讯结题鉴定也是同行专家评议的一种方式，一般课题或自筹经费课题应用较多。这种鉴定方式的优点是：鉴定成本低，专家们有充分的时间审读成果材料、写评定意见或打分，可以避免人际关系带来的影响，可以节省鉴定费用。缺点是：课题负责人没有机会与同行专家面对面交流，专家之间也没有交流机会，专家对课题研究的了解不一定全面充分，对课题所做的鉴定可能存在偏差，不利于课题负责人进一步总结和提升研究成果，提高自己的研究水平。

通讯鉴定过程中，课题负责人通过通讯的方式把评议的材料寄给课题管理部门，由管理部门将材料寄送相关领域专家，由专家个人评审完成鉴定工作，专家们再将鉴定意见或评分寄给鉴定组长，由组长汇总后再征求专家们的意见或表决。其基本程序为：第一，课题组将审批同意结题的材料寄给课题管理部门，由管理部门将材料寄送相关领域专家，每个专家都要写出书面的鉴定意见；第二，专家组组长综合其他专家的意见，写出课题成果最终鉴定意见并签字；第三，课题结题鉴定后，课题组将修改研究报告、成果公报、佐证材料等并报送课题主管部门存档备案；第四，相应课题管理部门颁发课题结题证书和课题成果鉴定书。

3. 免于鉴定。各省市对于职业教育科研课题免于鉴定的要求不同。如湖南省教育科研主管部门规定,凡具备下列条件之一,可申请免于鉴定:1)获国家级、省部级二等奖以上的,奖项包括国家科学技术奖、国家教学成果奖、省级科学技术进步奖、省级教学成果奖等;2)主要成果主体部分被省级以上教育行政部门明确采纳的;3)课题最终成果主体内容在《中国社会科学》《新华文摘》《教育研究》发表或转载,或有两项以上被中国人民大学复印报刊资料转载的。

(三)课题结题鉴定的指标

1. 基础研究的鉴定指标——以其研究的理论意义作为鉴定的主要标准。基础研究课题的鉴定标准有以下几点:

第一是创造性。创造新内容、提出新思想是职业教育研究的根本目的。有无创造性、创造性大小,是理论性成果鉴定的首要条件。比如说提出新的理论、观点、概念等;对已有理论做出新的解释、论证,使原有理论深化;探索出事物的新规律或变未知为已知,深化了认识;对学术界争鸣的问题发现了新的资料,提出了新的见解,使问题有所突破,并得到学术界的认可;纠正了原有理论、概念、原理的错误;在本学科边缘学科开辟了新的研究方向或提出了有研究价值的新问题,并进行了首次科学论证;填补了某项科学空白,具有国内、国际意义;对已有知识进行了充实和条理化、系统化;对已有原理、观点进行了某种合理的改变或补充;对事物之间的关系进行了较深入的分析,初步说明了事物的本质,得出某些新结论;资料、观点不新,但论述角度新,论证方法新,给人以新意。

第二是学术价值。标准如下:对职业教育学科建设或学科分支建设有一定的贡献;对职业教育学科发展以及研究方向的拓展产生一定的影响;对应用研究有重要指导、推动作用;理论紧密联系实际,指导实际。

第三是社会反映。社会反映主要是指成果的创造性、理论或学术价值对国家宏观职业教育决策和管理产生了一定的影响,产生了一定的经济社会效益。有以下一些指标:对国家或地区、部门决策和管理产生了较大作用和影响;对人们的思想文化、伦理道德、价值观念、行为方式的改变具有一定的价值,产生一定的影响;省内、国内学术界同行反映强烈;专家的肯定意见;报刊转载、评论、争鸣、引用等。

第四是逻辑性。文字通顺、准确、精练;方法科学先进、论证充分;结论严谨,逻辑性强,推理清楚;资料较系统全面,方案科学,适用性强。

2. 应用研究的鉴定指标——以研究成果的应用价值作为鉴定的主要标准。具体如下:

第一是成果的实用价值,包括成果对国家、部门和地区决策产生重大积极影响;成果对国家、部门和地区决策产生一定的影响;成果提出的政策建议方案符合实际情况。

第二是成果对职业教育过程和教学的影响。成果对当前教育改革的现实矛盾有无针对性,是否教育工作所急需;成果是否从教育实践中总结和提炼出来,是否经过科学的验证,获得稳定成效;成果有无推广与应用的可能性,是否形成一套可操作的方法。

第三是成果的现实意义。理论上的新颖性,是否为新观点、新假说等;实践方面的新颖性,是否为新规划、新方法、新建议等;革新的水平如何,在已有的理论和实践中是否提出了新观点。

(四)结题鉴定的操作流程

1. 结题鉴定前的材料准备

结题鉴定所需要的材料包括:课题研究工作总结报告、研究报告、其他成果附件、管理办法所规定的结题申请表及鉴定表等材料。结题鉴定材料要求做到"齐、定、实、美",即文本齐全,文本要定稿,文本陈述要与实际研究水平匹配,文本设计印刷与装订要精美,等等。一般课题成果结题鉴定须提交以下材料:

(1)课题立项申请书。主要是指申请立项时按立项部门要求填写的表格或者是同意立项后签订的研究合同书。立项申请书主要反映最初的课题负责人及课题组组成情况、课题研究目的与意义、前期课题研究工作情况、课题研究方案设计、课题研究内容、经费预算以及可能得到的研究成果等。这是结题鉴定时确定课题是否按期保质保量完成的基本对照标准。

(2)结题鉴定申请书。职业教育研究者须按照课题主管部门提供的表格如实填写,其中自我鉴定一定要客观真实。

(3)成果主件。主要包括:研究报告、学术论文、专著、调查报告、实验报告、其他研究成果,等等。研究报告既能全面、集中、概括地反映整个课题研究所取得的最主要、最有价值的成果,又能全面反映课题研究全过程获得的经验和采取的措施;而专著、系列论文等只作为研究报告的附件,是研究报告中成果的补充说明和具体展示。研究报告是主件的重中之重,对研究报告中的主要论点要大胆假设、小心求证。

(4)附件。包括:立项通知书、开题报告、中期检查报告、验证课题成果推广效益的有关附件和其他佐证材料。附件材料只准备一套即可。相关论著、论文、佐证必须有。

(5)研究工作总结报告。对整个课题研究工作组织、计划的执行情况及经验与问题等作工作性总结,包括课题组人员组成和组织、经费分配与使用、课题的调整与变化、研究活动的开展等,侧重对课题研究的组织工作进行事务性总结,对研究过程进行简略的说明性介绍,而不是从学术角度对研究本身进行逻辑上的推理和严格的论证。

(6) 有关材料。主要辅助说明课题研究有关情况的材料,如课题组成员的获奖证书、实验学校教师的工作总结、成果应用证明等。

总的来说,准备结题材料要力求精、简,通过研究报告把研究的最重要、最有创新、最有理论和实践价值的成果展现出来即可。并不是结题鉴定材料越多越好,越厚越好。因为材料太多,评审专家也很难一一认真阅读,并做出准确的评判。

2. 联系沟通,申请结题鉴定

申请结题鉴定过程中,课题主持人要做好以下工作:

一是与课题主管部门联系,送交结题鉴定文档,课题管理部门审看文档。

二是与课题主管部门联系,领取结题鉴定申请表和成果鉴定书,并详细询问表格填写方法。

三是与课题主管部门协商结题鉴定方式,一般是由课题主持人提出,经课题管理部门同意即可。通常情况下,重点课题都会采用会议鉴定方式,以发挥会议鉴定对课题研究的作用。

四是与课题主管部门协商鉴定组专家构成。各种类型的课题管理办法都对鉴定组专家的组成有明确规定,如湖南省规定,课题成果鉴定专家一般为5~7人,最少不低于3人。课题组成员包括顾问不能担任本课题的鉴定专家,所在单位及其上级主管部门参与鉴定的专家不得超过三分之一等。再如北京市规定,专家组一般由5~9人组成,其中至少包括2~3名同行专家,其余专家必须是本研究领域或相关领域的专家。鉴定组要确定一位组长,由他负责组织专家评审并签署集体评审意见。专家组人数视各个课题的具体情况由课题负责人自己决定,课题管理部门对人数不强制要求,只是原则上要求是单数。

五是与鉴定组专家联系,取得专家同意,确定鉴定时间和方式。此阶段,课题主持人有许多联系、沟通工作,应留有较宽裕的时间。

3. 进行会议鉴定或通讯鉴定

会议鉴定或通讯鉴定的核心工作是安排鉴定的具体组织程序,使同行专家有充分的时间和机会对课题研究过程及成果进行学术上的评判,提出切合课题实际的鉴定意见。

如采取通讯鉴定方式,课题负责人应将课题成果主件,包括结题鉴定申请表、成果鉴定书复印件寄给各位专家,将结题鉴定申请表、成果鉴定书原件和成果主件寄给鉴定组组长。给专家的通知中应请各位专家审看完后,在复印的成果鉴定书上填写结题鉴定意见,并将成果鉴定书寄给专家组组长,由专家组组长汇总,在成果鉴定书原件上填写集体鉴定意见,并将成果鉴定书原件和复印件寄回课题管理部门。课题管理部门收到专家鉴定意见后,鉴定工作即完成。

4. 结题鉴定后续工作

结题鉴定完成后,课题负责人还须要做一些工作,如根据专家的评审意见,进一步提升研究成果的价值和水平;进一步修改研究报告以及系列研究成果,并以出版、发表、讲座、实验等方式传播、宣传与推广课题研究成果;参加各种教育成果评奖。更重要的是,根据研究中所出现的问题或发现的新问题,开展新的研究。

第二节 职业教育研究成果的推广

我们经常讲的"科研兴校",就是指通过开展职业教育研究促进学校各项事业发展。科研兴校的前提有两点:一是职业院校要真正地开展教育教学研究,发现职业教育的规律;二是职业教育研究的成果要被广大职业院校管理者和教师接受、消化、吸收,变成管理者自身作出决策的能力和教师自己教育教学的能力。如果研究者不能用科学的方法开展职业教育研究,如果职业教育研究者的科学研究成果不能被采纳和使用,都不能起到促进职业教育发展的作用。而后者就与职业教育研究成果的推广有关。

一、职业教育研究成果推广的意义

职业教育研究是潜在的生产力,只有通过推广和应用并在实践中加以"消化",其价值才能实现。长期以来,我国不少地方的职业教育研究存在着重研究轻推广、重成果轻应用的状况,不少职业教育研究课题结题以后就束之高阁,成果不能得到及时的总结、推广和应用,教育研究低效、无效甚至负效的现象普遍存在。这种状况导致了教育资源的极大浪费,严重阻碍了职业教育研究作用的发挥,同时也制约了职业教育研究自身的可持续发展。加强职业教育研究成果的推广具有深远的意义,具体体现如下:

1. 职业教育研究成果的推广,是职教科研效益的直接体现。职业教育研究的目的在于把对职业教育领域的规律性认识科学地运用于更大范围,以取得更大的效益。任何一项有质量的职业教育研究成果都具有不同的潜在的使用价值,但只有当研究成果被职业学校教师所了解和接受,并运用于教育教学实践,才能转化为实际的教育效益。

2. 成果推广可以进一步检验成果价值,丰富和发展职业教育研究内容。任何一项成果的获得并不意味着对该现象认识的终结,不少职业教育研究成果都是在局部范围内得出的规律性的认识。由于职业教育科研条件的变化性,影响职业教育发展因素的复杂性,只有通过反复研究,广泛实践,才能形成更完善、更科学、更成熟的认识。而职业教育研究成果的推广为研究结论的验证提供了可能和保证。"推广"实际上也是进一步研究,通过推广,可以在实践中进一步检验成果的价值,丰富和发展成果的内容,扩大成果的效益。

3. 成果推广有利于普及知识,提高教师素质,壮大职教研究队伍。成果推广实际上也是职业教育科研知识的普及过程。在推广过程中,成果的使用者定然要熟悉了解研究成果的内容,体会成果的理论框架、研究思路、研究方法和手段,这就是一个学习和提高的过程。对于初涉职业教育研究领域并有志于职业教育研究的职校领导和教师来说,成果推广也是他们学习职业教育理论知识,熟悉职业教育研究方法,迈入职业教育科研殿堂的有效途径。

总之,职业教育研究成果的推广,是职业教育改革发展的需要,是职业教育研究管理的需要,更是职业教育学科自身发展的需要。

二、职业教育研究成果推广的界定与分类

职业教育研究有三大功能,即服务功能、研究功能与教育功能。为职业教育实践服务,促进职业教育改革,提高职业教育质量,是职业教育科研第一位的功能。为实现职业教育科研的服务功能,职业教育研究成果必须物化,必须在教育实践中推广应用。"推广"是指"广泛的推行"、"扩大事物使用的范围或起作用"。"成果推广"这一概念原本来源于科技领域。在职业教育研究领域引进成果推广是为了进一步扩大职业教育研究的社会影响力,使得研究成果能真正惠及职业教育实践,真正推动职业教育事业的发展。

有些研究者认为,大部分职业教育研究成果属于观念形态的东西,是人们认识职业教育领域各种问题的产物,它来自于职业教育实践,同时又对教育实践起到指导作用。鉴于此,他们把职业教育研究成果的推广界定为"研究成果的社会化",并且认为这一社会化的过程应侧重于"成果"的"软"成分(基本思想、思维方式等)的宣传、普及,而对于成果中的"硬"成分(带有指令性的操作环节),只能是提供给人们作为基本思想和思维方式等"软"成分的体现参考。也有些学者则认为,"推广"是指"扩大事物使用的范围或起作用"。还有些研究者认为:教育科研成果的推广是指有计划、有步骤地将教育科研成果内容进

行传播，并在一定范围内运用，使之转化为教育效益的过程。在推广过程中可以进一步检验成果的价值，丰富和发展成果内容，同时又是培养研究型教师的重要方式。

根据已有的定义，结合我们的理解，我们把职业教育研究成果的推广看成是扩大职业教育研究成果使用的范围或起作用的范围，它具有广义和狭义之分。广义的职业教育研究成果推广包括传播、学习在内的一切扩大研究成果使用范围或起作用范围的活动。它可以分为三种不同的类型：一是职业教育研究成果的传播交流。主要是指举办职业教育研究成果报告会、教育经验交流会、教育论文研讨会、教育研究成果展览会，电视、电台、报刊、杂志、书籍等大众传播媒介宣传、介绍职业教育科研成果等活动，研究成果通过各种信息渠道，被广大教师、干部和其他教育工作者了解、吸收、消化与应用。二是职业教育研究成果的自发运用。它是指教师与其他教育工作者，自发地学习、吸收、运用职业教育研究成果，提高教育认识、转变教育观念、端正教育思想、改进教育方法、改良教育管理、改善教育实践的活动。三是职业教育研究成果有组织地推广。它是指有组织、有计划、有步骤地推广应用职业教育研究成果，提高成果应用者的教育认识，改善成果应用者的教育实践的活动。

狭义的职业教育研究成果的推广是指有组织、有计划、有步骤地推广应用职业教育研究成果的活动。进行成果推广的组织者可以是教育行政部门及其领导，可以是教育科研部门及其研究人员，可以是职业院校及其领导，还可以是该成果的研究者。狭义的成果推广也分为三个类型：一是操作型成果的推广应用。这类被推广应用的成果操作性强，有具体的措施，有明确的方法步骤，它一般是职业教育应用技术研究或职业教育开发研究的成果。如某专业课程的教学方法等。二是教改型成果的推广应用。在这类研究成果的推广应用中，被推广应用的成果操作性不强，或几乎不可操作，它一般是教育应用理论研究成果。成果推广的组织者有计划地组织成果应用者进行学习，应用者通过学习，内化为先进的教育思想，外化为教改的一些措施，但是线条较粗，还未深化到课题的程度。如"产学研结合的人才培养模式"在很多职业院校的推广应用。三是课题型成果的推广应用。在这类研究成果的推广应用中，被推广的研究成果性质和第二类一样，但是成果推广组织者与应用者学习深入、理解深刻，内化为先进的教育思想，外化为研究课题，通过研究使成果的教育应用理论细化、具体化、操作化，通过课题研究来推广应用职业教育研究成果。如"工作过程系统化课程"在高职专业课程中的实践研究，"行动导向学习"在职业院校中的推广应用研究，等等。总的来说，任何一种形式的职业教育研究成果的推广应用都不是单纯的模仿，都有一个内化、研究、创造和外化的过程。

三、职业教育研究成果推广的主要内容

1. 先进的职业教育思想。正如前面所讲,职业教育研究成果具有一定的主观性,因此我们在推广某一研究成果时,首先要把成果中的思想和观念提炼和抽取出来,只有这样,成果才能上升为系统的理论、形成巨大的感召力,其精髓才易于被广大职业教育工作者所掌握。只有当职业教育研究成果中先进的教育思想、教育观念得到传播并被社会认可时,它才有推广的市场。同时职业教育科研成果中所蕴含的科学思维方式也可启发广大职业教育工作者持续改善自己的思维方式,用新的视角去分析和解决职业教育教学中的新情况和新问题。

2. 先进的教育行为,即先进的教育教学策略、方法和手段。职业教育研究成果的推广一方面是一种创造行为,同时还包含有模仿的成分。如职业院校的教师对某种先进的教学模式、教学方式的研究成果进行应用时,起初都是"认真的模仿",通过在模仿中学习、体会、揣摩来内化这些先进研究成果的理论精髓,在此基础上,进一步内化并加以创造性地应用。为解决广大职业教育工作者在教育教学实践中遇到的疑难问题,使他们的教育教学水平在原有基础上得到提高,我们有必要将研究成果中所包含的新颖而实用的策略、方法和手段及时加以推广。

四、职业教育研究成果推广的影响因素

影响职业教育研究成果推广的因素有很多,设计职业教育研究成果推广方案,首先要理清楚影响成果推广的因素有哪些。从任务分析的角度看,成果本身的抽象层次、成果的形式、成果推广主体自身行为、成果接受者的态度、对成果的认同度与理解水平,以及能够投入的人力、财力等因素都会影响职业教育研究成果的推广。因此,要对它们进行分析。

首先,职业教育研究成果自身。成果自身条件是它能够得以推广的前提条件和基础。按照抽象层次的不同,成果可以有多种形式,有的是教育教学的规律和原理,也有的是一种具体的教育措施和办法,甚至是一些可以直接模仿操作的教学技术手段或课堂教学中的一招一式。显然对这些不同种类的科研成果而言,推广的含义是不一样的。对教育的新思想、新观念,推广意味着是一种传播,希望这些新思想、新观念影响成果接受者,改变他们的观念,推动他们付诸实践,进行改革。对于教育教学规律和原理,推广则意味着学习与遵循,即让成果接受者知道教育教学活动必须遵循的规范是什么,并按照这种规范去做。至于具体怎么做,可以由个人自由发挥,不必强求一律。而对于某一

种具体的教育措施和办法,推广的实质是希望成果接受者认同、接收并加以应用。同时,研究成果的信度和效度也是影响其推广的重要因素。

其次,职业教育研究成果推广的主体也是影响推广效果的非常重要的因素。一般情况下,职业教育研究成果的推广,应该由职业教育行政部门、职业教育社会性学术团体、职业教育科研机构和职业教育一线工作者四部分组成:1)职业教育行政部门。行政人员是教育政策的决策者、执行者、监督者和管理者。一般而言,研究成果首先要经过教育行政部门的决策,征得其同意和认可才能用于教育实践。职业教育科研成果的推广离不开行政领导的协调、支持、检查和推动,否则成果推广难以形成规模,成果推广者、使用者的积极性难以持久。以往的经验证明,搞得较好的成果推广往往是在行政领导的亲自参与下进行。教育行政人员的科研意识、教育理论水平、教育政策水平、管理能力等影响成果推广的效果。2)职业教育社会性学术团体,包括各级职业技术教育学会、高等职业教育研究会、高等教育学会、各类行业学会或协会以及各类基金会等。其职能之一是推广优秀职业教育研究成果和教育教学改革经验,促进职业教育对外交流与合作,开展职业教育评估与推广活动。3)职业教育科研机构。职业教育研究成果的推广是其科研体系的有机组成部分,也是该类机构的基本职能。科研机构具有成果推广的义务和职责,在推广中应充当指导者、传播者、解释者的角色。同时,科研人员是研究成果的研制者,对成果的性质、功能、特点、适用对象和范围最了解,对成果的推广最具有发言权,他们推广起来更得心应手。4)职业教育一线工作者。一线工作者包括职校领导和教师,他们是研究成果的直接承受人和使用者,成果的推广主要由这一群体来实施。教师们通过学习、领会研究成果的实质,在使用研究成果的过程中,掌握研究成果,内化并融入自己的知识体系。经验证明:教育行政领导的参与、社会性学术团体的促进、科研机构的指导是职业教育研究成果推广效益大小,乃至成败的关键。

再次,职业教育研究成果的接受对象也有多种。有某一地区的教育行政领导,有职业学校校长,也有一线的职校教师,甚至学生与家长。由于他们各自所处的地位不同,对职业教育研究成果的需求与接受方式也不一样。因此,有学者认为,在教育研究成果推广时应采取"同质分组"的办法,根据接受对象的不同需求和接受水平分别进行推广。一方面,教育行政领导从他们的工作需要出发,往往对能推动当前工作的研究成果比较感兴趣。他们有较强的开发与研究能力,能推广抽象层次较高的科研成果,把它们转化为各种行政法规下达,要求学校执行。因此,他们是研究成果接受中推广效率较高的群体,但是他们对哪些成果可以列入推广范围的选择性也最强。因此,对教育行政领导,应重点宣传研究成果在理论与实践上的价值,并明确指出该成果推广可以解决本地区职业教育发展中的哪些"难点"和"热点"问题,以引起他们的关注。这样,不仅在领导计划、决策、布置总结工作中容易被采纳,而且在该成果推广过程中可以得到有力的支持。另一方面,职业院校校长总是把接受教育科研成果的推广与提高学校的办学质量联系在一起。凡是能够促进学校教育教学质量提高的科研成果,他们都有兴趣。但是对科研成果的吸收消化与开发能力受各人认知水平的影响,并不是所有的人对各种成果都能接受与推广。他们比较倾向于接受新的教育教学规律和原理,或者某一种具体的教育措施和办法,并转化为学校工作进行落实。同时,职校教师的工作受现行教育体制、模式、教育行政部门与学校校长的制约,可创造发挥的余地较小,加上个人能够投入的研究力量有限,因此比较容易接受较为具体、可操作模仿的研究成果。对于这两个群体,成果推广时应由侧重解决他们工作中的"难题"、"矛盾"导入,激发他们对进一步了解掌握运用成果的心理需求。除了上述两方面外,影响职业教育研究成果推广的因素还有能够投入的人力和财力等。这些因素主要影响成果推广的组织机构、实施运行、管理和评价等方面。

五、职业教育研究成果推广的基本程序

1. 职业教育研究成果分析。对准备推广的职业教育研究成果的核心成分是什么,属于哪一类型的成果进行提炼,做出明确的界定。一些综合性的科研成果,包含了多种成分,也要逐一分解清楚。因为它们是设计整个成果推广方案的逻辑起点,离开了对它们的把握,以后的各项工作都无法展开。

2. 职业教育研究成果推广对象分析。这是提高成果推广效度的关键。要了解职业教育研究成果接受者是否有接受成果的动机,对成果是否认同,是否能掌握成果实质。只有把这些问题搞清楚了,才能设计出确实有效的成果推广方案。因为职业教育研究成果并不是一经推广就会被大家接受的,没有成果接受者的主观认同,推广就不可能达到真正效果。

3. 职业教育研究成果推广过程分析。这是在成果与成果接受者之间构思连接的桥梁,即把职业教育成果推向成果接受者后,可能发生在成果接受者方面的变化到底是一个什么过程。是简单的认同、学习、模仿,还是接受、理解、转化、应用,或者其他的基本过程。这既是对成果推广的抽象分析,也是形成成果推广方案的主线与脉络。

4. 职业教育研究成果推广的运行设计与力量组织。有了上述成果的基本过程,就可以按照它设计整个推广活动的分阶段目标与实施步骤,进而制订具体的操作方案。同时,还要对每一阶段的操作提出相应的人力要求与建立

必要的组织机构的设想，保证成果推广活动的进行。

5. 制订推广职业教育研究成果的管理与评价计划。这是对职业教育研究成果推广运用过程与组织机构的进一步具体化，落实到具体的人和事，以及对这些人和事怎么管理。还要提出评价整个推广工作成效的方法，既可以使推广工作围绕已有目标进行，又能够通过评价不断进行反馈与调整。成果推广应用过程管理可以用图 6-1 表示。

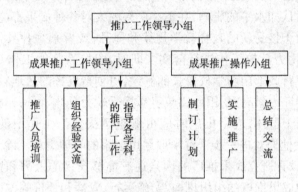

图 6-1　职业教育研究成果推广应用过程管理

参 考 文 献

1. Aaron Wildavsky. (1978). *Speaking Truth to Power: The Art and Craft of Policy Analysis*. Boston: Little Brown.

2. Paul Watzlawick, John Weakland, & Richard Fisch. (1974). *Change: Principles of Problem Formation and Problem Resolution*. New York: W. W. North.

3. Russell L. Ackoff. (1990). Redesigning the future. *Systems Practice*. Vol 3.

4. A. Edwards & R. Talbot. (1994). *The Hard Pressed Researcher: A Research Handbook for the Caring Profession*. Harlow: Longman.

5. F. Kerlinger & H. Lee. (2000). *Foundations of Behavioral Research*. Fort Worth: Harcourt College Publishers.

6. J. Miles. (1994). Defining the research question. In J. Buckeldee(ed). *The Research Experience*. London: Chapman and Hall.

7. 罗伯特·K.殷:《案例研究:设计与方法》,周海涛等译,重庆大学出版社,2005年版。

8. 威廉·N.邓恩:《公共政策分析导论》,谢明等译,中国人民大学出版社,2002年版。

9. 洛兰·布拉克斯特、克里斯蒂娜·休斯、马尔克姆·泰特:《怎样做研究》(第二版),戴建平、蒋海燕译,中国人民大学出版社,2005年版。

10. 乔伊斯·P.高尔、沃尔特·R.博格:《教育研究方法实用指南》,屈书杰等译,北京大学出版社,2007年版。

11. 理查德·沙沃森、丽萨·汤:《教育的科学研究》,曹晓南等译,教育科学出版社,2010年版。

12. 马丁·丹斯考姆:《做好社会研究的10个关键》,杨子江译,北京大学出版社,2007年版。

13. 罗伯特·K.殷:《案例研究方法的应用》(第2版),周海涛等译,重庆大学出版社,2004年版。

14. 埃文·塞德曼:《质性研究中的访谈:教育与社会科学研究者指南》,周海涛译,重庆大学出版社,2009年版。

15. 乔纳森·格里斯:《研究方法的第一本书》,孙冰洁译,东北财经大学出版社,2011年版。

16. 邵光华、张振新:《教育科学研究方法》,高等教育出版社,2012年版。

17. 裴娣娜:《教育研究方法导论》,安徽教育出版社,2006年版。

18. 郑金洲:《教师如何做研究》,华东师范大学出版社,2012年版。

19. 辛治洋、张志华:《教育科学研究:方法与案例》,中国科学技术大学出版社,2012年版。

20. 杨晓萍:《教育科学研究方法》,西南师范大学出版社,2012年版。

21. 周俊中:《中小学管理案例教学》,教育科学出版社,2004年版。

22. 宁虹:《教育研究导论》,北京师范大学出版社,2012年版。

23. 李秉德:《教育科学研究方法》,人民教育出版社,1998年版。

24. 杨小微:《教育研究的原理与方法》,华东师范大学出版社,2010年版。

25. 金哲华、俞爱宗:《教育科学研究方法》,科学出版社,2011年版。

26. 朱德全、李珊泽:《教育研究方法》,西南师范大学出版社,2011年版。

27. 袁玥:《教师微型课题研究指南》,华东师范大学出版社,2012年版。

28. 范伟达、范冰:《社会调查研究方法》,复旦大学出版社,2010年版。

29. 宋虎平:《行动研究》,教育科学出版社,2005年版。

30. 陈向明:《教师如何做质的研究》,教育科学出版社,2007年版。

31. 高尚刚、徐万山:《中小学教师课题研究指南》,中国轻工业出版社,2008年版。

32. 徐世贵、刘恒贺:《教师怎样做小课题研究》,西南师范大学出版社,2012年版。

33. 郑慧琦、胡兴宏:《教师成为研究者》,上海教育出版社,2009年版。

34. 蒋国平:《做课题并不难:教育科研课题的程序与技巧》,广西师范大学出版社,2011年版。

35. 李倡平:《教育科研的理论与实践》,上海交通大学出版社,2010年版。

36. 蔡笑岳:《教师专业发展与教育科研》,暨南大学出版社,2007年版。

37. 桂建生:《教育科研论文撰写指导》,中南大学出版社,2006年版。

38. 冯远程:《教育科研指导实用手册》,学苑音像出版社,2005年版。

39. 王工一:《中小学教育科研方法》,中国水利水电出版社,2005年版。

40. 孟万金、官群:《教育科研:创新的途径和方法》,华东师范大学出版社,2004年版。

41. 张民生、金宝成:《现代教师:走近教育科研》,教育科学出版社,2002

42. 刘德华、朱济湖:《教育科研·教育科研实用写作》,湖南大学出版社,2001年版。

43. 华国栋:《教育科研方法》,南京大学出版社,2000年版。

44. 全国教育科学规划领导小组办公室:《全国教育科学"十一五"规划学科发展调查》,《教育研究》,2010年第9期。

45. 曹正善:《论开题报告的逻辑结构》,《学位与研究生教育》,2008年第1期。

46. 李德煌、阮秀华:《谈科研课题开题报告的撰写》,《福建教育学院学报》,2004年第1期。

47. 何文明:《职业教育研究方法的现状分析——以2008年人大复印报刊资料〈职业技术教育〉为例》,《江苏技术师范学院学报(社会科学版)》,2009年第4期。

48. 赵志群:《关于职业教育的科学研究与研究方法(一)》,《职教论坛》,2010年第3期。

49. 赵志群:《关于职业教育的科学研究与研究方法(二)》,《职教论坛》,2010年第6期。

50. 陈甜、林克松、朱德全:《论职业教育研究的理论迁移》,《职教论坛》,2012年第7期。

51. 刘诗能:《职业教育研究"范式"与理论"硬核"》,《江苏技术师范学院学报》,2008年第2期。

52. 张健:《关于职业教育研究的三种视角》,《职业技术教育研究》,2011年第33期。

53. 吴言:《职业教育研究独特性与多学科融合》,《职业技术教育》,2009年第19期。

54. 王立哲、张永华:《近年来我国高职教研究的关注点——以全国教育科学规划课题和职业教育研究专项课题为例》,《职教论坛》,2012年第29期。

55. 韩云鹏:《职业教育研究应求真务实——第七届中国中青年职教论坛综述》,《职教论坛》,2011年第34期。

56. 陈鹏:《人本主义视野下美国职业教育研究的基本视角》,《河北大学成人教育学院学报》,2011年第4期。

57. 唐振华、刘珊珊:《对全国教育科学"十一五"规划职业教育类立项课题数量与单位的量化分析》,《职教论坛》,2011年第6期。

58. 李倡平:《论教育科学规划课题申报的设计与论证》,《中南林业科技大学学报(社会科学版)》,2010年第2期。

  59. 高晓佳等:《浅谈提高科研课题申请的质量》,《沈阳建筑大学学报(社会科学版)》,2005年第2期。

  60. 魏国韩:《提高科研项目申报质量的对策》,《江苏科技信息》,2011年第1期。

  61. 王瑜:《提高国家社会科学基金项目申请书撰写质量的技巧》,《科学咨询》,2008年第21期。

后记

中国有句古话叫"授人以鱼不如授人以渔",说的是传授给人既有知识,不如传授给人学习知识的方法。道理其实很简单,鱼是目的,钓鱼是手段,一条鱼能解一时之饥,却不能解长久之饥,如果想永远有鱼吃,那就要学会钓鱼的方法。干任何事情都要有正确的方法,如果你留心观察,则不难发现,大凡在工作上干出点成绩的人,除了自己努力以外,还都有正确的工作方法,正所谓"苦干加巧干",这里的"巧"字说的就是正确的工作方法。职业教育研究是一种认识职业教育现象、分析职业教育问题、探究职业教育规律的活动,方法也十分的重要。我从事职业教育研究十几年,深深体会到研究成果的高下与研究方法的适切与否有密切关系。因此,早几年就有自己写一本职业教育研究方法之书的念头,但由于懒惰和种种杂事缠身始终没有成为现实,深以为憾。幸好这个遗憾现在得以弥补,即由我主编的《如何做职业教育研究》即将付梓出版,与读者见面了,我觉得是件很高兴的事情,高兴之余我不由得想起了这本书的成书过程。

2012年,有一次在南京向江苏省职业技术教育学会王秀文秘书长汇报学术工作委员会的工作,其间提及研究方法对提高职业教育研究质量的重要性,觉得我们现在还缺少一本既有操作性又有可读性的、面向职业院校一线教师的、讲如何做研究的书籍。我便旧话重提,说了自己曾想编写一本这方面书的事情。王秘书长听了非常高兴,说这是大好事,表示要大力支持并鼓励我尽快干起来。我受到极大鼓舞,随后就着手准备写书事宜。逐一翻阅手头上已有的研究方法的书籍,在借鉴这些书优点的基础上,结合自己的想法,我构思了整本书的框架,草拟了写作提纲,通过邮件发给王秘书长,还专门去南京听取了他关于写作提纲的意见。

写作提纲确定以后,我就开始物色作者。作者水平的高低是决定一本书质量优劣的重要因素,找到既懂职业教育,又熟悉研究方法,还要有比较好的文字功底的作者着实不易。综合各种因素,经过与各方面人员沟通交流,最后确定了全书六章的作者,依次是:第一章由江苏理工学院教育学院的刘猛博士撰写,第二章由江苏理工学院职业教育研究院的臧志军博士撰写,第三章由北京市职业技能培训指导中心的吴巧荣硕士撰写,第四章由北京市大兴区教育局的刘兴春博士撰写,第五章由江苏理工学院职业教育研究院的袁丽英研究员撰写,第六章由我本人撰写。当我跟几位作者联系,邀请他们撰写书中一章内容时,他们二话没说就欣然同意。等大家陆续把初稿发给我后,我整合并逐字阅读了全部书稿,修改了其中的错漏之处。为了保证书稿质量,我先后把书稿电子版发给江苏省教育科学研究院职业教育与终身教育研究所陈向阳博士、张家港中专校副校长王东生同志、灌南中专校副校长周如俊同志、如皋第一职业高级中学教科室主任朱灿明同志、常州幼儿师范学校教科室主任周吉元同志、常州建设高等职业技术学校袁乐同志、江苏省职业技术教育学会王秀文秘书长,请他们提意见。他们都认真地看了稿子,在给予充分肯定的同时,对每一章的内容都提出了非常好的修改意见和建议。根据这些意见和建议,我们重新修改了书稿。为了使全书有个大致相同的风格,在把书稿交到出版社以前,我又把几位作者召集在一起,用三天的时间,从头至尾把书稿通读了一遍,统一了相关概念、说法、体例、格式、行文。

苏州大学出版社有多年出版职业教育有关书籍的经验,在一切都"向钱看"的背景下,他们愿意出版这本市场前景并不乐观的《如何做职业教育研究》,并且让刘诗能同志做本书的责任编辑,看来他们说的"想为职业教育做点事"不是一句空话。刘诗能是我昔日同事,曾经在江苏技术师范学院(现江苏理工学院)职业教育研究所主持《职教通讯》编务多年,后到苏州大学出版社高就,他既懂职业教育,又懂编辑实务,由他来做责任编辑是最合适不过的了,最后的清样证明了这一点。

江苏省职业技术教育学会周稽裘会长,是我十分敬佩的学者型领导,他有长者的宽容、学者的明智,也有领导者的决断,对职业教育有深刻的理解。他为江苏省,乃至中国职业教育的发展做了很多贡献。出于对后学的扶持,他在百忙之中,拨冗为本书写序,使我们这本书增色不少。

撰写过程中,我们还参考了许多同行、专家的著述和大量文献资料。

我深知,单靠一个人是干不成任何事情的,这本书之所以能够出版,得益于许许多多人的参与和帮助。在此,我要向上文提到的和没有提到的为本书做出贡献的人们表示衷心的感谢。

尽管我们做了努力,但是拿在手里的这本书还是会有这样或那样的不足,与我们预期的目标还有一定的距离,好在我们不会就此止步,这个距离就是我们继续走下去的动力。

庄西真

农历癸巳年仲冬于常州